図解 悪魔学

F FILES No.027

草野　巧 著

新紀元社

はじめに

キリスト教と悪魔との関係は根深い。キリスト教は1世紀ころにユダヤ教を母体として生まれたが、誕生したそのときから、悪魔との戦いが重要なテーマだった。キリスト（救世主＝メシア）であるイエスがやってきたのも悪魔と戦うためなのである。

そもそも悪魔は、ユダヤ教やキリスト教のような一神教の宗教に不可欠の存在である。多神教の神々はまったく人間と同じように多種多様で、そのときどきに応じて善いことも悪いこともするので、別に悪魔がいなくても悪を説明することができるからだ。だが、一神教ではそうはいかない。一神教では神は一人しかいないので、戦争や病気、人殺しなど、この世に存在する無数の悪を説明するのにどうしても悪魔が必要になるのだ。そうでなければ、神は唯一絶対の善なる神になれないからである。

そこで、キリスト教が生まれる前のユダヤ教の時代に悪魔は産声を上げ、その悪魔をキリスト教は受け継いだのである。そして、それ以来、キリスト教は悪魔と戦い続け、かつ悪魔の概念を高度に発達させ、多様化させてきた。こうした動きは今も続いているといっていい。

もちろん、現代では大半のキリスト教徒は悪魔など信じてはいないかもしれないが、にもかかわらず多くのキリスト教徒が悪魔を信じていることは間違いない。1987年、当時のローマ教皇ヨハネ・パウロ2世はおよそ次のように語ったことがある。

「悪魔との戦いは現在も続いている。悪魔はいまだに生きており、この世界で活動している。現代世界にある悪、社会の混乱、戦争や病気はすべてが原罪ゆえのものではなく、サタンが暗躍して、邪悪な行いをしている結果でもあるのである」

いったい悪魔とは何なのだろうか？　本書はそんな疑問を持つ人たちへの一つの解答である。本書を読むことで、キリスト教世界の悪魔の多様性、恐ろしさ、奥深さを感じてもらえれば幸いである。

草野　巧

目次

目次

本書籍中の聖書からの引用は、すべて『聖書新共同訳』（日本聖書協会）を使用しています。

第1章
悪魔とは

No.001

悪魔とは何か？

Definition of Satan,devil,demons

悪霊（demons）は世界中にいるが、悪の根源たる悪魔（The Devil）は一神教の世界に特有のもので、神の絶対化に必要不可欠な存在だった。

●神が絶対になろうとしたとき悪魔が生まれた

ユダヤ＝キリスト教の悪魔は英語ではサタン、デヴィル、デーモンなどいくつか言い方がある。このうち、デヴィルは“The Devil”と“devils”に区別できる。前者は悪魔中最高の地位にある魔王のこと、後者はその配下の無数の悪魔たちのことである。語源はギリシア語のディアボロス“diabolos”で、この言葉は『マタイの福音書』などで“The Devil”を意味していた。

魔王のことをサタンともいうが、これはもとは神に仕えていたある天使を指す言葉だった。魔王になったことは確かだが、サタンという言葉は魔王や悪魔を意味する言葉ではなかったのである。だが、紀元前の時代にヘブライ語の旧約聖書がギリシア語訳されたとき、“satan”が“diabolos”と訳された。このため、サタンと魔王が同じ意味のようになったのだ。

悪魔を表すもう一つの言葉デーモン“demon”はギリシア語のダイモーン“daimon”からきている。この言葉は古代ギリシアでは人間の魂魄や悪しき憑依霊を意味していたが、このうち悪い霊という意味だけが初期のキリスト教徒によって強調されたのである。だから、デーモンは“devils”と同じく魔王の配下で、ときに悪霊とか悪鬼と訳されるものである。

これらの中でSatanとThe Devilが重要なのは当然である。これは単に魔王というだけでは十分でなく、悪が人格化した存在で、神の敵対者であり、悪の根源なのである。デーモンのような存在は世界中にいるが、SatanとThe Devilは違う。これは一神教の世界に特有の存在だ。一神教では神は完全に善なるものになろうとするが、するとどうしてもこの世の悪を説明する原理が必要になる。そのために、神に敵対する悪の根源としての悪魔が生まれたのだ。神が絶対なら、悪魔の存在は許されないはずだが、にもかかわらず悪魔なしには神もまた存在できなかったのである。

悪魔とは

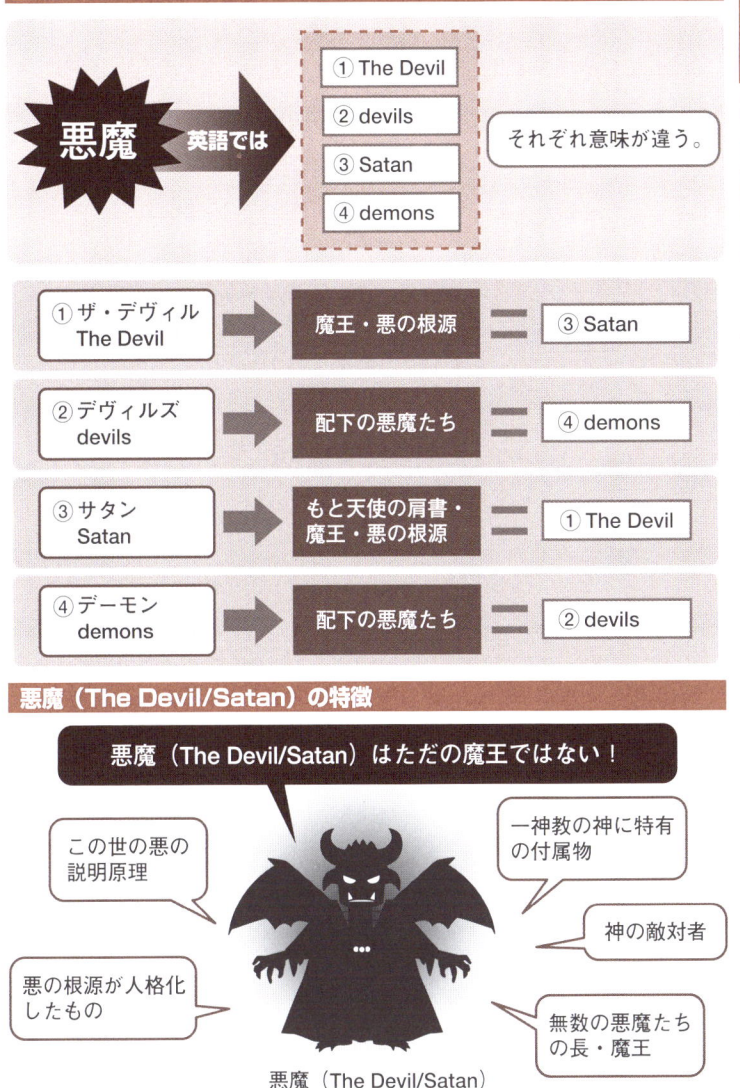

悪魔 英語では

① The Devil
② devils
③ Satan
④ demons

それぞれ意味が違う。

① ザ・デヴィル The Devil	魔王・悪の根源	＝	③ Satan
② デヴィルズ devils	配下の悪魔たち	＝	④ demons
③ サタン Satan	もと天使の肩書・魔王・悪の根源	＝	① The Devil
④ デーモン demons	配下の悪魔たち	＝	② devils

悪魔（The Devil/Satan）の特徴

悪魔（The Devil/Satan）はただの魔王ではない！
この世の悪の説明原理
一神教の神に特有の付属物
神の敵対者
悪の根源が人格化したもの
無数の悪魔たちの長・魔王

悪魔（The Devil/Satan）

用語解説

●**ユダヤ＝キリスト教**→キリスト教はユダヤ教から生まれたので、二つの宗教には共通する部分が多い。

No.002

悪魔の原型アーリマン

Ahriman,The Devil of Zoroastrianism

唯一神を信仰するユダヤ＝キリスト教に悪魔の観念が育つためには、ゾロアスター教の悪魔アーリマンの影響が不可欠だった。

●善なる最高神から完全に自律した二元論の悪魔

ユダヤ＝キリスト教は一神教で、神は全能なのだから、本来なら神の存在だけですべてが説明されるべきである。にもかかわらず、悪の原理である悪魔が存在する。これはユダヤ＝キリスト教が二元論的性格を持っているということだが、そこにはゾロアスター教の影響が働いていた。

紀元前7世紀ころにイランに興ったゾロアスター教は、善と悪の二つの原理が存在する絶対的二元論の宗教だった。

ゾロアスター教の最高神は善なるアフラ・マズダだった。ところが、この神は全能の絶対的支配者ではなかった。そもそものはじめから、善神アフラ・マズダに敵対するアーリマンという悪魔が存在したからだ。つまり、アーリマンは誰かによって作られたのではない、絶対的な悪の原理なのだ。

アフラ・マズダとアーリマンの争いは宇宙が存在する前から始まっていた。アフラ・マズダは一度、アーリマンを闇の中に閉じ込め、その隙に宇宙を創造した。しかし、やがて目覚めたアーリマンは神の創造物を攻撃し始めた。アーリマンは地上にいた最初の人間の夫婦を欺き、罪を犯させた。こうして、完璧だった世界に紛争・憎悪・病気・貧困・死がもたらされた。それから、この世界において善と悪の苛烈な戦いが繰り返されることになった。アーリマンは7人の大デーモンと無数の小デーモンを従え、善の勢力を攻撃し続けるのだ。この戦いは世界が終わるまで続き、最終的には必ず善が勝つとされている。その意味では、アーリマンよりもアフラ・マズダの方が優れているといえるが、にもかかわらずアーリマンが完全に神から自律した悪の原理だったことに変わりはないのである。

唯一の絶対神を崇拝するユダヤ＝キリスト教に悪の原理としての悪魔の観念が育ったのも、このような先駆者の影響があったからなのである。

善神アフラ・マズダと悪魔アーリマン

アーリマン →
- 古代イランのゾロアスター教の悪魔
- 最高神から完全に独立した悪の原理
- ユダヤ=キリスト教の悪魔の先駆者

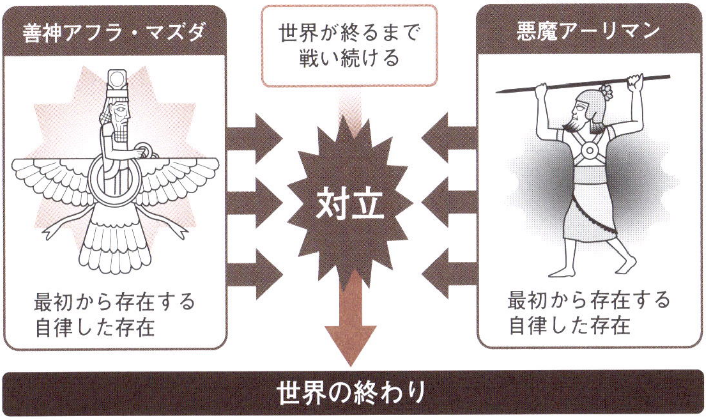
善神アフラ・マズダ
最初から存在する
自律した存在
世界が終るまで
戦い続ける
対立
悪魔アーリマン
最初から存在する
自律した存在
世界の終わり

最終的に善神が勝利するが、ともに自律した善と悪の原理があるという点で、ゾロアスター教は二元論である。

ユダヤ=キリスト教の悪魔

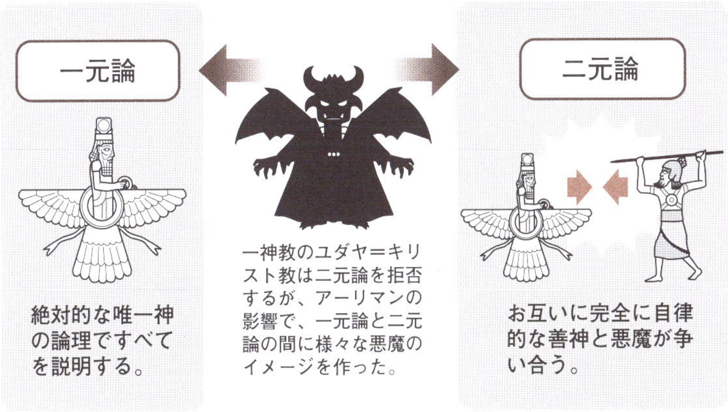
一元論
絶対的な唯一神の論理ですべてを説明する。
一神教のユダヤ=キリスト教は二元論を拒否するが、アーリマンの影響で、一元論と二元論の間に様々な悪魔のイメージを作った。
二元論
お互いに完全に自律的な善神と悪魔が争い合う。

No.003

魔王サタン

Satan

もともとは神の宮廷の一員として働いていたサタンは、黙示文学などに描かれたさまざまな悪魔と融合し、悪の大魔王へと変貌した。

●神の下僕から闇の国の帝王へと成長した大魔王

サタンはすべての悪魔を支配するただ一人の大魔王であり、この世のすべての悪の根源である。完全にではないのだが、サタンの行動は神から独立しているように見えるし、その力は神に匹敵するようである。そして、この世界が終わるときまで、サタンは悪の軍団を率いて善の天使が率いる善の軍団と宇宙的闘争を繰り広げているのである。

しかし、そんなサタンも歴史的に見れば、最初から悪魔界の大魔王だったわけではなかった。紀元前5～6世紀に成立した旧約聖書の『ヨブ記』を見てみよう。この物語でサタンは敬虔なヨブという男にさまざまな試練を与えるものとして登場している。ヨブは家族や財産を失い、自らも病気になるなど、サタンのために散々な目にあうのだ。だが、ここで見落としてはいけないのは、サタンは自分勝手にそうしたのではないということだ。サタンはそうする前に神の許可を得ているのである。つまり、サタンは神の命令で世界中を飛び回る使者（マラク・ヤハウェ）の一人であり、神の宮廷の一員なのだ。

それが、紀元後に成立した新約聖書では、サタンはもう完全に悪魔たちを率いる魔王へと大成長を遂げているのである。

それはなぜか。実は『ヨブ記』から新約聖書までの間に、ユダヤ教の世界では、**黙示《もくし》文学**を含め、現在の旧約・新約聖書には含まれない数多くの文書が書かれた。その中でサタン、アザゼル、マステマ、ベリアル、サタナイル、サマエル、セミヤザなど、さまざまな名を持つ魔王のことが語られたのである。とはいえ、魔王は一人で十分なので、これらの悪魔たちの物語は融合され、新しい魔王像が生まれた。その名としてサタンが選ばれた。だから、サタンはさまざまな悪魔が融合した、壮大で、複雑な内容を持つ魔王なのだ。

サタンといえば

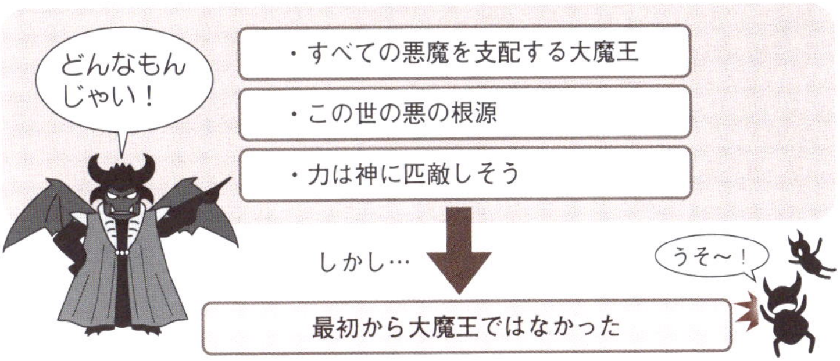
どんなもんじゃい！
・すべての悪魔を支配する大魔王
・この世の悪の根源
・力は神に匹敵しそう
しかし…
最初から大魔王ではなかった
うそ〜！

魔王サタンの誕生過程

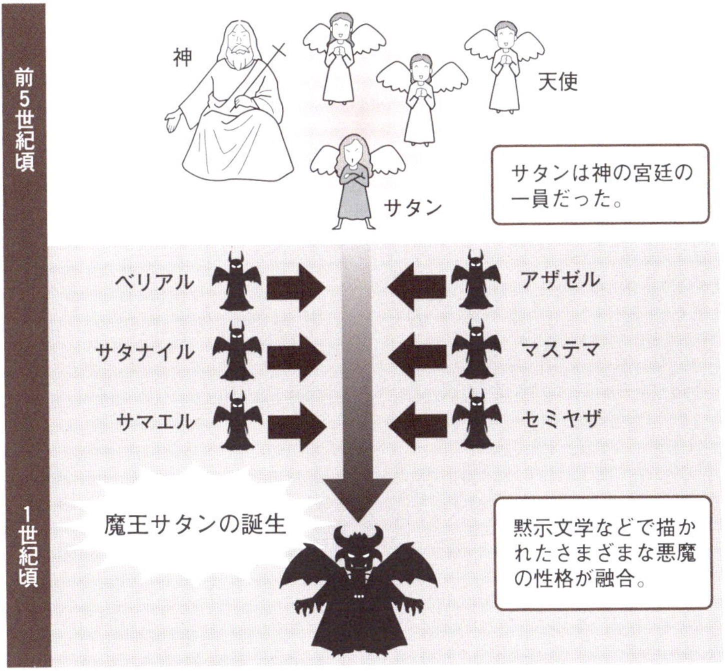
前5世紀頃
神
天使
サタン
サタンは神の宮廷の一員だった。
ベリアル
サタナイル
サマエル
アザゼル
マステマ
セミヤザ
1世紀頃
魔王サタンの誕生
黙示文学などで描かれたさまざまな悪魔の性格が融合。

用語解説

●**サタン**→サタンsatanの語源はヘブライ語のstnで、単に「敵対者」「妨害する者」という意味の普通名詞である。だから、旧約聖書中でもただ妨害している存在をサタンと呼んでいる個所もある。

●**黙示文学**→神が預言者に対して語った、この世の秘密（終末のことなど）を記録したとされる文学。紀元前2〜1世紀ころに大流行した。

No.004

魔王ルシファー

Lucifer

「明けの明星、曙の子（ルシファー）」という旧約聖書『イザヤ書』の一節から、壮大で悲劇的な堕天使ルシファーの伝説が誕生した。

●魔王サタンと同一視された明けの明星

ルシファーは古くからサタンと同一視される悪魔である。だが、もとをたどると、ルシファーはサタンでないばかりか、悪魔でも天使でもなかった。旧約聖書『イザヤ書』14章12節に次の一節がある。

「ああ、お前《まえ》は天《てん》から落《お》ちた／明《あ》けの明星《みょうじょう》、曙《あけぼの》の子《こ》よ。／お前《まえ》は地《ち》に投《な》げ落《お》とされた／もろもろの国《くに》を倒《たお》した者《もの》よ。」

ここにある「明けの明星、曙の子」はヘブル語で「ヘレルベンシャハル」、それがラテン語訳されたのが「ルシフェル」（光をもたらす者）で、これが聖書正典にルシファーが登場する唯一の場面である。問題は、この一節で作者が何をいおうとしていたかだ。実はこの言葉は野望のために破滅したバビロニア王ネブカドネザル2世を意味する暗喩だったのである。

だが、この一節をその後の人々は、ある天使の堕天を意味していると受け止め、天界にいたルシファーが堕天して悪魔になったと考えたのだ。たとえば、『ルカによる福音書』10章18節にこうある。「わたしは、サタンが稲妻《いなづま》のように天《てん》から落《お》ちるのを見《み》ていた。」

そして、このような聖書の記述やそのほかの黙示文書の記述などから、2世紀前半の教父オリゲネスが初めて「**ルシファー＝サタン**」だと明言した。5世紀には聖アウグスティヌスもそれを認めた。こうして何人もの教父たちの考察から、ルシファーの伝説が出来上がったのだ。それによれば、ルシファーは最初は善なる天使であり、かつセラフ（熾天使）に属する最高の天使だった。だが、自分こそ最高だと考える傲慢の罪によって堕天し、サタンと呼ばれるようになった。また、堕天するときには数多くの仲間の天使を引きずりこんだのである。そして、中世後期頃にはルシファーの名はサタンと同じくらい一般的に使われるようになったのである。

ルシファーの由来

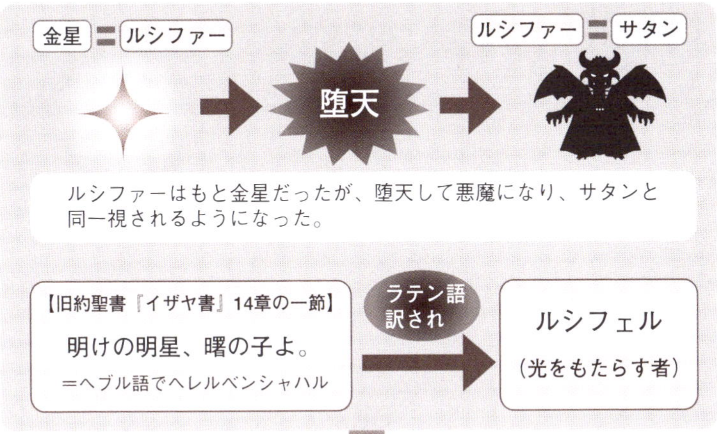
金星
ルシファー
ルシファー
サタン
堕天
ルシファーはもと金星だったが、堕天して悪魔になり、サタンと同一視されるようになった。
【旧約聖書『イザヤ書』14章の一節】
明けの明星、曙の子よ。
＝ヘブル語でヘレルベンシャハル
ラテン語訳され
ルシフェル
（光をもたらす者）

ルシファーが天から落ちて悪魔になったという伝説が生まれた。

教父たちのルシファー伝説

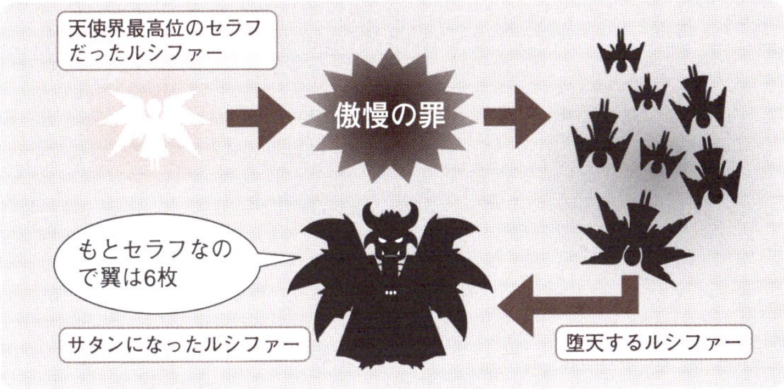
天使界最高位のセラフだったルシファー
傲慢の罪
もとセラフなので翼は6枚
サタンになったルシファー
堕天するルシファー

古代の教父たちは、ルシファーは最初は天界で最高位の天使だったが、傲慢の罪を犯し、多数の仲間を引き連れて堕天し、魔王サタンになったと説明した。

用語解説

●**ルシファー＝サタン**→中世文学ではルシファーとサタンを別な悪魔とすることもある。この場合はルシファーが魔王、サタンは配下である。ルシファーというのは最高位の天使の名だから、サタンより下位にはならないと考えられたのだ。

No.005

アザゼル

Azazel

神は善悪兼ね備えた自らの性格から、悪を取り除きアザゼルに肩代わりさせた。その結果として、神は完全に善なる者となったのである。

●最初に神の汚い仕事を代理した悪魔

一神教であるユダヤ教の神ヤハウェは当初は善と悪の両方の性格を持っていた。その神ヤハウェが最終的には善なる神になるわけだが、そうなるためにはどうしても悪の部分を誰かに肩代わりさせる必要があった。

そのとき、神の悪い部分を最初に任されたのがアザゼルだった。

旧約聖書『**レビ記**』（16章5～10節）に、大祭司アロンが主の命令で、2匹の雄山羊のうち1匹を贖罪のために主にささげ、もう1匹を荒れ野のアザゼルにささげるという物語がある。このことからも、アザゼルが相当に大きな力を持っていたことがわかるはずだ。

こうして、アザゼルが登場したことで、神の性格が二つに分かれる筋道ができ、その流れが最終的に魔王サタンへと結集することになるのだ。

アザゼルは堕天使の物語で有名な『エチオピア語エノク書』の中でも重要な働きをしている。ここで、アザゼルは神の命令で地上に降りた200人のエグリゴリ（見張りの天使）たちの指導者の一人である。そして、人間の女と結婚し、さまざまな知識や技術を教えてしまう。武器や装飾品、化粧法などの知識である。その知識で男たちは戦い方を知り、女たちは男に媚《こび》を売ることを覚え、嫉妬、強欲、淫乱といった悪行に染まったのである。

このため、神は大洪水を起こして地上の者すべてを滅ぼすことを決意し、大天使ラファエルにおよそ次のように命じる。「アザゼルの手足を縛って荒野に掘った穴に投げ込め。その上に石をのせ、光が見えないようにし、永久に閉じ込めておけ。審判の日に彼は炎の中に投げ込まれるのだ。全地はアザゼルのわざの教えで堕落した。いっさいの罪を奴に帰せよ」

つまり、アザゼル＝サタンは堕天使のリーダーであり、この世の罪のすべての原因という性格を与えられたのである。

サタンの前身としてのアザゼル

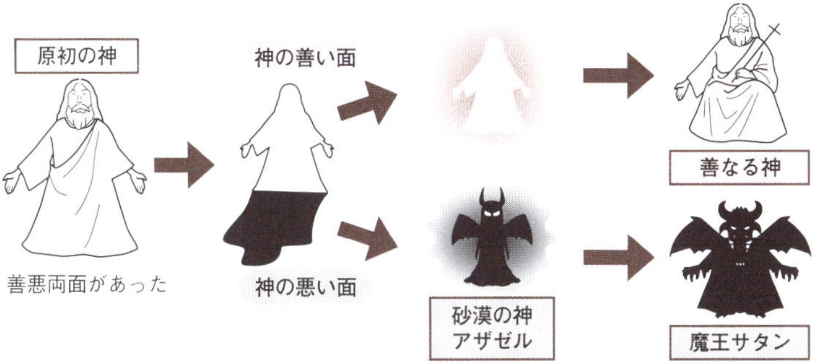

原初の神は善悪両面を持っていたが、アザゼルが悪い面を引き受け、神は善なる者となり、悪は最後に魔王サタンとなった。

『エチオピア語エノク書』のアザゼル

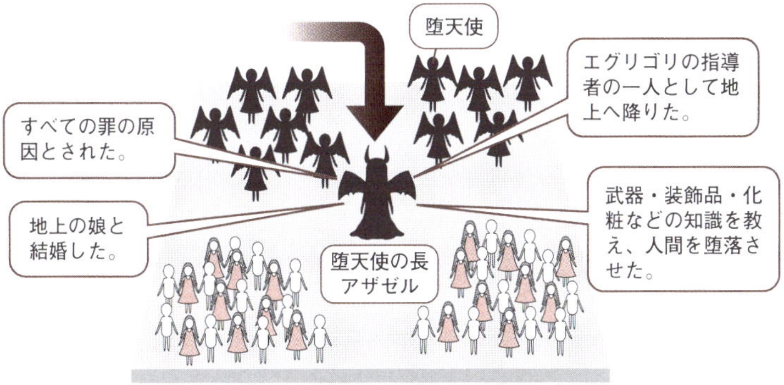

アザゼルのイメージ

コラン・ド・プランシー著『地獄の辞典』第六版（1863年）刊行に際して、M・L・ブルトンが描いたアザゼル。もともとはイスラエル民族がまだ一神教になる以前の多神教の時代に崇拝していた砂漠の神だった。

用語解説

●『レビ記』→モーセ五書（創世記･出エジプト記･レビ記･民数記･申命記）に含まれる、ユダヤ教の基本文献の一つ。古い資料をもとに紀元前6世紀ころ成立したらしい。

No.006

マステマ

Mastema

神が地獄へ落とそうとした悪霊のうち、10分の9は地獄へ落ちたが、残りはマステマの配下となり、人間に悪行を働くようになった。

●自由に人間に敵対する権利を手に入れた悪魔

サタン率いる悪魔の軍団はこの世のいたるところに出現し、自由に人間に敵対する。いったい、サタンはいつの間にそんな権利を手に入れたのだろう？　この点に関して、最大の功績があるのが悪魔マステマである。

マステマの活躍ぶりは、紀元前2世紀後半に成立した旧約聖書外典『ヨベル書』で語られている。それによれば、ノアの箱舟で有名なノアの時代に、悪い天使たちが人間を迷わせて、滅ぼそうとしたことがあった。神は怒り、その天使たちを地獄へ落とそうと決意した。

このときマステマが神のもとへやってきて、次のように訴えるのである。
「主よ、創造者よ。彼らのうちの何人かはわたしに残してください。わたしのいうことを聞かせ、わたしが彼らに命ずることをすべて行わせたいのです。…（中略）…彼らはわたしの決定に従って（人間を）堕落させたり、滅ぼしたり、迷わせたりするのが役目です」

こうして、神の許可を得て、10分の9の悪霊が地獄に落ちたものの、残りの10分の1は、魔王マステマのもとで自由に悪行を働く権利を手に入れたのである。

また、マステマはアザゼルと同じように、神の悪い面を引き受けるという役割も受け持った。神は、イスラエル民族の族長アブラハムに息子を犠牲としてささげるように命じたり、『出エジプト記』の英雄モーセの命を狙ったりと、イスラエル民族にとって納得できない所業がいくつもあった。それが『ヨベル書』ではすべてマステマの責任に帰せられているのだ。

マステマMastemaの名は、動詞の「憎むstm」から派生したものだが、サタンは、stn（対立者・敵）から派生したものである。この点でもマステマはサタンと非常に近い魔王だといえるのである。

マステマとは

悪魔マステマ → 神に頼んで人間に悪行を働く自由を得る

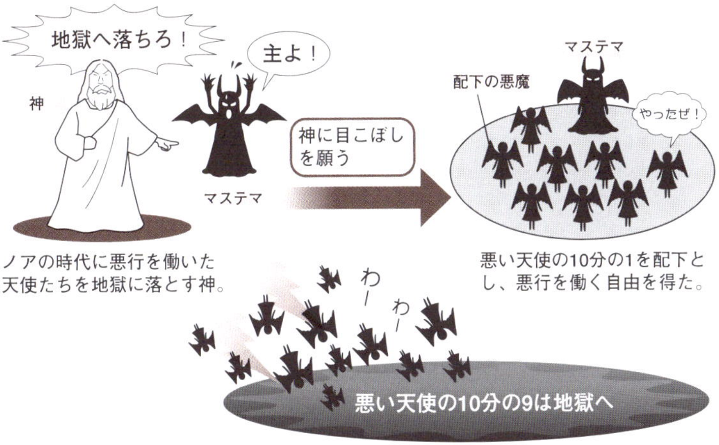
地獄へ落ちろ！
神
主よ！
マステマ
神に目こぼしを願う
マステマ
配下の悪魔
やったぜ！
ノアの時代に悪行を働いた天使たちを地獄に落とす神。
悪い天使の10分の1を配下とし、悪行を働く自由を得た。
わー
わー
悪い天使の10分の9は地獄へ

神の悪の特性がすべてマステマに

神の悪の特性
・ユダヤの族長アブラハムに息子イサクを殺させようとする。
・ユダヤの英雄モーセを殺そうとする。
・エジプト人たちに生まれた長子を残酷にも皆殺しにした。
悪魔マステマ
神の悪の特性が凝縮された。

旧約聖書では神の意志でなされたとされる恐ろしい行為が、『ヨベル書』ではみなマステマのせいにされた。

No.007

ベリアル

Berial

死海文書の『光の息子たちと闇の息子たちの戦い』において闇の軍団を率いた悪魔で、善の神と対立する二元論的な悪の根源。

●善と悪の闘争という二元論的な悪の起源

ユダヤ教の神ヤハウェはこの世界で唯一の神であり、すべての根源である。だから、この世界に善と悪という二つの原理があるなどということは絶対に認められるものではなかった。ところが、紀元前2世紀後半から後1世紀にかけて、状況が変わってきた。そのころ、エッセネ派というユダヤ教の一派が、イランのゾロアスター教の影響を受けて、善と悪の対立という非常に二元論的な物語をユダヤ教の世界に持ち込んだのである。

そのような物語や思想は、「**死海文書**」と呼ばれる、エッセネ派が書き残した、聖書と関連した多数の文書類から知ることができる。

それによれば、ユダヤ教の神は確かに唯一神だが、この世界に光の道と闇の道を作ったのである。そして、天使と人間は必ずこのどちらかの道を選ばなければならず、二つの陣営はこの世の終わりのときまで絶えず宇宙的な戦いを続ける運命となったのだ。その最後の戦いに関しては『光の息子たちと闇の息子たちの戦い』と題された文書に詳しいが、それは40年も続く大戦争であり、かつ両陣営ともに3度ずつ優勢になるという激しいものなのである。

このようにエッセネ派は、光の軍団とほとんど対等に戦えるほど強力なパワーを闇の軍団に与えたわけだが、ここで大切なのは、この軍団を率いた最大の闇の天使がベリアルだということだ。つまり、ベリアルは（確かに最後の最後には負けてしまうとはいえ）それほどにも強力な悪をもたらす悪魔であり、魔王であり、悪の根源なのである。魔王サタンが闇の軍勢を率い、まるで神の敵対者のように善の軍勢を苦しめることができるのも、悪魔ベリアルと融合し、そのパワーを自分のものとしたからなのである。

二元論的な強力な悪魔ベリアル

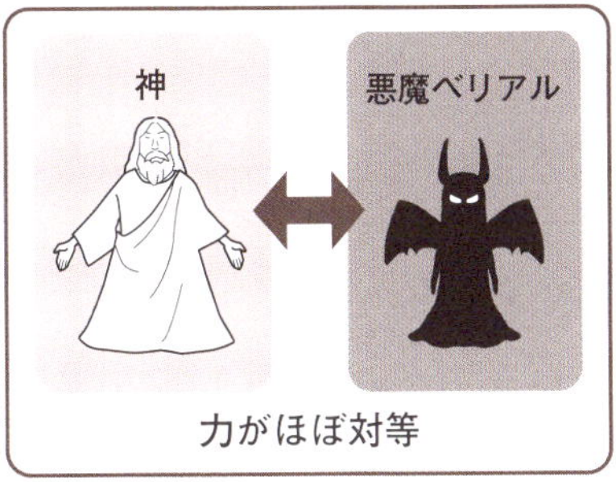
神
悪魔ベリアル
力がほぼ対等

テラモのヤコブ作『ベリアルの裁判』(1473)の木版画のベリアル。

光の軍団とベリアル率いる闇の軍団の闘争

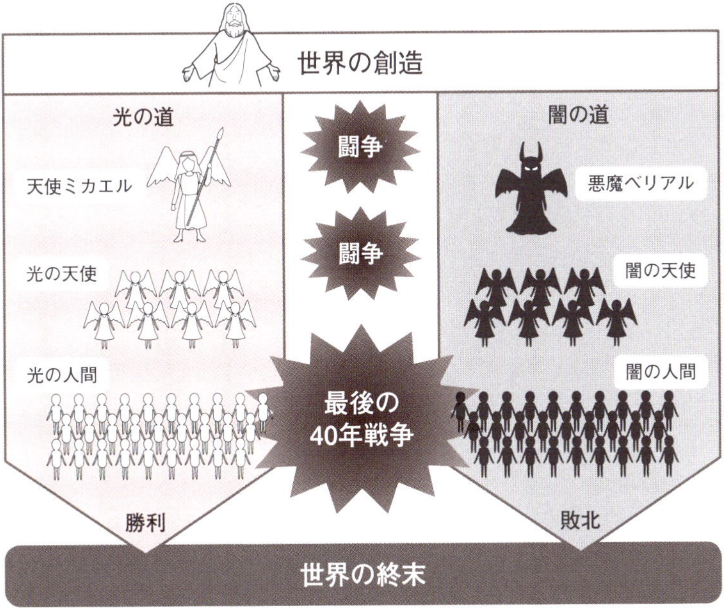
世界の創造
光の道
天使ミカエル
光の天使
光の人間
闘争
闘争
最後の
40年戦争
闇の道
悪魔ベリアル
闇の天使
闇の人間
勝利
敗北
世界の終末

死海文書によれば、神は創造の初めから光の道と闇の道を作り、すべての天使・人間はそのどちらかを選ぶ。そして世界の終わりまで激しい闘争を繰り返すのである。

用語解説

●**死海文書**→死海北西岸のクムランという荒涼とした地域の複数の洞窟から、1947～56年にかけて発見された文書類。20世紀最大の考古学上の発見といわれた。

No.008

ベルゼブブ

Beelzebub

「蝿の王」という意味を持つ悪魔ベルゼブブは新約聖書時代にはサタンと同一視され、以降も高位の悪魔として君臨し続けている。

●新約聖書の時代からサタンと肩を並べた悪魔

ベルゼブブは新約聖書の中でサタンと同一視されている悪魔である。たとえば、『マタイによる福音書』12章24節に、悪魔祓いをして人々の病気を治したイエスを、ファリサイ人たちが「悪霊の頭ベルゼブルの力によらなければ、この者は悪霊を追い出せはしない」と非難する場面がある。

旧約聖書では、カナン地方にあったペリシテ人の都市エクロンの神バアル・ゼブブとして登場している（『列王記下』1章4節など）。つまり、もとは異教の神だったのである。この神をカナン人たちは「バアル・ゼブル」（至高の王）として崇拝していた。これを「蝿の王」という意味のヘブライ語に嘲笑的に言い換えたのが「バアル・ゼブブ」である。こうして異教の神がベルゼブルとかベルゼブブと呼ばれる悪魔になったわけだ。

しかし、「蝿の王」というのはそれほど馬鹿にした言い方でもない。古代ギリシアでは、最高神ゼウスがアポミュイオス（蝿を忌避する者）として崇拝されていた。蝿は病気をもたらすものでもあるからだ。

新約聖書以降では、グリモワールの祖先ともいえる『ソロモン王の遺言』（1～3世紀ころ）にベルゼブブは悪霊の支配者として登場する。新約聖書外典『ニコデモ福音書』（5世紀）はイエスが地獄へ下って、過去の偉人たちを解放する物語だが、ここでも地獄の王であるサタンと同一視されている。さらに、ダンテは『神曲』（14世紀）地獄篇の中で、悪霊たちの頭領のことを普通はルシファーと呼んでいるが、ときどきサタン、ベルゼブブといっている。ミルトンの『失楽園』（17世紀）でも、ベルゼブブはその悪の威力がサタンに匹敵する、地獄界第2位の悪魔とされている。

このように新約聖書の時代にサタンと同一視されたベルゼブブは、それ以降ずっと、最有力な悪魔であり続けているのだ。

ベルゼブブの出自

バアル・ゼブル

カナン人の神だった。
「至高の王」の意。

↓

バアル・ゼブブ

「蝿の王」の意。旧約聖書時代にユダヤ人が嘲笑的に言い換えた。

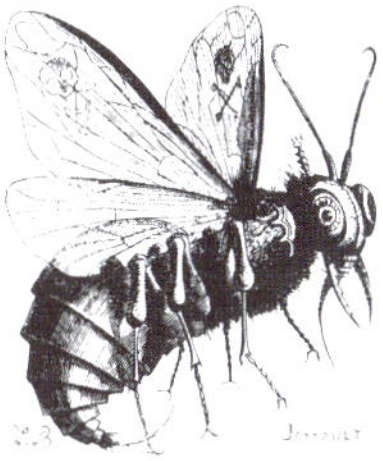

コラン・ド・プランシーの『地獄の辞典』（第6版）（1863年）のためにM・L・ブルトンが描いたベルゼブブの版画。そのまま蝿だが、いかにも「蝿の王」らしい姿である。

↓

ベルゼブル
ベルゼブブ

新約聖書時代の呼び名が完成。
サタンと同一視された。

その後のベルゼブブ

ソロモン王の遺言
悪霊の支配者

ニコデモ福音書
地獄の王サタン

神曲
サタン、ルシファーの別名

失楽園
サタンに次ぐ
地獄界第2位

新約聖書以降もベルゼブブは重要な悪魔であり続けた。

No.009

アスモデウス

Asmodeus

好色の悪魔アスモデウスはもとは古代ペルシアの二元論の悪神アーリマンの配下で、17世紀になっても暴威をふるい続けた。

●人間に取り憑いて猛威をふるう悪魔

アスモデウスはペルシア神話の悪神アーリマンに仕える7人の大悪魔の一人アエーシュマを起源とする悪魔である。

ユダヤ＝キリスト教の伝承では、アスモデウスは好色な悪魔として有名だが、同時に人間に取り憑《つ》く悪魔の代表格でもある。2世紀ころに成立した『**トビト書**』では、彼は若く美しい娘サラに取り憑いている。このため、サラは7人の男に嫁いだが、7人とも初夜を過ごす前に死んでしまったのだ。そこにトビトの息子トビアが現れ、彼女と結婚することになったが、彼には大天使ラファエルが味方についていた。その助言で、トビアは香を焚いて魚の心臓と肝臓をいぶし、サラからアスモデウスを追い払った。ラファエルがそれを追い、悪魔を縛りあげたのである。

341年、アンティオキアの教会会議で悪魔祓いの儀式がキリスト教会公認のものとなるが、この物語はその根拠の一つとなったものである。

1～3世紀ころに成立したグリモワール『ソロモン王の遺言』では、ソロモン王に召喚されたアスモデウスはこういっている。「私は人間の娘と天使との間に生まれたので、人間には傲慢に見えるだろう。住んでいるのは人間が大熊座と呼んでいる星の近くだ。新婚の男女を引き裂き、若い女をもてあそび、人間を狂気に陥らせるのが私の仕事だ。しかし、魚の肝臓と胆のうをいぶされると逃げ出してしまうし、天使ラファエルも苦手だ」

魔女狩りの時代にもアスモデウスは猛威をふるった。なかでも有名なのはルーダンの悪魔憑き事件（p.180参照）で、修道院長ジャンヌ・デ・ザンジュに取り憑いて狂わせたのがアスモデウスなのである。そして、悪魔祓いを受けた彼はご丁寧にも、デ・ザンジュの身体から明日午後5時に必ず出て行きますという契約書まで残したことになっている。

アスモデウスの出自

古代ペルシアの魔王アーリマンに仕える7大悪魔の一人。

『トビト書』に登場するアスモデウスはアエーシュマの姿の一つともいわれる。

アスモデウスの弱点

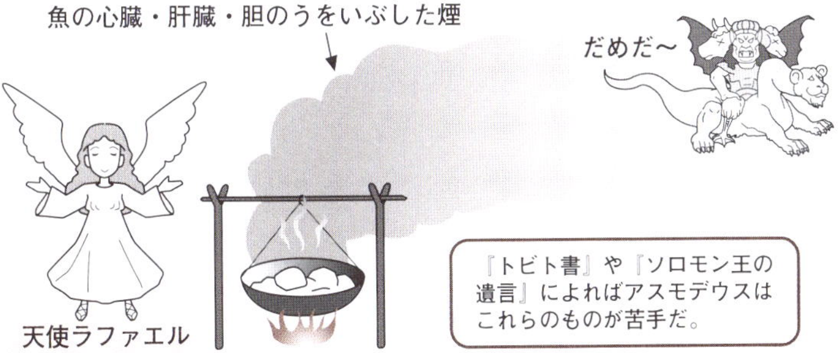

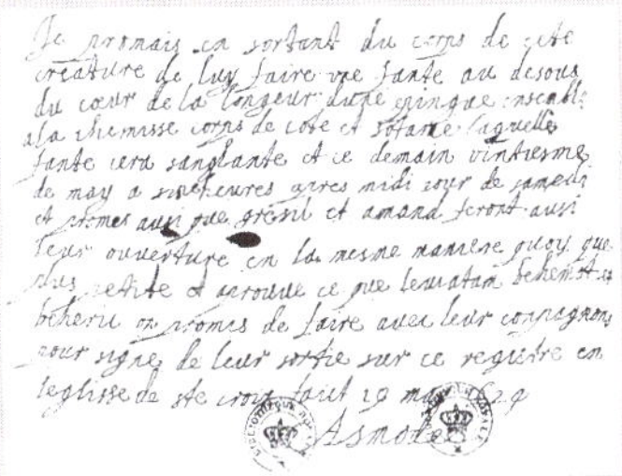
Je promais en sortant du corps de cete creature de luy faire une fante au desous du coeur de la longeur dune epingue ensemble a la chemisse corps de cote et sotane laquelle fante sera sanglante et ce demain vintiesme de may a cinq heures apres midi jour de samedi et promet aussi que grésil et amand feront aussi leur ouverture en la mesme maniere quoy que plus petite et aprouve ce que leviatam behemot beherie ont promis de faire avec leur compagnons pour signe de leur sortie sur ce registre en leglisse de ste croix faict 19 may 1629
Asmodee

アスモデウスの契約書

1634年5月のこと。ルーダンのウルスラ会女子修道院の尼僧ジャンヌ・デ・ザンジュに取り憑いていたアスモデウスは悪魔祓いを受け、「明日午後5時に尼僧の身体から退場する」ことを約束する契約書を書いたとされている。これがその時の契約書である。

用語解説

●『トビト書』→紀元前2世ころ成立。旧約聖書の一書で、カトリックでは「第二正典」、プロテスタントでは「外典」とされている。

No.010

サマエル

Samael

アダムとエバの堕落の原因を作っただけでなく、グノーシス主義者からは悪世界の創造者ヤルダバオートと考えられた大悪魔。

●葡萄酒でアダムとエバを堕落させた悪魔

サマエルはかなり古くからサタンと同一視されていた悪魔である。その名前には「毒の天使」という意味がある。

『創世記』によれば、エデンの園にいたアダムとエバは蛇の誘惑によって、神が禁じていた知恵の木の実を食べた。それが彼らが犯した罪であり、それゆえ彼らは楽園を追放され、堕落することになった。

ところが、新約聖書外典『ギリシア語バルク黙示録』(後2世紀ころ)では、エデンの園にあったのはブドウの木であり、それを植えたのは天使サマエルだとされている。神はブドウの木とサマエルを呪ったが、サマエルは嫉妬から蛇の姿になってアダムを欺いた。そして、これははっきりとは書かれていないのだが、どうやらアダムとエバに葡萄酒の味を覚えさせたようなのである。この結果として、アダムとエバは楽園を追放されたというのだ。また、サマエルも神に呪われたことでサタンとなったのである。

グノーシス主義的な**ナグ・ハマディ文書**の中では、サマエルは単なる悪魔を超えたものである。たとえば『ヨハネのアポクリュフォン』では、悪に満ちたこの世界を作った悪神ヤルダバオートの別名の一つとして、サマエルが挙げられている。つまり、サマエルは単なる悪魔ではなく、この悪い世界の創造者とされているのだ。また、『アルコーンの本質』という書では、サマエルの名には「盲目の神」という意味があるといっている。

3世紀ころからのユダヤ教の伝説や教訓物語では、悪魔はサタンよりもサマエルと呼ばれることの方が多くなった。そして、翼が12枚、目が全身を覆い、どんな姿にもなれるなどと語られている。

こうしたことからも、サマエルが悪魔界随一の大悪魔であり、サタンと同等の大物だということがわかるだろう。

アダムとエバを堕落させた悪魔サマエル

悪魔サマエル ➡ 古くからサタンと同一視
名の意味「毒の天使」「盲目の神」

アダムとエバを堕落させた悪魔サマエル

ブドウの木
サマエル
蛇のサマエル
アダムとエバ
ヒック！
うぃ～
ブドウ酒

① エデンの園にブドウの木を植えた。
② 神に呪われ、蛇の姿でアダムとエバを欺いた。
③ アダムとエバはエデンの園を追放された。

●グノーシス主義のサマエル

この世は俺が作った！
世界の創造者＝サマエル
別名ヤルダバオート
悪に満ちた宇宙

ユダヤの伝説（3世紀以降）に登場する悪魔サマエル ▶

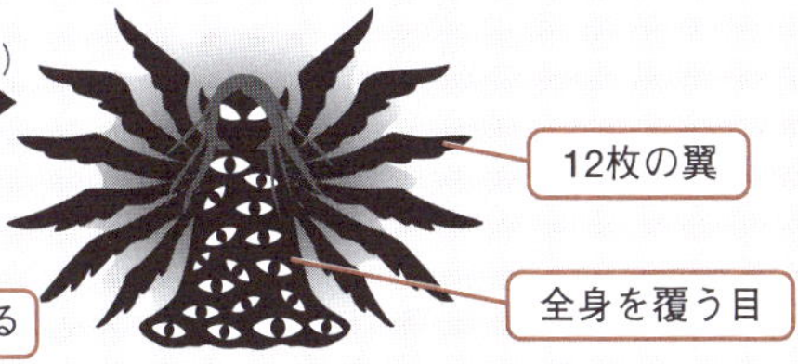
12枚の翼
全身を覆う目
どんな姿にもなれる

用語解説

●**ナグ・ハマディ文書**→ 1954年にエジプト南部のナイル河畔の町ナグ・ハマディ付近で発見された52のパピルス文書。3世紀後半ころに筆写されたものと考えられ、グノーシス主義的なものが多い。

No.011

アバドン

Abaddon

この世が終わるとき、空から落ちてくる一つの星によって、底なしの淵から、イナゴの王として君臨する悪魔アバドンが出現する。

●底なし地獄の深い穴を支配するイナゴの王

アバドンという言葉はヘブライ語のabad（彼は殺した）に由来しており、もともと「滅びの国」という意味があった。この言葉は旧約聖書の『ヨブ記』や『箴言』の中で、ユダヤの冥界シェオールを指す言葉として用いられている。つまり、地獄を表す普通名詞だったのだ。その言葉を恐るべき悪魔の名として用いたのは『ヨハネの黙示録』が最初だった。

それによれば、この世が終わるとき天から一つの星が落ち、底なしの淵に通じる穴を開く。そこから煙とともにイナゴの大群が噴き出してくるのだ。イナゴは顔は人のようだが、姿は出陣前の馬のようで、頭には金の冠に似たものを着け、髪は女のようで、獅子の歯、鉄の胸当て、サソリの尾と針がある。そして戦車のような羽音を立てて飛び、その毒で神に選ばれなかった人々を5ヶ月間苦しめるのである。

さらに、『黙示録』はこういっている。「いなごは、底《そこ》なしの淵《ふち》の使《つか》いを王《おう》としていただいている。その名《な》はヘブライ語《ご》でアバドンといい、ギリシア語《ご》の名《な》はアポリオンという。」

ギリシア名がアポリオン（破壊者の意）であるためか、アバドンはギリシア神話の太陽神アポロが地獄に落ちたものだという説もある。しかし、アポリオンとアポロと結びつけるのは、これはどうもこじつけらしいと『ギリシア神話』（呉茂一著／新潮社）には書かれている。

悪魔のランク付けは1～3世紀成立の『ソロモン王の遺言』の中にすでにその萌芽が見られるが、16、17世紀になると一層盛んに行われた。そうして出来上がったある表にアバドンの名もあるが、そこでは悪魔たちは9階級に分類され、アバドンは第7階級のフリアエ（復讐の女神）と呼ばれるデーモンたちの君主とされている。

アバドンはイナゴの怪物か？

アバドン →
- 底なしの淵の怪物イナゴたちの王
- 『ヨハネの黙示録』に悪魔として初登場
- 古くは「滅びの国」を意味する普通名詞

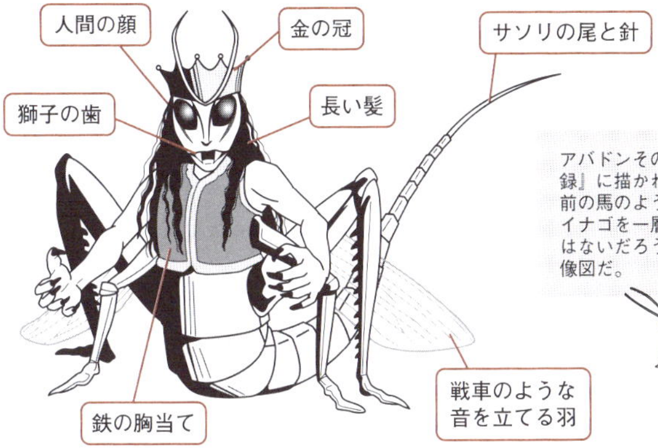
人間の顔
金の冠
サソリの尾と針
獅子の歯
長い髪
鉄の胸当て
戦車のような
音を立てる羽

アバドンそのものの姿は『黙示録』に描かれていないが、出陣前の馬のように武装した配下のイナゴを一層恐ろしくした姿ではないだろうか。これはその想像図だ。

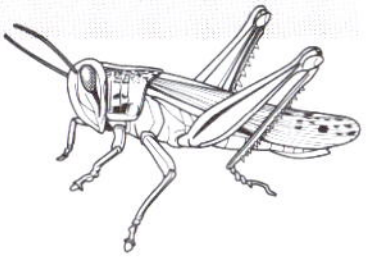

アバドンの名がある「悪魔の9階級」

位階	デーモンの種類の名前	意味	君主あるいは支配者
1	プセウドテイ	偽神	ベルゼブブ
2	スピリトゥス・メンダキオルム	嘘の霊	ピュートーン
3	ウァサ・イニクィタティス	不正の器	ベリアル
4	ウルトレス・スケロルム	犯罪の復讐者	アスモデウス
5	ブラエスティギアトレス	奇跡の模倣者	サタン
6	アエリアエ・ポテスタテス	空の軍勢	メリジム
7	フリアエ	復讐の女神	アバドン
8	クリミナトレス	中傷者	アスタロト
9	テンタトレス・マリゲニー	悪の誘惑者・鬼神	マモン

＊この表は、16世紀の魔術師アグリッパの『隠秘哲学』の記述をもとに作られたと考えられている。
（表は『悪魔の事典』フレッド・ゲティングズ著・大滝啓裕訳・青土社より）

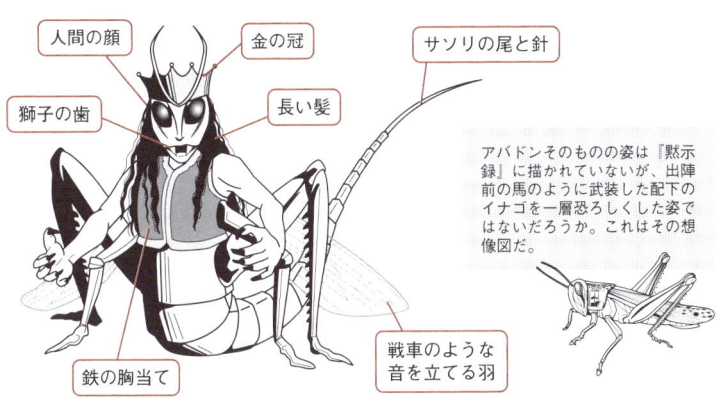

No.012

堕天使

Fallen Angel

天使たちが天から落とされた理由は文献によって異なる。ある場合はそれは欲望のせいであり、ある場合には傲慢のせいである。

●堕天の理由は欲望か、傲慢か？

キリスト教の考え方では悪魔はみな堕天使である。しかし、堕天使とは何なのか？　また、彼らはなぜ堕天しなければならなかったのだろうか？

『**エチオピア語エノク書**』にはこうある。地上の人間の数が徐々に増え始めると、その中に美しい娘たちが生まれた。それを見て心を動かされた**200人の天使**がシェミハザ、アザゼルなど20人の指導者に率いられて地上に降り、それぞれ妻をめとった。そして子供が生まれたが、それは身長3000キュビトもある巨人たちで、食料を食い漁り、人間を困らせた。天使たちはさらに、人間たちに武器の製造法や冶金術、化粧、魔法などさまざまな知識・技術を伝授した。このため、女たちは媚を売ることを、男たちは戦うことを覚えて人間は大いに堕落した。これを見た神が怒り、ついに大洪水を起こして地上の生き物たちを滅ぼす決意をするのである。つまり、堕天使とは欲望のために天を追われた者たちということだ。

しかし、旧約聖書偽典『**アダムとエバの生涯**』には別な物語がある。これによると天地創造のとき、神は天使たちを作った後で自分自身の姿に似せて人間のアダムを作った。このため、天使たちは神の姿に作られたアダムを拝さなければならなかった。しかし、誇り高いサタンは自分よりも劣り、自分より後に作られたものを拝するなどできないと主張した。説得する天使ミカエルにサタンはいった。「神が怒るなら、俺は自分の座を天の星よりも上の方に置き、いと高き方と似たものになってやる」こうして、サタンは仲間の天使たちとともに神の怒りで地に投げ落とされたのだ。そして、嫉妬から幸福に暮らすアダムとエバを陥れ、エデンの園から追放されるように仕向けたのである。つまり、悪魔の堕天の理由はここでは傲慢（誇り）であり、人間を苦しめる理由は嫉妬なのである。

キリスト教では悪魔はみな堕天使！

『エチオピア語エノク書』による堕天の理由

『アダムとエバの生涯』による堕天の理由

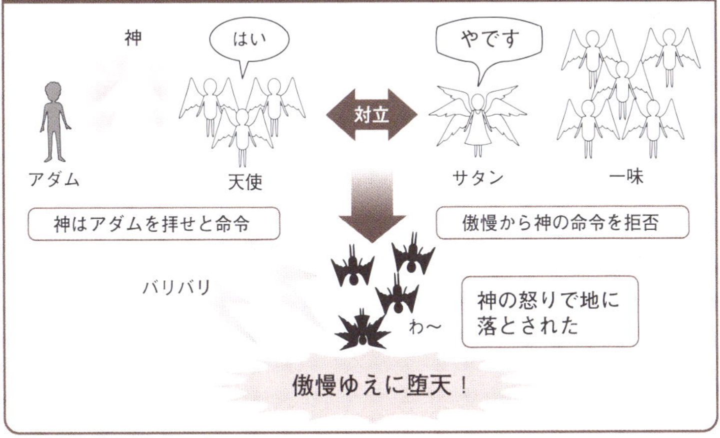

用語解説

● 『エチオピア語エノク書』→旧約聖書偽典。前5～後3世紀ころ作られた別個の物語がまとめられ、8世紀ころにエチオピア語に訳されたらしい。
● 200人の天使→彼らは「エグリゴリ」または「グリゴリ」（神の子）とも呼ばれる。
● 『アダムとエバの生涯』→旧約聖書偽典。前1～後1世紀ころ成立したらしい。

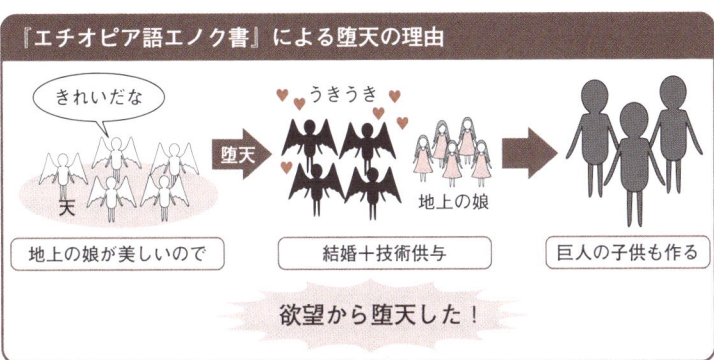

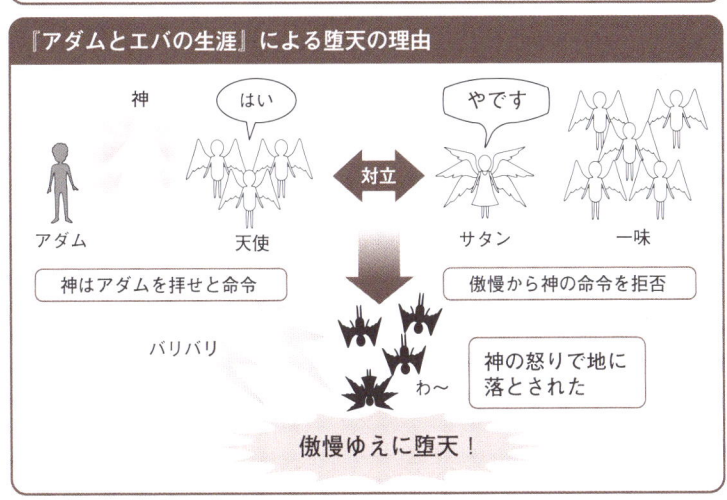

No.013

黙示録の獣

The Beast/the Beast of Revelations

10本の角と七つの頭を持つ黙示録の獣は、終末間近の時代にサタンによって権威を与えられ、42ヶ月間にわたって地上に君臨する。

●終末時に人類を支配するサタンの代理者

「黙示録の獣」は英語ではしばしば“The Beast”と表される。「聖書」が“The Book”となるのと同じだ。このことから、黙示録の獣がいかに特別な“beast（獣）”かということがよくわかる。

この黙示録の獣が悪魔学的に重要なのは、それが終末間近に出現するサタンの代理者だからである。

『ヨハネの黙示録』の中で、天界から追放されるサタンは七つの頭と10本の角を持ち、その頭に七つの冠をかぶった赤い大きな竜と表現されている。一方で、黙示録の獣は10本の角と七つの頭があり、それらの角に十の王冠があると表現されている。黙示録の獣は体は豹に似ており、足は熊、口は獅子のようだとされているが、頭と角の数などサタンのドラゴンとそっくりである。このことからそれがサタンの類似物だとわかるのである。また、黙示録の獣の頭には神を冒涜《ぼうとく》する名が記されていたとされているが、この名こそ悪魔の数字「666」といわれるものなのである。この恐るべき獣が終末間近に、42ヶ月間にわたり地上に君臨するというのだ。

第一の獣に続き、第二の獣も地中から出現する。こちらは、子羊の角に似た2本の角があり、ドラゴンのような声を出したと記されている。これも黙示録の獣ではあるが、第二の獣は第一の獣に従属するような存在である。第二の獣の仕事は、人々をだまし、脅迫し、第一の獣を崇拝させることなのである。

もちろん、これら2匹の獣はともにサタンの手先である。キリスト教の終末論では、第一の獣はアンチキリスト、第二の獣は偽預言者の象徴だとされている。そして、ドラゴン、第一の獣、第二の獣の3匹は悪の三位一体といわれるのである。(p.116参照)

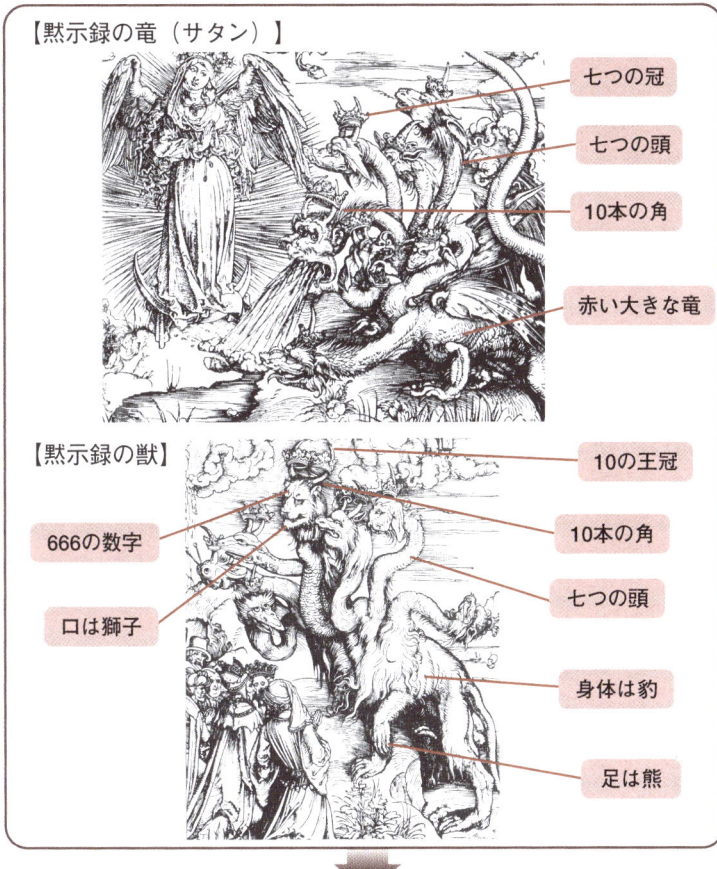

獣の特徴

黙示録の獣 → 終末時に出現するサタンの代理
サタンの権威で42ヶ月間地上に君臨

『ヨハネの黙示録』の「竜（サタン）」と「獣」

図はいずれもデューラーによる黙示録の連作版画（1497～8）

【黙示録の竜（サタン）】

七つの冠
七つの頭
10本の角
赤い大きな竜

【黙示録の獣】

10の王冠
666の数字
10本の角
七つの頭
口は獅子
身体は豹
足は熊

↓

ゆえに、「黙示録の獣」がサタンの類似物とわかる

No.014

ドラゴン

Dragon

聖書では、サタンが登場する以前には、ドラゴンこそが悪だった。そのドラゴンの悪をサタンはすべて受け継いでいるのである。

●ドラゴンの歴史はサタンよりも古い

ドラゴンはサタンとの結びつきが非常に強い怪物である。

ドラゴン（竜）というと恐竜のような体に蝙蝠の翼を持った怪物を思い浮かべるが、もともとの姿は大蛇のようなものである。それは海や川の怪物、つまり氾濫する水の怪物である。水の氾濫は恐ろしいものなので、太古の昔からドラゴンは悪の象徴だった。聖書を見ても、悪魔が活躍するのは新約聖書の時代だが、ドラゴンはそれより古い旧約聖書の時代から、悪の象徴として使われていた。「その日《ひ》、主《しゅ》は／厳《きび》しく、大《おお》きく、強《つよ》い剣《けん》をもって／逃《に》げる蛇《へび》レビヤタン／曲《ま》がりくねる蛇《へび》レビヤタンを罰《ばっ》し／また海《うみ》にいる竜《りゅう》を殺《ころ》される。」（『イザヤ書』27章1節）、「神《かみ》は御《み》力《ちから》をもって海《うみ》を制《せい》し／英知《えいち》をもってラハブを打《う》たれた。／風《かぜ》をもって天《てん》をぬぐい／御《み》手《て》は逃《に》げる大蛇《だいじゃ》を刺《さ》し貫《つらぬ》いた。」（『ヨブ記』26章12～13節）という具合である。

このように、ドラゴンは古くから悪の象徴だったので、新約聖書の『ヨハネの黙示録』の中で、サタンが突然ドラゴンの姿で現れたとしても、それは少しも不思議ではないのである。「さて、天《てん》で戦《たたか》いが起《お》こった。ミカエルとその使《つか》いたちが、竜《りゅう》に戦《たたか》いを挑《いど》んだのである。竜《りゅう》とその使《つか》いたちも応戦《おうせん》したが、勝《か》てなかった。そして、もはや天《てん》には彼《かれ》らの居場所《いばしょ》がなくなった。この巨大《きょだい》な竜《りゅう》、年《とし》を経《へ》た蛇《へび》、悪魔《あくま》とかサタンとか呼《よ》ばれるもの、全人《ぜんじん》類《るい》を惑《まど》わす者《もの》は、投《な》げ落《お》とされた。地上《ちじょう》に投《な》げ落《お》とされたのである。その使《つか》いたちも、もろともに投《な》げ落《お》とされた。」（12章7～9節）

こうしてドラゴンとサタンの結びつきは決定的となった。聖ゲオルギウスや聖マルガリタのような後世のキリスト教の聖人たちにドラゴン退治の伝説があるのもこのためで、その背後には天使ミカエルがドラゴン（サタン）を退治した『黙示録』の物語があるのである。

ドラゴンからサタンの時代へ

ドラゴン → 太古から存在する悪の象徴
サタン登場後はサタンの象徴にもなる

旧約聖書の時代
悪
・バビロニア帝国
・ギリシア王国
・ローマ帝国
など
最大の悪の象徴
ドラゴン
<いろいろなドラゴン>
レビヤタン
ラハブ
大蛇
ドラゴン
海の獣
新約聖書の時代
すべての悪を受け継いで
サタンが悪の根源に！
サタン
ドラゴンはサタンの
象徴の一つになる。

No.015

アンチキリスト

Antichrist

この世の終わりのときに「自分が救世主だ」といって人々を惑わすアンチキリスト。彼はサタンが人間として生まれた存在である。

●サタンが受肉したアンチキリスト

アンチキリストはサタンと特殊な関係にある人間である。それはこの世の終わりにだけ登場する、人間界のサタンとでもいうべき存在である。

サタンと悪魔たちは天界を追放されたときからこの世の終わりまで、神に敵対する存在である。最後には敗北する運命にあるのだが、サタンは抵抗をやめない。それどころか、その抵抗は世界が滅びる直前に最高潮に達する。キリスト教の終末論では、この世界が終わるときにイエスが救世主として再臨し、悪の軍団を滅ぼすと考えられている。しかし、その前に、自分こそ救世主だと主張する偽者が現れる。そして、異教徒・異端者・信仰のない者たちなどが偽者のもとに結集し、最後の抵抗が行われる。この偽の救世主がアンチキリストなのだ。アンチキリスト（反キリスト）という言葉どおり、彼はキリスト（救世主）の敵対者であり、偽救世主である。

ところで、その役割だけ見ると、アンチキリストは単純にサタンと同一の存在のように考えられる。だが、そうではない。アンチキリストはある意味でイエス・キリストと似た存在である。イエス・キリストは神が受肉した存在、神が人として生まれてきた存在である。同様にアンチキリストはサタンが受肉した存在、サタンが人として生まれてきた存在なのだ。つまり、イエスが人間であるように、アンチキリストも人間なのである。それは善に敵対する最終的人間である。

問題はアンチキリストの人数だが、新約聖書の福音書や『ヨハネの手紙一』ではそれが複数いることになっている。しかし、パウロの『テサロニケの信徒への手紙二』ではアンチキリストは一人だとされている。12世紀に活躍した修道士フィヨーレのヨアキムは多数のアンチキリストが出現した後に、ただ一人の究極のアンチキリストが現れるとしている。

アンチキリストの意味

アンチキリストは人間であり、イエス・キリストと対立する存在である。

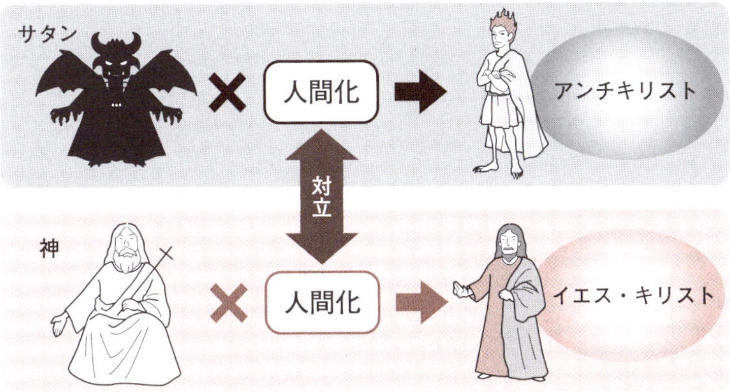
サタン
人間化
アンチキリスト
対立
神
人間化
イエス・キリスト

アンチキリストの容貌

古代シリア語文献『主の契約』（5世紀）では…

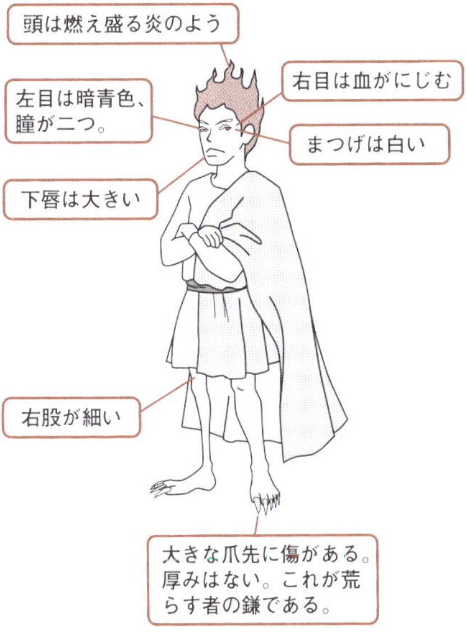
頭は燃え盛る炎のよう
右目は血がにじむ
左目は暗青色、
瞳が二つ。
まつげは白い
下唇は大きい
右股が細い
大きな爪先に傷がある。
厚みはない。これが荒
らす者の鎌である。

ルネサンス期のイタリアの画家ルカ・シニョレッリのフレスコ画『アンチキリストの説法と行い』（1500年ころ製作）の一部。サタンに付き添われたアンチキリストが足元に金銀の工芸品を置き、見物人を誘惑しているところを描いている。

No.016

リリト

Lilith

メソポタミア起源の女悪魔リリトは、アダムの前妻であり、エバをそそのかした蛇であり、魔王サタンの妻であるといわれた。

●男性上位の体位を拒んだアダムの前妻

リリトはユダヤの悪魔学で重要な位置にある女悪魔である。

旧約聖書『イザヤ書』34章14節に次のようにある。「荒野《こうや》の獣《けもの》はジャッカルに出会《であ》い／山羊《やぎ》の魔神《まじん》はその友《とも》を呼《よ》び／夜《よる》の魔女《まじょ》は、そこに休息《きゅうそく》を求《もと》め／休《やす》む所《ところ》を見《み》つける。」ここで、「夜の魔女」となっているのがリリトである。彼女はもともとはリリトゥというメソポタミアの悪霊で、夜歩き回っては夢魔として男を襲ったり、血を飲んだりしたとされている。

このリリトゥがユダヤの伝承に入り込み、アダムの前妻リリトとなったのだが、それは『創世記』の記述の矛盾と関係していた。

『創世記』1章によれば、神は自分にかたどって人間の男と女を創造したとされている。つまり、人間の男女は同時に創造されたのである。それが2章では、アダムは独身で神は彼のあばら骨の一部から女（エバ）を作ったとなっている。この食い違いから、新たなリリトの伝承が生まれた。

ユダヤの民間伝承として重要なベン・シラの『**アルファベット**』によれば、リリトとアダムは土から一緒に創造されたが、二人の生活はうまくいかなかった。リリトは性行為で女性が下になる体位を受け入れなかったのである。彼女は紅海まで逃げていった。3人の天使がそれを追いかけ、彼女を説得したが、彼女は帰らなかったのである。

その後、彼女はどうなったか。カバラの伝承では彼女は悪魔サマエルの妻で、魅力的な裸体の女性だが、下半身は蛇だとされている。また、イスラム教の伝承ではリリトはサタンと寝て悪霊のジンを生んだとされている。つまりアダムと別れた後は魔王サタンの妻となったのだ。キリスト教の悪魔学では彼女は悪魔に仕える魔女とされ、女悪魔スクブスの同類とされており、この世の終わりまで男たちを誘惑し続けるのである。

リリトの経歴

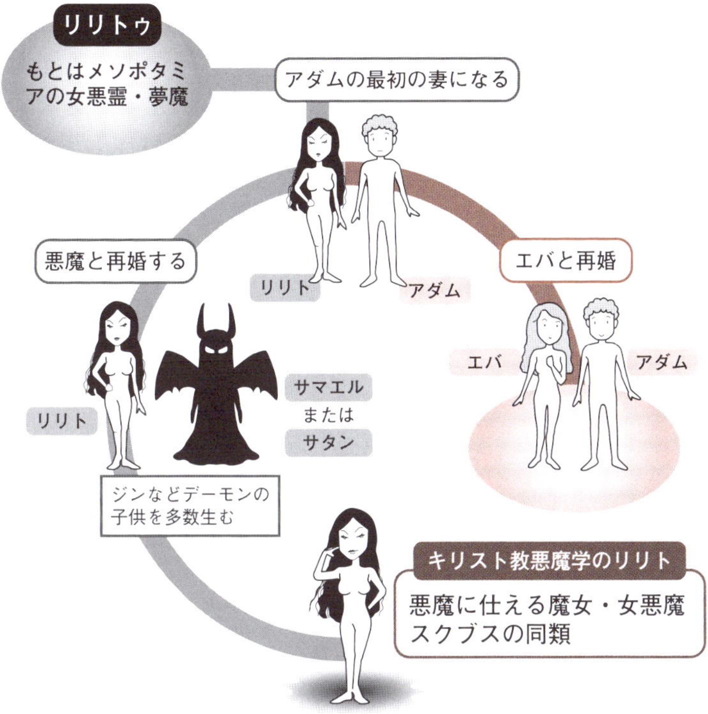
リリトゥ
もとはメソポタミアの女悪霊・夢魔
アダムの最初の妻になる
リリト
アダム
エバと再婚
エバ
アダム
悪魔と再婚する
リリト
サマエル
または
サタン
ジンなどデーモンの子供を多数生む
キリスト教悪魔学のリリト
悪魔に仕える魔女・女悪魔スクブスの同類

リリトのイメージ

リリトは上半身は女性、下半身は蛇だといわれる。
ユダヤ教の経典『タルムード』の伝承ではエバをそそのかして禁断の木の実を食べさせた蛇も実はリリトだったとされている。

リリト
女性
蛇

用語解説

●『アルファベット』→8～10世紀ころにまとめられたユダヤの箴言集。

No.017

レビヤタン

Leviathan

悪魔レビヤタンの背後には聖書においてサタンやドラゴンと並ぶ悪のシンボルとされた海獣レビヤタンのイメージが隠れている。

●聖書の中ではサタンやドラゴンに匹敵した大悪魔

レビヤタンは聖書に由来する悪魔である。そして聖書では、レビヤタンはサタンに匹敵する悪のシンボルである。古代カナン人の崇拝した豊穣神バアルは原初の蛇ロタンを倒した。このロタンが聖書に入り込んでレビヤタンになったのである。聖書にはこう書いてある。「この地上《ちじょう》に、彼《かれ》を支《し》配《はい》する者《もの》はいない。／彼《かれ》はおののきを知《し》らぬものとして造《つく》られている。／驕《おご》り高《たか》ぶるものすべてを見下《みくだ》し／誇《ほこ》り高《たか》い獣《けもの》すべての上《うえ》に君臨《くんりん》している。」（『ヨブ記』41章25～26節）。「その日《ひ》、主《しゅ》は／厳《きび》しく、大《おお》きく、強《つよ》い剣《けん》をもって／逃《に》げる蛇《へび》レビヤタン／曲《ま》がりくねる蛇《へび》レビヤタンを罰《ばっ》し／また海《うみ》にいる竜《りゅう》を殺《ころ》される。」（『イザヤ書』27章1節）。こうした記述から、聖書中のレビヤタンはまさにドラゴンでありサタンだということがわかるはずだ。

16世紀ころからはレビヤタンは完全な悪魔として次々と憑依事件を起こし、数多くのグリモワールに紹介されるようになるが、当然主要な悪魔とされている。たとえば、『アブラメリンの聖なる魔術書』では彼はルシファー、サタン、ベリアルと並ぶ地獄の最高四君主の一人である。そして、レビヤタンの魔法陣を握って呪文を唱えることで、悪魔を人間の姿で出現させることができるとされている。『アルマデルの魔道書』ではレビヤタンとアスモデウスは悪魔の悪徳の恐ろしさを教えてくれる悪魔である。悪魔憑《つ》き事件では、彼は最も有名なルーダンの事件に関わっているだけではない（p.180参照）。1647年の**ルーヴィエの悪魔憑き事件**でも、レビヤタンはダゴンらとともに多くの修道女を苦しめたのである。

ホッブスの哲学書『リヴァイアサン』（1651）で、レビヤタンは抑圧的な国家のシンボルとされたが、それはレビヤタンこそその比喩にふさわしい極悪の存在だからなのである。

レビヤタンの特徴

聖書のレビヤタン → サタンに匹敵する悪のシンボル

悪魔レビヤタン → 地獄の最高君主の一人 / 憑依する悪魔

●聖書に出てくるレビヤタンの特徴

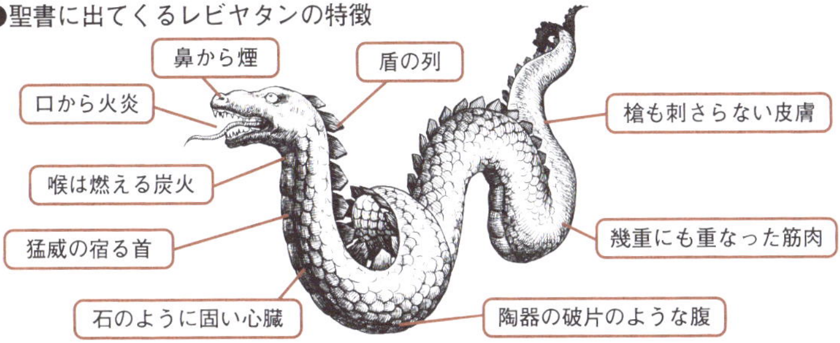
鼻から煙
盾の列
口から火炎
槍も刺さらない皮膚
喉は燃える炭火
猛威の宿る首
幾重にも重なった筋肉
石のように固い心臓
陶器の破片のような腹

✤地獄の入口としてのレビヤタンの口

レビヤタンについて『ヨブ記』（41-11～13）にはこんな記述もある。「口からは火炎が噴き出し、火の粉が飛び散る。煮えたぎる鍋の勢いで、鼻からは煙が吹き出る。喉は燃える炭火、口からは炎が吹き出る。」これはいかにも地獄の雰囲気である。そのため、12世紀ころから、絵画の中ではレビヤタンの口は地獄の入口として描かれるようになった。上左は、14世紀後半のフランスの彩色写本『愛の聖務日課書』の挿絵の一部である。反逆した天使たちが天界から追放され、レビヤタンの口に飲み込まれる様子が描かれている。上右は、1530年ころに発行されたドイツの印刷物の挿絵である。死後、悪人たちの魂が悪魔の手でレビヤタンの口（地獄の入口）に引き込まれる様子が描かれている。

用語解説

●**ルーヴィエの悪魔憑き事件**→フランスのルーヴィエの修道院で多数の修道女に悪魔が憑依した事件で、レビヤタンのほかダゴン、ピュティファル、グロンガード、イサカーロン、ベヘモットなどの悪魔が登場する。

No.018

ベヘモット

Behemoth

旧約聖書『ヨブ記』の中でレビヤタンと肩を並べている恐るべき怪物ベヘモットは16世紀以降は悪魔として不動の地位を築いた。

●カバでもありゾウでもある暴飲暴食の悪魔

ベヘモットは旧約聖書『ヨブ記』では海の怪物レビヤタンと並ぶ恐るべき陸の怪物として描かれている。「見《み》よ、ベヘモットを。／お前《まえ》を造《つく》ったわたしはこの獣《けもの》をも造《つく》った。／これは牛《うし》のように草《くさ》を食《た》べる。／見《み》よ、腰《こし》の力《ちから》と腹筋《ふっきん》の勢《いきお》いを。／尾《お》は杉《すぎ》の枝《えだ》のようにたわみ／腿《もも》の筋《きん》は固《かた》く絡《から》み合《あ》っている。／骨《ほね》は青銅《せいどう》の管《くだ》／骨組《ほねぐみ》みは鋼鉄《こうてつ》の棒《ぼう》を組《く》み合《あ》わせたようだ。／これこそ神《かみ》の傑作《けっさく》／作《つく》り主《ぬし》をおいて剣《つるぎ》をそれに突《つ》きつける者《もの》はいない。」

旧約聖書偽典『第四エズラ書』によれば､神は天地創造のときにベヘモットとレビヤタンをともに海で誕生させた。しかし、巨大すぎたため2匹が海で暮らすことはできず、ベヘモットは陸に揚げられたのである。

聖書のベヘモットはカバのような姿だったといわれるが、ロシア語でbehemotはカバであることを知れば、それは納得できるはずだ。また、ベヘモットは腹の大きなゾウの姿で想像されることもある。聖書以前の伝承によれば、ユダヤの神ヤハウェはカナン人の豊穣女神アナトと結婚したことがあった。このときヤハウェはゾウの姿をしたインドの神ガネーシャを名乗ったといわれている。このゾウからベヘモットが生まれたのである。

16世紀以降、ベヘモットは悪魔としての地位を不動のものにした。レビヤタンが目立ちすぎるためか、地獄における地位に関してはベヘモットはあまり評価されていない。しかし、彼が猛威をふるったことだけは間違いなく、数多くの悪魔憑《つ》き事件で彼の名前が取り上げられている。ルーダン（p.180参照）やルーヴィエ（p.40注参照）の悪魔憑き事件がそうだ。悪魔と七つの大罪を結びつけたビンスフェルトは、暴食の悪魔としてベルゼブブの名を挙げているが、多くの悪魔学者の意見ではベヘモットこそ暴飲暴食を誘う悪魔だということも忘れてはいけない。

ベヘモットとは

聖書のベヘモット → 恐るべき陸の怪物

悪魔ベヘモット → 悪魔憑き事件で活躍
暴飲暴食の悪魔として有名

コラン・ド・プランシー『地獄の辞典』（第6版／1863年）のためにM・L・ブルトンが描いたベヘモット。いかにも暴飲暴食の悪魔らしく、腹のふくれたゾウの姿をしている。

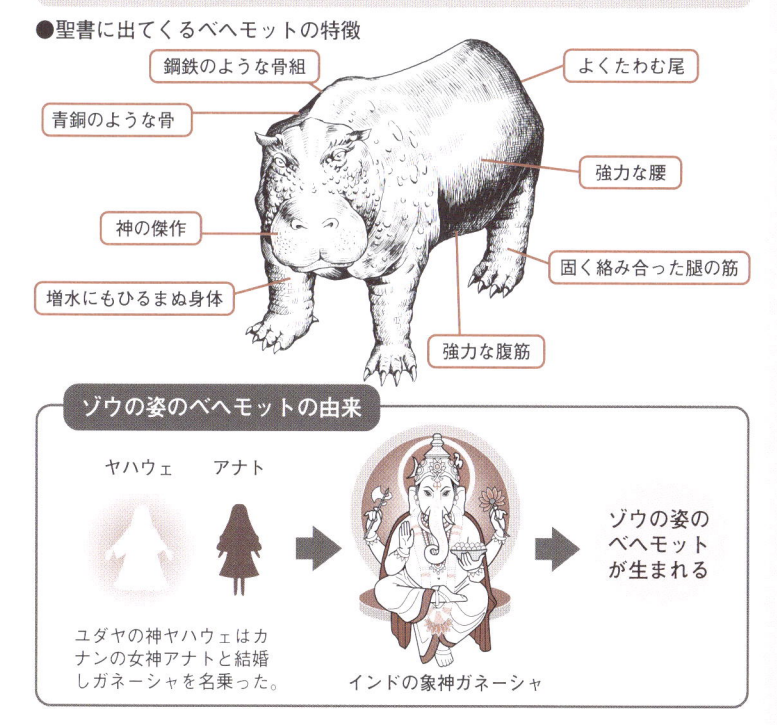

●聖書に出てくるベヘモットの特徴

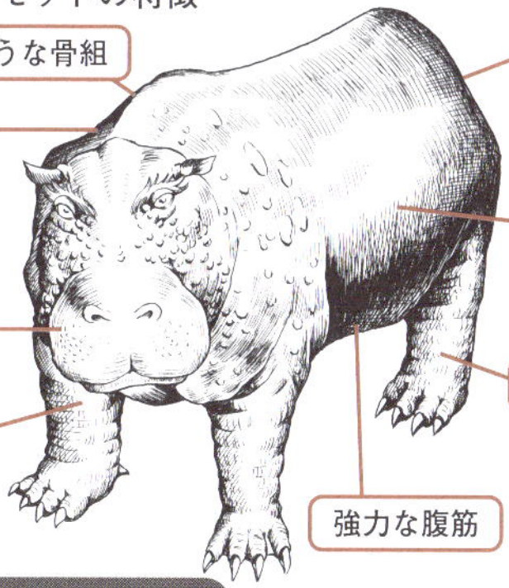
鋼鉄のような骨組
よくたわむ尾
青銅のような骨
強力な腰
神の傑作
固く絡み合った腿の筋
増水にもひるまぬ身体
強力な腹筋

ゾウの姿のベヘモットの由来

ヤハウェ　アナト

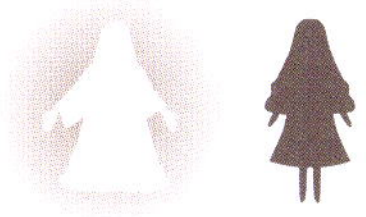

→

→ ゾウの姿のベヘモットが生まれる

ユダヤの神ヤハウェはカナンの女神アナトと結婚しガネーシャを名乗った。

インドの象神ガネーシャ

No.019

バアル

Baal

悪魔バアルは旧約聖書に登場する異教の神バアルに由来するが、この名前に由来する悪魔はほかにも多く、巨大な「バアル」一族になっている。

●多数の悪魔を生んだ「バアル」という名前の威力

旧約聖書には、バアルという名を持つ異教の神が複数登場する。そして、そのそれぞれが後の時代に単独の悪魔へと変化している。

たとえば、『民数記』25章などでモアブ人が崇拝していたとされる「ペオル（フェゴル）のバアル」は後に怠惰の悪魔とされたベルフェゴルへと変化した。『士師記』8章などでシケム人の神とされる「バアル・ベリト」はソロモン王の72悪魔の一人であるベリト（またはベリス）になっている。ミカエリス神父に悪魔の位階を教えた悪魔バルベリトもこの神が変化したものである。また、『列王記下』1章などでペリシテ人の神とされている「バアル・ゼブル」は有名なベルゼブブへと変化している。さらに、悪魔ベリアルはバアルという音がヘブライ語的にベリ・ヤールと変化することで生まれた名なのである。

どうしてこんなことが起こったのか？　それはバアルという言葉が、「主人」「王」を意味する普通名詞だったからだ。つまり、「ペオルのバアル」は「ペオルの王」であり、「バアル・ベリト」は「ベリトの王」なのだ。『列王記下』10章などに登場する古代カナン人の豊穣神はただの「バアル」だが、この神は正式名はハダトといい、本来は「バアル・ハダト」（雷鳴の王）だったのが、ただのバアルになったのである。

悪魔バアルはこのように数多く存在した異教の神の名「バアル」に由来している。そして、16世紀ころから非常に強力な悪魔と考えられるようになった。それは、『悪魔の偽王国』や『ソロモン王の小さな鍵（レメゲトン）』にある悪魔王国の君主の一覧表を見ればわかる。どちらの表でもバアルは数多くの軍団を支配する東方の王とされ、名簿の一番最初に名前が置かれているのである。「バアル」という名前の威力ではないだろうか。

バアルとは

悪魔バアル → 旧約聖書の異教の神から悪魔へ
「バアル」は「主人」「王」の意味

旧約聖書の「バアル」と関係ある悪魔たち

バアル
「主人」「王」の意味の言葉。

ペオルのバアル → **ベルフェゴル**
モアブ人の神 → 16世紀の悪魔学者に七つの大罪のうちの怠惰の悪魔とされた。

バアル・ベリト → **ベリト（ベリス）**
シケム人の神 → ソロモン王の72悪魔の一人。序列第28位の公爵。

バアル・ゼブル → **ベルゼブブ**
ペリシテ人の神 → 「蝿の王」の名を持つ、新約聖書時代から活躍する大悪魔。

バアル・ハダト
カナン人の神

ベリ・ヤール → **ベリアル**
ヘブライ語的に音が変化した言葉。 → 「死海文書」中で闇の軍団を率いるとされた大悪魔。

悪魔バアル
ソロモン王の72悪魔が紹介されている『ソロモン王の小さな鍵』ではバエルと呼ばれ、悪魔の序列第一位に置かれ、東方を治める王であり、66軍団を率いているとされている。

No.020

アスタロト

Astaroth

16世紀以降に猛威をふるった悪魔アスタロトは、旧約聖書中でソロモン王にも崇拝された古代フェニキアの女神アスタルテに由来していた。

●悪魔憑き事件やグリモワールに頻出する悪魔

アスタロトは、少なくともその名前に関しては非常に古い起源がある。その名前は古代フェニキアの都市ビブロフの守護神で、セム族の豊穣神だった女神アスタルテの変形である。そして女神アスタルテは古代メソポタミアの女神イシュタルと類縁関係にある。旧約聖書にもその名は何度も登場するが、『列王記上』にはソロモン王が外国の妻を何人もめとり、女神アスタルテなどを崇拝したことが書かれている。このためにソロモン王は神の怒りを買い、イスラエル統一王国は南北に分裂してしまうのだ。つまり、女神アスタルテは決して崇拝してはいけない異教の神であり、他の異教の神々と同じように悪魔としてキリスト教に受け継がれたのである。

この女神アスタルテがいつの間にか姿を変えたのが悪魔アスタロトである。その変化がいつ起こったのか不明だが、とくに16世紀以降のアスタロトの活躍ぶりには凄まじいものがある。彼の名は多数のグリモワールや悪魔憑《つ》き事件に登場し、ルシファー、ベルゼブブ、アスモデウスといった大悪魔と肩を並べているのである。たとえば、『ホノリウス教皇の魔道書』（p.204参照）では水曜日に召喚すべき悪魔として、『アブラメリンの聖なる魔術書』（p.208参照）では次席君主8悪魔の一人として、『アルマデルの魔道書』（p.206参照）ではルシファー、ベルゼブブとともに悪魔の反逆と堕天について教えてくれる悪魔として語られている。『ソロモン王の小さな鍵』（p.198参照）、『悪魔の偽王国』（p.122参照）でも地獄の侯爵とされている。また、セバスチャン・ミカエリス神父の分類（p.120参照）では、アスタロトは第一階級の悪魔で、もと座天使の君主である。そして、ルーダンの悪魔憑き事件（p.180参照）ではアスモデウスらとともに尼僧ジャンヌ・デ・ザンジュに憑依した悪魔とされているのである。

悪魔アスタロトの誕生

古代フェニキアの豊穣神アスタルテ
＝
異教の女神

× キリスト教 → 悪魔アスタロト

異教の女神がキリスト教世界で悪魔とされた。

16世紀から名を上げた悪魔アスタロト

水曜日の悪魔
『ホノリウス教皇の魔道書』

次席君主8悪魔の一人
『アブラメリンの魔術書』

地獄の侯爵
『悪魔の偽王国』
『ソロモン王の小さな鍵』

ルーダンの悪魔
憑き事件で活躍

第一階級の悪魔・
もと座天使＝ミカ
エリス神父の分類

悪魔の反逆の秘密を教える
『アルマデルの魔道書』

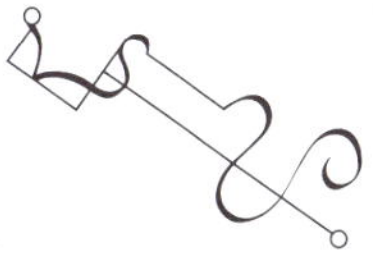

『アルマデルの魔道書』
にあるアスタロト召喚
のシジル

このアスタロトのイメージは、1863年に刊行されたコラン・ド・プランシーの『地獄の事典』（第6版）のためにM・L・ブルトンが描いたものである。

No.021

モレク

Molech

堕天使のうちで最も強く、最も獰猛だとミルトンにうたわれた悪魔モレクは子供の犠牲を要求した古代の異教の神だった。

●人身御供の血にまみれた獰猛な悪魔

モレクはモロクとも呼ばれるが、数多い悪魔の中でもその残忍さと獰猛さにおいて群を抜いている。ミルトンの『失楽園』では、天界における戦いに敗れた無数の悪魔が地獄に落とされた後、まずはじめに魔王サタンが目覚め、すぐそばに倒れていた副官ベルゼブブと語り合う。この場面に、大ぜいの悪魔たちの中で最も早く馳せ参じてくるのがモレクであり、「人身御供の血にまみれ、親たちの流した涙を全身に浴びた恐るべき王」（平井正穂訳／岩波書店）と語られている。そして、間もなく悪魔たち自身の手で地獄に万魔殿が建設され、そこで今後どうすべきか議論されたときには、モレクはもう一度天使たちと公然たる戦いをすべきだと主張するのである。「彼こそは、天において戦った天使のうち最も強く、最も獰猛な者であったが、今では絶望のあまりさらに獰猛になっていた。」（同上）からだ。また、堕天の原因となった天界における決戦でも、モレクは敗れはしたものの天使ガブリエルの軍と勇猛果敢に戦ったのである。

モレクのこの残忍さと獰猛さは聖書の時代から変わらない彼の特性である。旧約聖書『レビ記』には「自分《じぶん》の子《こ》を一人《ひとり》たりとも火《ひ》の中《なか》を通《とお》らせてモレク神《しん》にささげ、あなたの神《かみ》の名《な》を汚《よご》してはならない。」(18章21節)、「自分《じぶん》の子《こ》をモレク神《しん》にささげる者《もの》は、必《かなら》ず死刑《しけい》に処《しょ》せられる。」(20章2節）と記されている。モレクはアンモン人の神だが、その当時イスラエル人の中にこの異教の神を崇拝し、自分の子供を生贄にささげる者がいたのである。ヤハウェ神はそれを断固として禁止したのだ。また、『列王記上』によれば、ソロモン王はアスタルテ、ミルコム、ケモシュ、モレクなど異教の神々のために祭壇を築き、ヤハウェ神の怒りを買った。その結果、王の死後にイスラエル王国は分裂することになったのである。

モレクとは

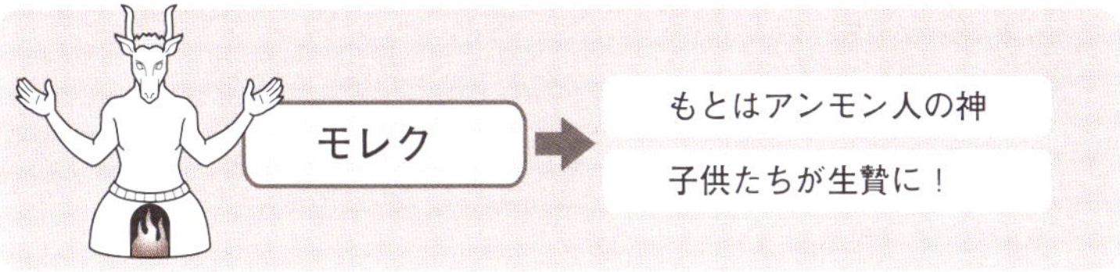
モレク
もとはアンモン人の神
子供たちが生贄に！

●ミルトンの『失楽園』のモレク

堕天使のうち最も強く、最も獰猛
親たちの流した涙を浴びている
人身御供の血にまみれている

❖古代のモレクの像

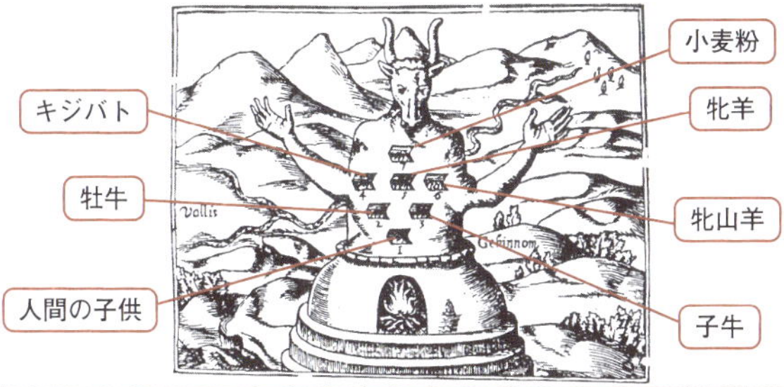
小麦粉
キジバト
牝羊
牡牛
牝山羊
人間の子供
子牛
Vallis
Gehinnom

上図は17世紀の版画に描かれた古代のモレク像である。内部が炉のようになっており、火が焚かれている。古代にはそこに子供たちが生贄として投げ込まれ、太鼓やシンバルが打ち鳴らされ、犠牲者の叫びが聞こえないようにしたという。コラン・ド・プランシーはモレクを「涙の国の君主」といい、ラビ（ユダヤの律法学者）の伝承としてモレク像の内部構造を伝えている。それによると、その内部には七つの棚があり、順に小麦粉、キジバト、牝羊、牝山羊、子牛、牡牛が入れられ、七つ目には人間の子供が入れられたという。

No.022

ダゴン

Dagon

半人半魚の怪物と考えられるようになった悪魔ダゴンは本来は古代イスラエルと戦争状態にあったペリシテ人の豊穣神だった。

●魔神としてクトゥルフ神話にも登場する悪魔

ダゴンは半人半魚の怪物的イメージが強い。ミルトンの『失楽園』(1667年刊)ではダゴンは主要な悪魔として登場し、海の怪物で、上半身は人間だが下半身は魚だったとされている。クトゥルフ神話の創始者H.P.ラヴクラフトの小説『ダゴン』(1917)や『インズマスの影』(1931)に登場する魔神ダゴンもそれを踏襲しており、全体は人間のようだが、身長9メートルくらいで、全身が鱗に覆われ、手足に水かきがあるとされている。

しかし、ダゴンはもとは古代のペリシテ人の豊穣神で、人の姿の神である。地中海周辺の都市アシドド(アゾト)、ガテ、アシケロン、アッカロン、ガザに立派な神殿があった。旧約聖書『サムエル記上』(5章1～6節)には、イスラエルの神の契約の箱を奪ったペリシテ人が、それをアシドドのダゴンの神殿に運び込んだところ、翌朝にはダゴンの像が手足が切り取られて神の箱の前に倒れていたという記述がある。それが魚の姿になったのは、ヘブライ語の「dag」が「魚」を意味することから、ユダヤ教のラビの中にダゴンは半人半魚の神だと考える者が現れたためらしい。

このような異教の神がキリスト教徒によって悪魔とされたのは当然だが、有名なグリモワールには彼の名は出てこない。ただ、16～17世紀に流行した集団憑依事件にはダゴンの名が出てくるものがある。フランスのルーヴィエ修道院で1630年頃から10年以上もの間に52人の修道女のうち少なくとも14人が悪魔に憑《つ》かれた事件もそうで、彼女たちに取り憑いたのはダゴン、ピュティファル、グロンガードなどだった。コラン・ド・プランシーの『地獄の辞典』では、ダゴンは第二階級の魔神であり、地獄宮廷のパンの製造・管理を司るが、1660年ころにフランスのオソンヌにあるウルスラ女子修道院で起こった集団憑依事件に出現したとされている。

半人半魚の悪魔ダゴンのイメージ

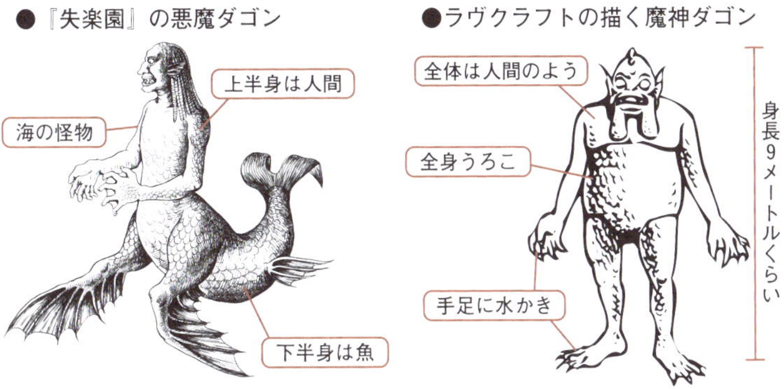
●『失楽園』の悪魔ダゴン
上半身は人間
海の怪物
下半身は魚
●ラヴクラフトの描く魔神ダゴン
全体は人間のよう
全身うろこ
手足に水かき
身長9メートルくらい

イスラエルの神ヤハウェに倒されたダゴン神

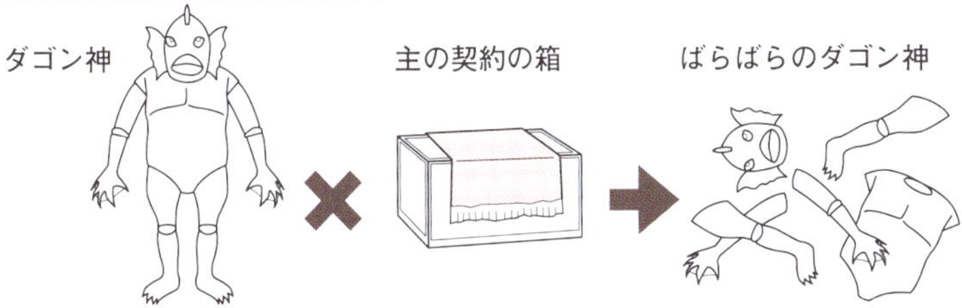
ダゴン神
主の契約の箱
ばらばらのダゴン神

聖書によれば、ペリシテ人がダゴン神の神殿に神の契約の箱を置くと、翌朝ダゴン神像は手足がバラバラになって倒れていたという…

ルーヴィエ修道院の集団憑依で活躍したダゴンと仲間たち

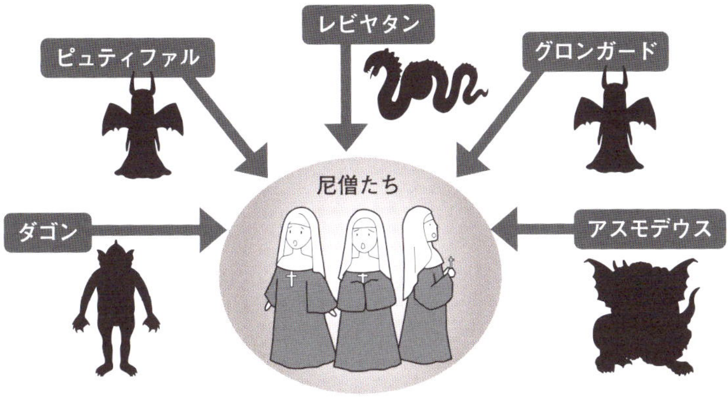
レビヤタン
ピュティファル
グロンガード
尼僧たち
ダゴン
アスモデウス

No.023

メフォストフィレス

Mephostphiles

ドイツの文豪ゲーテの戯曲『ファウスト』で有名な悪魔メフィストフェレスの原型はファウスト伝説に登場する悪魔メフォストフィレスだった。

●ファウスト伝説とともに生まれた新しい悪魔

メフォストフィレスは16世紀のドイツで作られたファウスト伝説で有名になった新しい悪魔である。J・B・ラッセルによればMephostphilesという名は、ギリシア語のmē（否定語）、phōs（光）、philos（愛する者）から成る造語である。つまり、「光を愛さない者」であり、「光をもたらす者」という意味のあるルシファーのパロディなのである。

ファウスト伝説は実在したヨーハン・ゲオルク・ファウストという人物をモデルにして徐々に出来上がったが、1587年に初めて1冊のまとまった本が出版され、真実のファウスト物語として世に広まった。その本はヨハネス・シュピースの**『実伝ヨーハン・ファウスト博士』**である。

その本によると、メフォストフィレスは決してルシファーのような高級な悪魔ではない。彼はファウスト博士と契約を結ぶにあたり、「ルチフェル様」（ルシファー）の許可を必要としたほどで、ルシファーの手下の一人にすぎない。この物語では悪魔の頭領はベリアルであり、その下にルチフェル、ベルゼブブ、アシタロテ、サタン、アヌービス、デュティカヌス、ドラフスという主要な七悪魔がいるとされている。だから、メフォストフィレスはその他大勢の一人なのである。

しかし、メフォストフィレスは決して陳腐なつまらない悪魔ではない。彼は単に恐ろしいのではなく、人間を陥れる手練手管に長けた、悪知恵の働く詐欺師のような悪魔である。彼はまるでファウストの魔術に支配されているように呼び出されるが、それは実は演技であり、この世の快楽によってファウストを誘惑し、最後には破滅させるのである。彼は後の時代にドイツの文豪ゲーテの手でメフィストフェレスという新時代の悪魔として生まれ変わるが、誕生したそのときからその片りんをうかがわせていたのだ。

メフォストフィレスの由来

メフォストフィレス → ファウスト伝説の悪魔

名前の由来は

Mephostphiles
光を愛さない者

= mē（否定語）＋ phōs（光）＋ philos（愛する者）

→ ルシファー（光をもたらす者）のパロディー

↓

ゲーテ作『ファウスト』のメフィストフェレスの原型

ファウスト伝説による悪魔界の組織

頭領　ベリアル

七大悪魔

- ルチフェル
- ベルゼブブ
- アシタロテ
- サタン
- アヌービス
- デュティカヌス
- ドラフス

ルチフェル ― メフォストフィレス

伝説ではメフォストフィレスの地位はそんなに高くない

16世紀に出版された芝居、クリストファー・マーロウ『フォースタス博士の悲劇』の表紙に描かれた悪魔を呼び出すファウスト博士と出現したメフォストフィレス。

用語解説

●『実伝ヨーハン・ファウスト博士』→日本語訳として『ドイツ民衆本の世界Ⅲ　ファウスト博士』（松浦純訳／国書刊行会）がある。

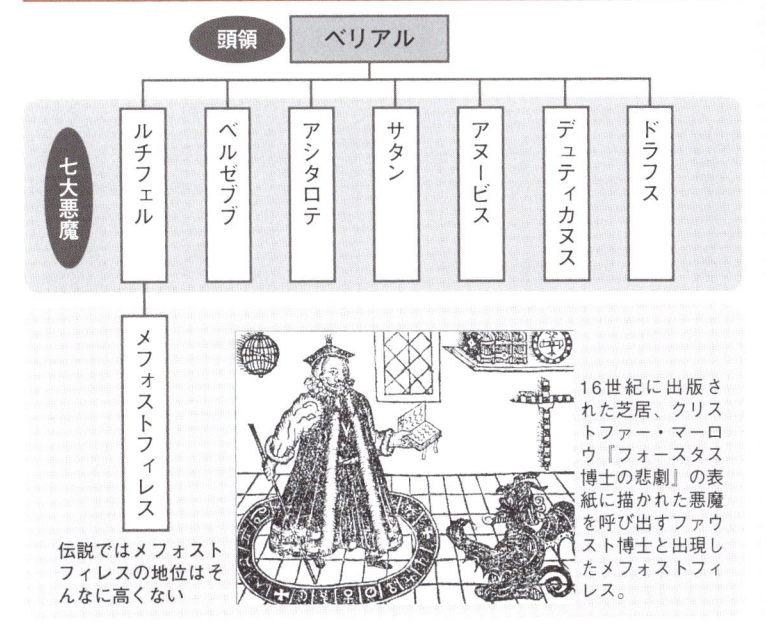

No.024

メフィストフェレス

Mephistopheles

ゲーテの戯曲『ファウスト』という偉大な世界文学によって創造された悪魔メフィストフェレスは現在でも多大な影響力を持っている。

●古い悪魔学から断絶した新時代の悪魔

世界で最もよく知られている悪魔の一人メフィストフェレスはドイツの文豪ゲーテ（1749～1832）の戯曲『ファウスト』に登場する悪魔で、メフィストとも呼ばれる。ゲーテの『ファウスト』はファウスト伝説に想を得て作られたものである。だから、メフィストはファウスト伝説の悪魔メフォストフィレスのゲーテ的な発展形といえるものである。

しかし、メフィストとメフォストフィレスには大きな違いがある。ゲーテの『ファウスト』ではメフィストは神の許可を得てファウストを誘惑する。これは旧約聖書『ヨブ記』で、サタンが神の許可を得てヨブの信仰を試したのと同じで、そのパロディである（p.12参照）。彼は悪魔のくせに非常に複雑な性格の持ち主だが、それは「常に悪を欲し、かえって常に善をなすあの力の一部です。」（『河出世界文学全集2』高橋健二訳／河出書房新社）という自己紹介の言葉にも表れているだろう。

『ファウスト』の中でファウスト博士はホムンクルスと古代ギリシア世界を旅する。本来メフィストが案内すべきだが、そこがキリスト教世界でないために彼には行くことができないのである。こういう点で、異教の世界は悪魔が支配すると考えていた16～17世紀の悪魔学と彼は無縁である。これはゲーテがキリスト教と距離を置いていたこととも関係あるはずだ。メフィストには人間の真の満足とは何か理解できないという欠点もある。彼はファウストが享楽によって満足したらその魂を手に入れるという賭けをする。そして、物語の最後にファウストが満足したとき、彼は自分の勝ちだと考えた。だが、ファウストの満足は享楽によってではなく、人間的で英雄的な努力から得られたものだった。このためにメフィストはファウストの魂を奪い損ない、ファウストは死後天国に迎えられるのである。

メフィストフェレスの特徴

メフィストフェレス → ゲーテ作『ファウスト』の悪魔

?メフォストフィレスとの違いは →

よろしい
はっ
神
メフィスト

メフィストは神の許可を得て行動する。

ずる賢く、知的だが…
複雑な性格
16～17世紀の悪魔学と無縁
キリスト教の他の異教的世界に行けない
人間の真の満足を理解できない

『飛翔するメフィストフェレス』ドラクロワ作

ファウスト博士と犬

ゲーテの『ファウスト』で、ファウストの前に最初に出現した時のメフィストフェレスは黒いむく犬の姿をしていた。『ファウスト』ではメフィストが犬の姿になるのはこの一度だけだが、この犬の姿にはわけがある。実は16世紀に成立したファウスト伝説でもファウスト博士はいつも犬をつれており、それが悪魔メフォストフィレスだったといわれることが多いのである。ゲーテはその伝説に従って、メフィストの初登場を犬の姿にしたのである。とはいえ、ファウスト伝説の犬にも起源がある。それは、ルネサンス期のドイツの人文主義者アグリッパ（1486～1535）の犬である。アグリッパは『隠秘哲学について』（三部作）などを書き、魔術師としても有名だったが、黒い大きな犬を飼っていた。そして、アグリッパをめぐる伝説では、その犬が悪魔だったといわれているのだ。つまり、アグリッパの犬が16世紀にできたファウスト伝説に入り込み、さらにゲーテの『ファウスト』で黒いむく犬となったのである。

用語解説

●**メフィストフェレス**→Mephistophelesという名はゲーテの造語だが、シェイクスピア「ウィンザーの陽気な女房たち」（1602年）ではすでにMephistophilusになっている。ラテン語のMephitis（硫黄の・悪臭のある）に引かれたためだろうとJ・B・ラッセルは指摘している。

悪魔と闘争神話

もともと「敵対者」を意味する「サタン」はキリスト教の神話や伝説ではキリストに敵対して宇宙的闘争を繰り広げる存在として語られている。しかし、この種の闘争の神話は決してキリスト教の専売特許ではないようだ。『古代悪魔学―サタンと闘争神話』（ニール・フォーサイス著／法政大学出版局）によれば、聖書にある物語の方がより古い闘争神話から大きな影響を受けて作られているのである。聖書に影響したと見られる闘争神話にはエジプト神話、ギリシア神話、バビロニア神話、カナン神話など多数あるが、ここでは聖書に最も大きな影響を与えたバビロニア神話を取り上げてみよう。

『ギルガメシュ叙事詩』はバビロニア神話の中でも中心的なもので、紀元前2000年ころ書かれたとされているが、ここには英雄ギルガメシュが森の怪物フワワと戦う物語がある。フワワは叫び声は雷鳴、口からは火を吐き、吐く息は死をもたらすという怪物で、ギルガメシュはこの怪物と戦うのである。しかも、ある異文では、ギルガメシュは女神イナンナの神聖な木を取りに森に行くのだが、その木は根元の部分を１匹の蛇に守られているのである。『創世記』で語られているエデンの園の物語をほうふつとさせるといっていいだろう。また、フワワは古い物語では主神エンリルの命令で人間に脅威を与えて森を守る存在だったのが、後の時代にはこの世の悪の根源のように、つまりまったくサタンのような存在として語られているのである。

バビロニアにはラッブーという巨大な蛇竜が人々を苦しめる物語もある。神々は驚きある人物（誰かは不明である）に竜退治を依頼し、その英雄は矢を放って、竜を退治するのだ。このラッブーは海を起源とする完全な竜であり、まさにレビヤタンの祖先といえる存在なのである。

ニヌルタ神とアンズー鳥の戦いの物語も興味深いものだ。物語によれば、主神エンリルはあるとき神々の掟を定め、その伝達役にアンズーを任命した。ところが、アンズーはエンリルの力や王冠、神々しい長衣、運命の書板などを眺めるうちに、まったくサタンと同じように、主神エンリルの主権を奪ってやろうと考えるのだ。そして、隙を見てエンリルの冠、運命の書板を奪い、その主権を奪ってしまうのである。驚いた神々は会議を招集し、ニヌルタ神にアンズー退治を依頼するが、ニヌルタはこのために大変な苦戦を強いられるのである。

このようにバビロニア神話だけを見ても、いくつもの要素がキリスト教の神話・伝説に受け継がれているのである。古くからある闘争神話がキリスト教の神話・伝説にいかに大きな影響が与えたかよくわかるはずだ。

第2章
悪魔学・基礎編

No.025

神学としての悪魔学

Theological demonology

グノーシス主義という強力な敵との戦いに勝つため、2世紀ころにキリスト教神学が生まれ、さまざまな悪魔論が展開された。

●神学の一部として打ち立てられた悪魔学

1世紀のパレスチナにイエスという人物が登場し、ユダヤ教内で革新的な教えを広めた。このイエスを**キリスト(救世主＝メシア)**だと信じた人々によってキリスト教は作られた。だが、2世紀初めころには、キリスト教にはまだ明確な教義の体系はなかった。福音書などさまざまな文書はあったが､現在ある新約聖書として正典がまとめられたのは4世紀末のことだった。その間、キリスト教の指導的思想家・著述家たちは何が正統で何が異端かを明確にするために必死の努力を続けたのである。

キリスト教徒たちがこうした努力を始めたのには、同時代に存在したグノーシス主義の影響が大きかった。グノーシス主義はキリスト教とは独立したものだが、その神話の中にユダヤ教・キリスト教・ギリシア神話・プラトン主義などの素材が使われており、しかも徹底的にキリスト教と敵対する内容を持っていた。そのため、キリスト教側はグノーシス主義の影響を排除するためにも明確な正統神学を打ち立てる必要があったのだ。

こうして数多くの思想家たちによっていろいろなタイプの神学が打ち立てられた。この神学は当然のように悪魔論を含んでいた。つまり、この時代には悪魔学は神学の一部だったのだ。イグナティオス、オリゲネス、アウグスティヌスといったキリスト教の教父からマニ教、グノーシス主義などの異端的宗教まで、悪魔論は非常に重要な神学の一部だった。この結果、勝ち残った者は正統となり、敗れた者は異端となったが、だからといって異端の神学が消滅したわけではなかった。中世にもいくつもの異端派が登場したように、異端の神学も後の時代に受け継がれた。それは神学に含まれる悪魔論も同じことだった。極端な正統から極端な異端までの間に存在するさまざまな悪魔論が、後の時代の悪魔像に影響しているのである。

重要な悪魔論を作った神学者・教父・異教徒たち

神学 → 2世紀に始まる → 個性的な悪魔論を展開した

イグナティオス	35年ころ～107年。アンティオキアの司教。この世は光の軍団と闇の軍団の決戦場である。
ユスティノス	100年ころ～165年ころの神学者。神だけが純粋な霊であり、次が天使、悪魔はもっと粗雑な霊である。
エイレナイオス	140年ころ～202年ころ。リヨンの司教。悪魔は神が作ったので、絶対に神よりも劣る。
テルトゥリアヌス	170年ころ～220年ころ。カルタゴの司教。不道徳な世俗的生活は悪魔軍に入隊することを意味する。
グノーシス主義	1～3世紀ころ流行した思想運動。キリスト教の唯一神ヤハウェこそ悪魔である。
オリゲネス	185～251年。アレキサンドリア生まれの教父。神の憐れみは広大で、最後はサタンも救われる。
ラクタンティウス	245頃～325頃。アフリカ生まれの教父。神は最初に息を吐いてキリストとサタンを作った。
マニ教	ペルシア人マニ（216～276年）が興した宗教。神と悪魔は原初から存在する独立した二つの原理。
エウァグリオス	345～399年。エジプトの荒野で暮らした修道僧。地獄のデーモンは8種類に分類できる。
アウグスティヌス	354～430年。キリスト教の基本神学を構築。サタンはルシファーであり、永遠に救われない。
偽ディオニシウス	500年ころのシリアの修道僧。天使の位階を定め、後の悪魔学に影響を与える。
ボゴミール派	12世紀に流行した異端派。神の息子サタナエルがサタンであり、宇宙を創造し、人間を支配している。
カタリ派	12世紀に流行した異端派。サタンが粘土をこね、その中に天使の魂を閉じ込めて人間を作った。
イスラム教	7世紀にムハンマドが興した宗教。唯一神は絶対であり、悪魔とは比べ物にならないほど強力。

用語解説

●**キリスト（救世主＝メシア）**→救世主はヘブライ語ではメシアといったが、それがギリシア語訳されてキリストになったのである。

No.026

イグナティオスの悪魔論

Ignatius' demonology

善の天使と善い人間をキリストが率いる。悪い天使と悪い人間をサタンが率いる。そして、光の軍団と闇の軍団の宇宙的闘争が起こっている。

●この世は光の軍団と闇の軍団の宇宙的決戦の場

紀元107年に殉教した**イグナティオス**は、この世の君主は悪魔だと考えた。その世界はイエスが登場したことで打撃を受け、やがてイエスがキリスト（救世主）として再臨するときに完全に粉砕される。そのとき、この世は終わり、新しい世＝神の王国が打ち立てられる。しかし、そのときまでは世界はサタンによって支配されるのである。

悪魔の目的はキリスト教徒を堕落させ、キリストが神の国を実現するのを妨害することである。

そのため、この世は光の軍団と闇の軍団の宇宙的決戦の場となるのである。この世には天使の大群が存在し、その一部は悪いものである。そして、光の軍団はキリストに率いられた善の天使と善い人間から成る。闇の軍団はサタンに率いられた悪い天使(デーモン)と悪い人間から成る。したがって、人間もまた光の子と闇の子とに二分されるのだ。

具体的に悪い人間とされるのは、当時キリスト教徒を迫害していたローマ帝国や異教徒たちだった。だが、最も恐ろしく危険なのはキリスト教内部で分裂をあおる分離主義者や異端者だった。

イグナティオスの考えでは、キリスト教の安定と教義の正当性を保証できるのは各地方の司教だけだった。だから、司教の助言と同意を得ずに行動する者はみな闇の軍勢に加わることになるのである。

この戦いは総力戦だった。当時のキリスト教徒は、政府や民衆による迫害、拷問は悪魔の仕業だと考えた。異教徒の親切も悪魔の仕業だった。

しかし、キリスト教徒は決して暴力で戦ってはいけなかった。死ぬまで信仰を保つことによって精神的な勝利を目指すべきだった。だから、イグナティオスにとっては殉教こそが悪魔に対する最大の武器だった。

光の軍団と闇の軍団の戦い

イグナティオス（1世紀の神学者）
- この世の君主は悪魔である
- この世は光の軍団と闇の軍団の宇宙的決戦の場となる

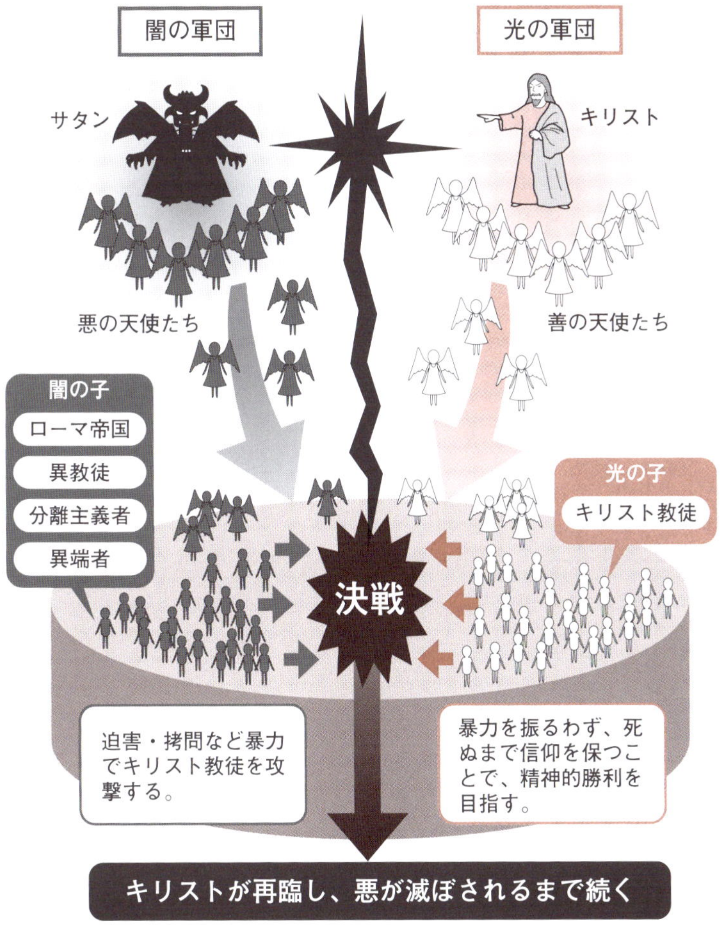
闇の軍団
光の軍団
サタン
キリスト
悪の天使たち
善の天使たち
闇の子
ローマ帝国
異教徒
分離主義者
異端者
光の子
キリスト教徒
決戦
迫害・拷問など暴力でキリスト教徒を攻撃する。
暴力を振るわず、死ぬまで信仰を保つことで、精神的勝利を目指す。
キリストが再臨し、悪が滅ぼされるまで続く

用語解説

●イグナティオス→35年ころ～107年。アンティオキアの司教で、カトリック教会の聖人。ローマ兵に逮捕され、野獣の餌食にされて殉教した。

No.027

ユスティノスの悪魔論

Justin's demonology

サタンの軍勢の敗北は決定的だが、悪魔たちはあきらめられず、人類を苦しめている。だが、信仰を保持することで悪魔に大打撃を与えられる。

●神によって創造されたサタンは神より劣る

2世紀に活躍した**ユスティノス**は、キリストとキリスト教共同体が悪魔軍団を相手に宇宙的闘争をしているというのを当然の前提として考えた。彼にとっては神だけが純粋な霊だった。天使は神が作ったものであり、希薄な体を持っていた。天使たちは天国または空中に住んでおり、その体は空気よりも微小で精神的な物質でできているのである。ただし、堕落した天使たちは善の天使より粗大な体を持つのだった。これらの天使それぞれに神は一つの民族、地域、個人を統治させた。これが見張りの天使である。

神は天使を作るときに、善悪を選択できる自由を与えた。しかし、一部の天使たちは自由意志の使い方を誤って堕落した。最初に堕落したのはサタンだった。そして、サタンは蛇の姿でエデンの園にいたアダムとエバを誘惑し、罪を犯させた。ノアの時代に、『エノク書』にあるように見張りの天使たちが堕落し、人間の女たちとの間に多数の巨人の**子供**を作った。この子供たちがデーモンだった。だから悪魔には3種類があった。サタン、堕天使、デーモンで、サタンが悪魔たちの頭領だった。

その後悪魔たちはこの世の権力を握った。イエスが誕生し、悪魔たちと戦ったことで、悪魔の王国は大打撃を受けた。そして、この世の終わりのときにイエスがメシア（救世主＝キリスト）として再臨し、悪魔の王国を完全に滅ぼすという予定が定められた。そのとき、悪魔たちは地獄に落とされ、永遠の炎に焼かれて苦しむことになる。そして、おそらくは最終的に燃え尽きて消滅するのだ。いまはただ、天国が義人たちの魂で満たされるまで、最後のときが延期されているだけなのである。

しかし、サタンはあきらめられず、いまも世界中でキリストの使命（人類の救済）の実現を妨害しようとしているのである。

神と天使と堕天使の体の物質

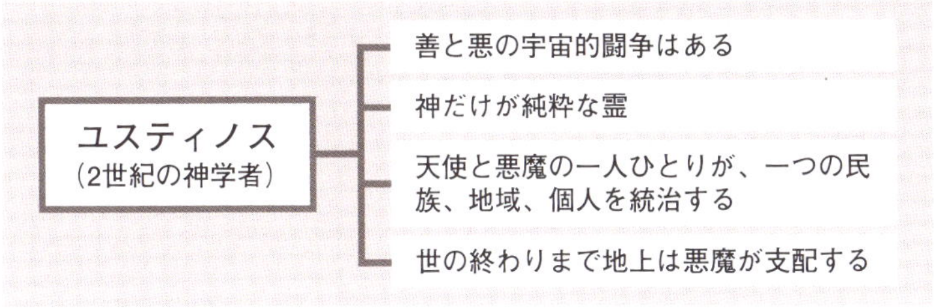
ユスティノス
(2世紀の神学者)
善と悪の宇宙的闘争はある
神だけが純粋な霊
天使と悪魔の一人ひとりが、一つの民族、地域、個人を統治する
世の終わりまで地上は悪魔が支配する

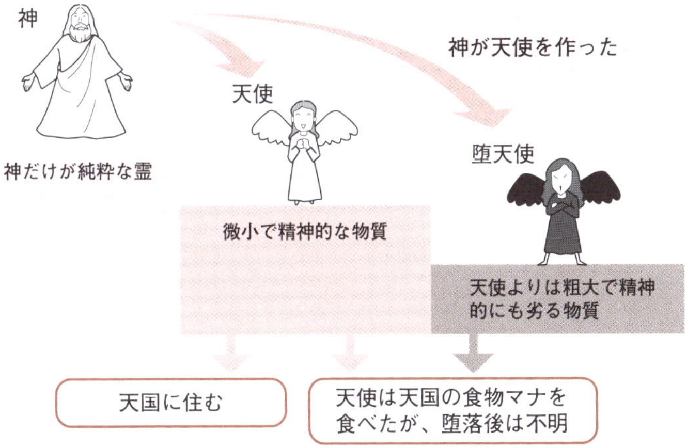
神
神だけが純粋な霊
神が天使を作った
天使
堕天使
微小で精神的な物質
天使よりは粗大で精神的にも劣る物質
天国に住む
天使は天国の食物マナを食べたが、堕落後は不明

悪魔の3分類

ユスティノスは天使が地上の娘と結婚した物語を前提に、悪魔をこれら三つに分類した。しかし、この説は人気がなくやがて姿を消した。

サタン
堕天使
デーモン
(堕天使と人間の娘の子供たち)

用語解説

●**ユスティノス→**100年ころ～165年ころ。スミルナで生まれ、ローマで活躍し、最後は殉教した。最古のキリスト教神学者の一人。

●**子供→**天使と人間の娘の間にできた子供たちは、『創世記』ではネフィリムと呼ばれ、大昔の名高い英雄たちになったとされている。

No.028

エイレナイオスの悪魔論

Irenaeus' demonology

サタンは永遠に神より劣る。その力がどんなに大きくても信仰に忠実な者は守られている。そして最後は悪魔たちはみな地獄に落ちるのである。

●人間はアダムとエバの原罪によって悪魔の奴隷となった

2世紀終わり頃に活躍した**エイレナイオス**は、悪魔もまた神によって作られたので、絶対に神より劣り、永遠に神に従属していると考えた。サタンの力はどんなに大きいとしても、その力は限定的なのである。たとえば、キリスト教徒が祈ったり、キリストの名を唱えたりすれば、サタンは逃げ出す。そして、信仰に忠実な者は神によって守られるのだ。

宇宙の創造者は善なる神である。天使も神が創造した宇宙の一部であり、悪魔ももとは天使だった。だから、悪魔も最初は善い者として創造された。しかし、サタンは神を妬んだだけでなく、神が人類を神の似姿に作り、世界の支配権を与えたことを妬み、恵みを失って天から落ちた。他の堕天使たちが天から落ちたのはもっと後のことで、ノアの時代のことである。

堕天したサタンはエデンの園で、蛇を利用してアダムとエバを誘惑し、罪を犯させた。この原罪によって人間は神の似姿を歪めた。結果、彼らの子孫である人間は悪魔の奴隷となった。人間は自由意志によって悪を犯したので、罪が贖《あがな》われるまで悪魔に支配されるのが当然なのである。

だが、神は慈悲心から、人間の世界に神の子イエスを誕生させた。イエスがこの世で受けた苦痛と十字架上で処刑された受難によって、人間の罪は許された。なぜ許されるか。ここでエイレナイオスは初めて「**イエス＝賠償説**」を強く主張した。これによって悪魔は敗北し、人間は救われることが決定的となった。にもかかわらずサタンは救済を妨害しようと無駄な努力を続けているのである。この世の終わりが近づくとアンチキリストが登場する。いまサタンの軍団に加わっている者たちはみなそれに従う。しかし、アンチキリストは破れ、世界は終わる。そして、サタンとデーモンは地獄へ落ちて炎に焼かれて永遠に苦しむのである。

エイレナイオスによる人間と悪魔の関係

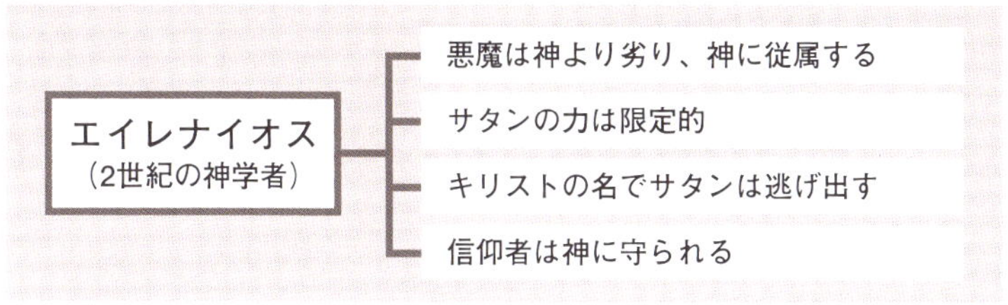
エイレナイオス
（2世紀の神学者）
悪魔は神より劣り、神に従属する
サタンの力は限定的
キリストの名でサタンは逃げ出す
信仰者は神に守られる

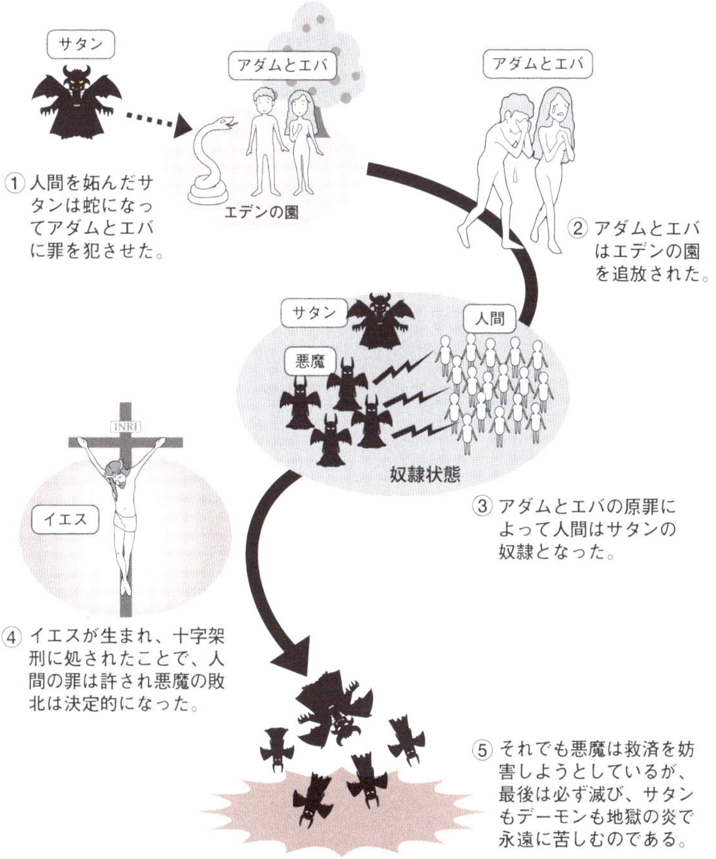
サタン
アダムとエバ
エデンの園
①人間を妬んだサタンは蛇になってアダムとエバに罪を犯させた。
アダムとエバ
②アダムとエバはエデンの園を追放された。
サタン
人間
悪魔
奴隷状態
③アダムとエバの原罪によって人間はサタンの奴隷となった。
INRI
イエス
④イエスが生まれ、十字架刑に処されたことで、人間の罪は許され悪魔の敗北は決定的になった。
⑤それでも悪魔は救済を妨害しようとしているが、最後は必ず滅び、サタンもデーモンも地獄の炎で永遠に苦しむのである。

用語解説

- **エイレナイオス**→140年ころ～202年ころ。小アジア生まれのリヨンの司教。グノーシス主義を徹底的に否定し、異端の地位に追いやった。
- **イエス＝賠償説**→p. 88参照。

No.029

テルトゥリアヌスの悪魔論

Tertullian's demonology

魔法や占星術に興味を持ったり、競馬や観劇といった不道徳で世俗的な行為に染まることは悪魔の軍団に入隊することを意味する。

●神が宇宙を作り、サタンがそれを破壊する

西暦200年前後に活躍した**テルトゥリアヌス**は、厳格な規律ある道徳的生活は悪魔との戦いの作戦の一部であり、不道徳な世俗的生活は悪魔軍に入隊することを意味すると考えた。

神の創造は善だった。にもかかわらず悪があるのは、サタンと堕天使と人間が罪を犯したためなのだ。

神は本性は良い者として天使を作ったが、その一部は自分の自由な意思で悪魔になった。それまで第一の天使だったサタンが最初に堕落した。これによって、宇宙に罪と悪が入ってきた。

堕落の原因は羨望と嫉妬だった。神は天使を創造した後、神自身の姿に似せて人間を作ったが、そのことにサタンは怒った。サタンは神に背《そむ》くことを決意し、エデンの園に侵入し、アダムとエバをだまして堕落させた。続いてサタンは仲間の天使たちに目を向けた。その結果、天使の一部が人間の女に情欲を抱き、天から投げ落とされた。こうして、サタンは堕天使たちの長となった。堕天使たちは人間の女との間に巨人の子供をもうけたが、これらの堕天使と巨人を合わせてデーモンと呼ぶのである。天使に子供が作れたのは、その体が微小な物質でできており、さまざまなものに姿を変えることができたからである。

その後、サタンとデーモンたちは神の許可を得て、下方の空中に住み、最後の審判まで人間に害をなすようになった。サタンの最大の害は、神が創造した人間を堕落させることだった。悪魔たちは自然の災害を引き起こすだけでない。堕天使は人間の女たちに魔法、冶金、占星術などを教え、競馬、浴場、飲食店、劇場などさまざまな娯楽ももたらした。こうした世俗的な行為に染まることで、人間はサタンの軍勢に入隊してしまうのだ。

テルトゥリアヌスによるサタンとデーモンの歴史

テルトゥリアヌス（3世紀の神学者）	道徳的生活は悪魔との戦いの一部
	不道徳な生活は悪魔軍への入隊を意味する

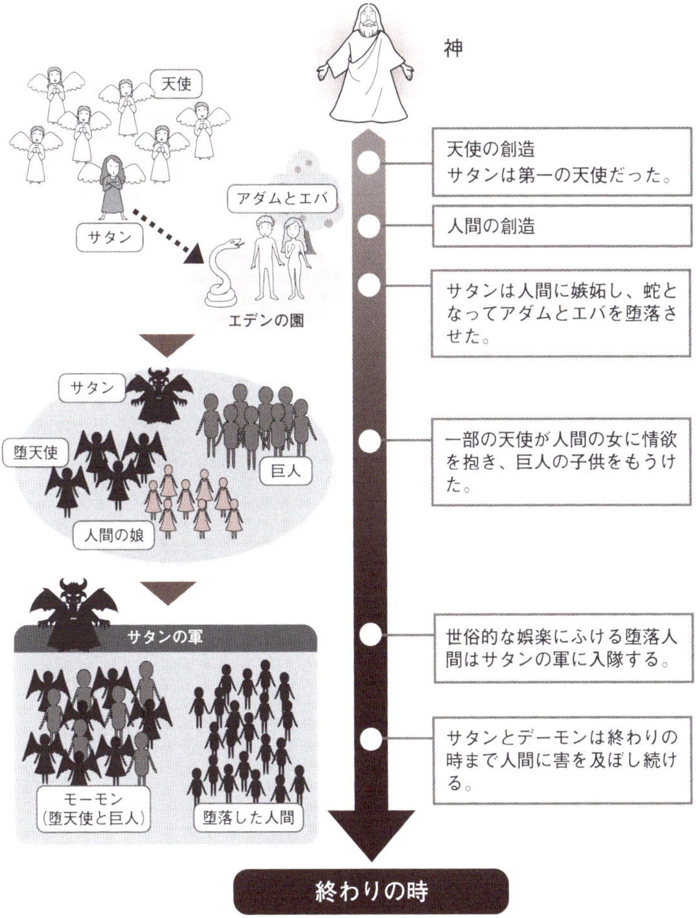
神
天使
サタン
アダムとエバ
エデンの園
天使の創造
サタンは第一の天使だった。
人間の創造
サタンは人間に嫉妬し、蛇となってアダムとエバを堕落させた。
サタン
堕天使
巨人
人間の娘
一部の天使が人間の女に情欲を抱き、巨人の子供をもうけた。
サタンの軍
モーモン（堕天使と巨人）
堕落した人間
世俗的な娯楽にふける堕落人間はサタンの軍に入隊する。
サタンとデーモンは終わりの時まで人間に害を及ぼし続ける。
終わりの時

用語解説

●**テルトゥリアヌス→**170年ころ～220年ころ。カルタゴの司教で、神学の総合というアウグスティヌスの業績のための基礎を固めた。

No.030

グノーシス主義の悪魔論

Gnostic demonology

キリスト教の異端ともいわれるグノーシス主義者にとっては世界を創造した聖書の唯一神ヤハウェはデミウルゴスという悪神＝悪魔だった。

●サタンの強大化に影響したデミウルゴス

1～3世紀ころに地中海世界で流行したグノーシス主義はキリスト教と真っ向から衝突するような悪魔論を展開した。

その考えでは、物質でできたこの世界は完全な悪の世界だった。なぜなら、それを作ったのが悪魔だからである。キリスト教徒は世界を創造したのは善なる唯一神ヤハウェと考えたが、グノーシス主義者はヤハウェを悪魔と考えたのだ。その悪魔は**デミウルゴス**、ヤルダバオート（混沌の息子）、サクラ（闇の君主）、サマエル（盲目の神）などと呼ばれた。ヤルダバオートはヤハウェを貶めるための造語だった。デミウルゴスには7人または12人、あるいはもっとたくさんの配下がいた。彼らはみなアルコーン（支配者）と呼ばれた。アルコーンの中の第一のものがデミウルゴスだった。

地上で生きる人間はこれらのアルコーンに完全に支配されていたので、最初はデミウルゴスを神だと思っていた。しかし、キリストが出現したことで事態は変わった。デミウルゴスよりもさらに遠い、はるか彼方の場所に真実の善なる神が存在することに気付いたのである。キリストとはこの真実の神から派遣された光でありグノーシス（知識）だったのだ。人間がそれに気付いたのは、霊があるからだった。霊は真実の神が発した火花でできているのだ。問題は、その火花がいまはデミウルゴスの作った物質でできた肉体に閉じ込められているということだった。したがって、大切なのは真実の神の火花でできた霊を物質から解放することだった。そのために必要なのがグノーシス（知識）を得ることだとされたのである。

エイレナイオス、テルトゥリアヌスのようなキリスト教神学者はこの二元論的な異端の説を打倒するために、サタンにデミウルゴスのような強大な力を与えてしまい、自分自身も二元論的になってしまったのである。

グノーシス主義とは

グノーシス主義
- 反宇宙的思想
- キリスト教と敵対する悪魔論

グノーシス主義的宇宙

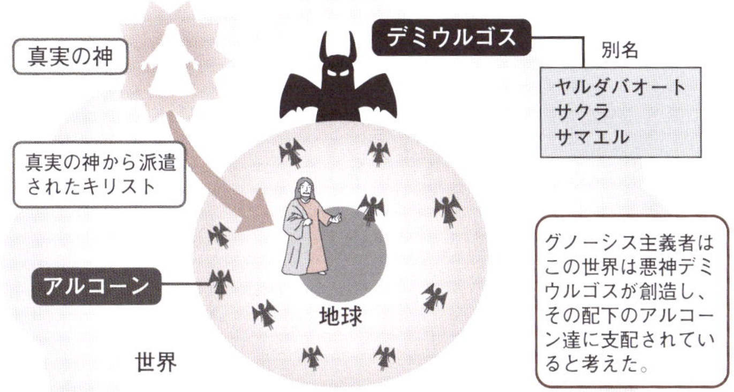
真実の神
デミウルゴス
別名
ヤルダバオート
サクラ
サマエル
真実の神から派遣されたキリスト
アルコーン
地球
世界
グノーシス主義者はこの世界は悪神デミウルゴスが創造し、その配下のアルコーン達に支配されていると考えた。

黄道十二宮のアルコーン

ナグ・ハマディ文書の『ヨハネのアポクリュフォン』によれば、黄道十二宮のアルコーンの名は以下のようになっている。

①ハオート	⑤アドーナイオス	⑨イョーベール
②ハルマス	⑥サバオート	⑩アルムピアエール
③ガリラ	⑦カイナン・カミン	⑪アドーニン
④イョーベール	⑧アビレッシア	⑫ベリアス

グノーシス主義的人間

物質の肉体
霊（神の火花）
人間

霊（神の火花）が物質の肉体に閉じ込められているのが人間であり、キリスト＝グノーシス（知識）を得ることで、霊は肉体、つまり悪魔の牢獄から解放されるのである。

用語解説

●デミウルゴス→プラトン由来の言葉で「世界の創造者」を意味し、もともとは悪い意味はなかった。

No.031

オリゲネスの悪魔論

Origen's demonology

神が創造した知的存在者たちが、自由な意思で神から下方に遠ざかり、その距離に応じて天使、人間、デーモン、サタンへと変化した。

●サタンが霊的に上昇し大天使になることもある

3世紀前半に活動したアレキサンドリア生まれの**オリゲネス**はとても独創的な悪魔論を展開した。

その考えによれば、はじめに神は数多くの知的存在者を創造した。彼らはみな平等で、自由を持っており、全員が神の完全な領域から出て行くことを選択した。神は宇宙を多様な存在で満たすためにそれを許容した。

知的存在者たちはそれぞれが自分の意思で好きなだけ下方に神から遠ざかった。こうして、知的存在者たちは天界または空中にとどまり、みなが天使になった。その中からさらに下方に向かう者が現れ、ある者は地上にとどまって人間となり、地下まで下降した者はデーモンとなった。

天界の天使は天界の精妙な**アイテール**の体を持っていたが、それ以外の者たちは下方に行くほど、より一層物質的な体を持つことになった。つまり、デーモンの体は人間よりもさらに物質的なのである。とはいえ、その変化は連続的なものであり、道徳的な行動の結果として、大天使がデーモンになったり、デーモンが大天使になることもありえるのである。

デーモンの中で最初に天界から落ちたのはサタンだった。サタンはルシファーであり、天界では最高の天使だったが、慢心ゆえに堕落したのだ。

天使とデーモンは神の許可を得て、人間界の各民族や地域を支配したが、キリスト教徒を迫害したり、不正な戦争を起こすのはデーモンだった。人間界は天使とデーモンの戦場となったのである。一個人の中にも一対の天使とデーモンがおり、常に道徳的闘争を起こした。また、天国・地獄行きを決める死後の審判の場では、天使は死者を弁護し、デーモンは告発した。

しかし、神の憐れみは広大なので、最終的には天使や人間はもちろん、デーモンやサタンでさえも救われることになるのである。

天使・人間・デーモンの誕生

オリゲネス（3世紀の神学者）

- 神の作った知的存在者が下降して、天使・人間・悪魔になった
- サタンはルシファーだと最初に主張した
- 最後にはサタンも救われる

オリゲネスによれば、神が創造した知的存在者たちが自由な意思で下降することで天使・人間・デーモンが生まれた。

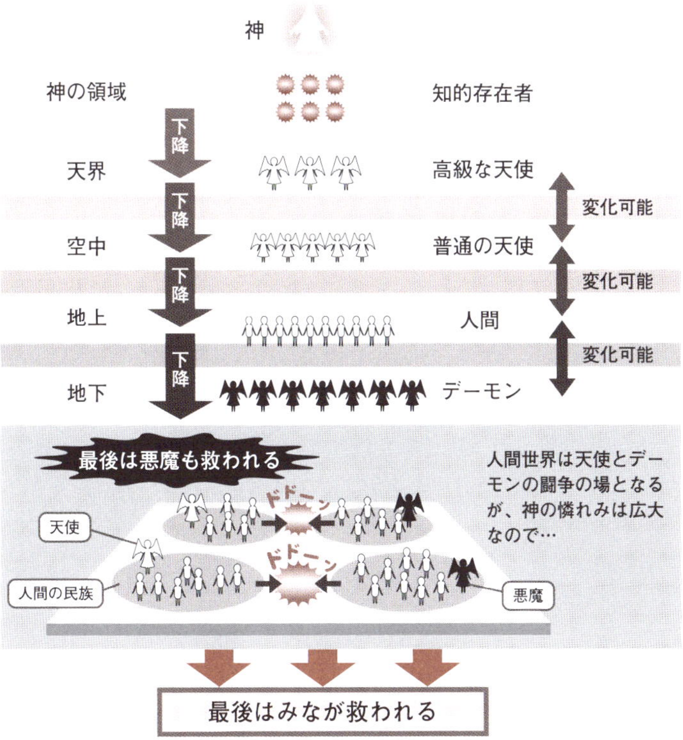
神
神の領域
知的存在者
下降
天界
高級な天使
変化可能
下降
空中
普通の天使
変化可能
下降
地上
人間
変化可能
下降
地下
デーモン
最後は悪魔も救われる
人間世界は天使とデーモンの闘争の場となるが、神の憐れみは広大なので…
ドドーン
ドドーン
天使
人間の民族
悪魔
最後はみなが救われる

用語解説

- **オリゲネス**→185～251年。アレキサンドリア生まれの教父。クレメンスの弟子であり、独創的悪魔論を展開した。だが、正統からは受け入れられず、死後300年もしてから破門された。
- **アイテール**→天界を構成する精妙な物質。現在、エーテルと呼ばれているものである。

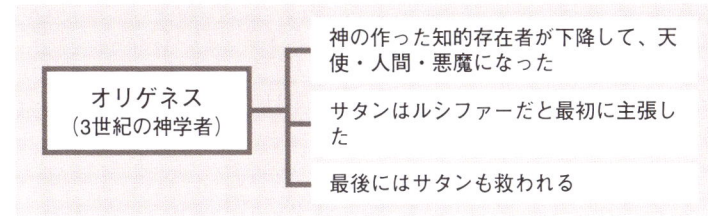

No.032

ラクタンティウスの悪魔論

Lactantius' demonology

神は最初に善悪の宇宙原理であるキリストとサタンを創造し、人間にも神を求める魂と悪魔に属する体という善悪の分裂を造り出した。

●最初に神の息からキリストとサタンが生まれた

250年ころにアフリカに生まれた教父**ラクタンティウス**はかなり二元論的な考え方で悪魔を説明した。

それによれば神は最初に自らの息を吐いて善と悪の原理を作った。その原理とはキリストとサタンである。神が善とともに悪を作ったのは、悪がなければ善とは何かがわからないからである。また、善だけでは選択の自由がなくなるからである。それから、神はさらに息を吐き続け、その他の天使たちを作った。同じ神の息からできているという意味で、キリストもサタンも天使の仲間だが、順番からいっても他の天使より優れていた。

その後、神は物質の世界を作り、人間を創造した。やがて、天使の中からサタンの悪に従う者が出てきた。これらの天使たちは地上の娘たちとの間に巨人の子供を作り、堕落して堕天使となった。そこで、ラクタンティウスはデーモンを2種類に分けた。サタンと堕天使はもと天使なので天のデーモンである。地上で生まれた巨人たちは地のデーモンである。

宇宙に善と悪の原理があるように、神は人間にも善悪の原理を与えた。それは魂と肉体である。魂は神を求めたが、肉体は悪魔に属した。だから、悪魔は食欲・性欲・富・権力・名声など肉体の欲望を利用して人間を悪へ導こうとするのだ。そして、人間は一方は天国へ、一方は地獄へ通じる二つの道の分岐点にいるのである。

やがて世界が終わるときには、キリストが再臨し、悪の軍団は地獄へ投げ込まれ、すべての問題は解決する。しかし、そのときはなかなか来ない。神がキリスト教徒の信仰を試すために、悪魔に時間を与えているからだ。しかし、悪魔はしょせんは神より劣る存在なので、キリストへの信仰で武装している限りは、悪魔は人間を征服できないのである。

ラクタンティウスによる悪魔と人間の関係

ラクタンティウス
（3世紀の神学者）

- 二元論的悪魔論
- 神が息を吐き善悪の原理を作る
- キリストもサタンも天使の仲間

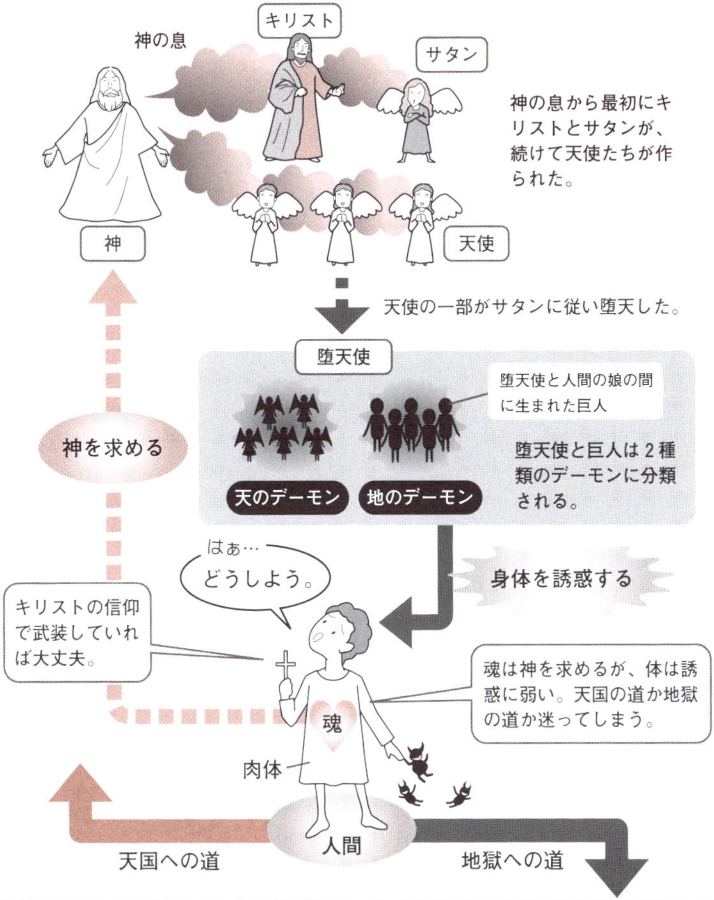
キリスト
神の息
サタン
神の息から最初にキリストとサタンが、続けて天使たちが作られた。
神
天使
天使の一部がサタンに従い堕天した。
堕天使
堕天使と人間の娘の間に生まれた巨人
神を求める
天のデーモン
地のデーモン
堕天使と巨人は2種類のデーモンに分類される。
はぁ…
どうしよう。
身体を誘惑する
キリストの信仰で武装していれば大丈夫。
魂は神を求めるが、体は誘惑に弱い。天国の道か地獄の道か迷ってしまう。
魂
肉体
人間
天国への道
地獄への道

用語解説

●**ラクタンティウス**→245年ころ～325年ころ。アフリカ生まれで、修辞学の専門家、古典的名文家としても知られた。異教徒だったが、300年ころにキリスト教に回心し、『神聖な教理』など重要な書を多数残した。

No.033

マニ教の悪魔論

Manichaean demonology

マニの教えによれば神と悪魔は最初から存在する二つの原理であり、その戦いが人間個人の内部にも受け継がれ、世界が終わるまで続くのである。

●人類の終末まで続く絶望的な善悪の闘争

ペルシア人マニ（216～276年）が興したマニ教は徹底した善悪の二元論によって独自の救済理論を展開し、キリスト教の悪魔に影響を与えた。

それによれば物質的宇宙が誕生するよりも前から、つまりそもそもの始まりから善と悪という二つの原理があった。善の本質である神は偉大なる父（アッバ・ドゥ・ラッブタ）であり、悪の本質であるサタンは暗闇の王（ムレク・ヘシュカ）だった。善悪の二つの原理は互いに無関係に存在したが、あるとき善の光が悪の世界に届いた。これを見た暗闇の王は光の世界に攻撃を仕掛けた。偉大なる父は原人を生みだし、彼を派遣して反撃したが、彼は暗闇の王とその配下の悪のアルコーン（デーモン）たちに敗れてしまった。このとき暗闇の王は原人の持っていた光を吸収した。

神は光を救出するために生命の霊を派遣した。生命の霊はアルコーンたちを滅ぼし、その遺体を解体して太陽、月、大地、動物、植物などを作った。つまり、生命の霊がデミウルゴス（造物主）として、世界を作ったのである。これは神のたくらみだった。なぜなら、この世界が死滅するとき、光すなわち魂は物質から完全に解放され、本来の光の世界に復帰することができるからだ。ところが、暗闇の王はこれに対抗するためにアダムとエバを作った。この二人から子孫の人間が生まれ増え続ければ、光である魂はどんどん分散され、永遠に人間の肉体という牢獄に閉じ込められることになるからだ。ここで、神は光輝のイエスを派遣した。イエスは蛇となってアダムに知恵の木の実の存在を教えた。これによってアダムは目覚めた。そして、神と悪魔の闘争は人間各個人の内部の善悪の闘争に引き継がれ、延々と続くことになった。悪魔の創造物である人類が終末を迎えるとき、戦いは終わり、魂は完全に光の世界に復帰することになるのである。

マニ教の説く神と悪魔の闘争

マニ教
- 3世紀のペルシャ人マニが興した
- 善と悪の原理は宇宙以前からあった
- 善と悪の闘争は世の終わりまで続く

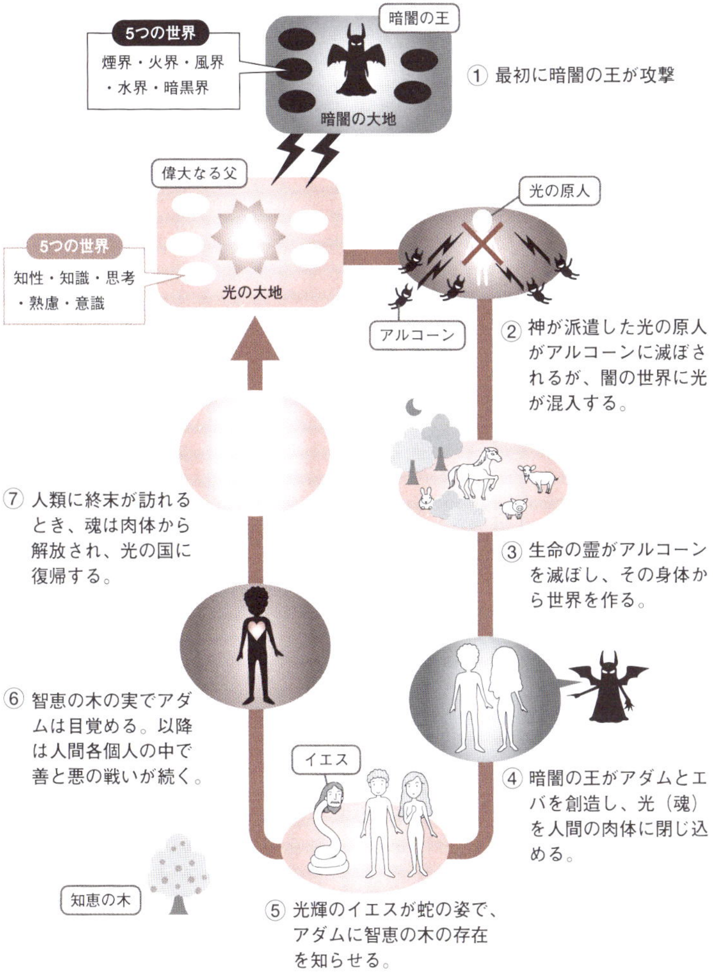
5つの世界
煙界・火界・風界
・水界・暗黒界
暗闇の王
暗闇の大地
① 最初に暗闇の王が攻撃
偉大なる父
5つの世界
知性・知識・思考
・熟慮・意識
光の大地
光の原人
アルコーン
② 神が派遣した光の原人がアルコーンに滅ぼされるが、闇の世界に光が混入する。
③ 生命の霊がアルコーンを滅ぼし、その身体から世界を作る。
④ 暗闇の王がアダムとエバを創造し、光（魂）を人間の肉体に閉じ込める。
イエス
知恵の木
⑤ 光輝のイエスが蛇の姿で、アダムに智恵の木の存在を知らせる。
⑥ 智恵の木の実でアダムは目覚める。以降は人間各個人の中で善と悪の戦いが続く。
⑦ 人類に終末が訪れるとき、魂は肉体から解放され、光の国に復帰する。

No.034

エウァグリオスの悪魔論

Evagrious' demonology

エウァグリオスによれば、人間には８種類の情念的思想（ロギスモイ）があり、それに対応するように地獄界のデーモンは８種類に分類された。

●「七つの大罪」のもとになった８種類のロギスモイ

4世紀の教父**エウァグリオス**は聖アントニウス（p.108参照）のように荒野で暮らした修道士で、悪魔の存在を非常にリアルに感じていた。また、彼はオリゲネスの影響を受け、悪魔は知的存在が堕落したものと考えた。

その考えによれば、神によって創造されたヘナド＝純粋知性（ヌース）が増殖し、多数の同等な知性になった。そして、ある知性は堕落し、自由に動き回るようになった。唯一落ちなかった知性が主＝神の子だった。それぞれの霊の堕落は罪の程度に応じていた。火でできた善の天使は天界にとどまり、ある霊は土でできた人間になり、罪深いものは空気でできた悪魔（デーモン）になった。霊は下のものほど暗く、濃密で、粗大で、物質的だった。堕ちたヌースはプシュケー（魂）になった。プシュケーの内部に情念があるが、人間を支配する情念は性欲、デーモンの場合は憤怒だった。情念から8種類の情念的思想（ロギスモイ）が生まれた。大食・高慢・色欲・貪欲・絶望・怒り・アケーディア（精神的怠惰）、虚栄である。ここから、後の時代に七つの大罪が生まれたのである。

デーモンには階級組織があり、それぞれ独自の目的・個性を持っていた。その種類は、ロギスモイの8種類に対応しており、種類ごとに長がいた。最も恐ろしいのはアケーディアの悪魔で、真昼のデーモンとも呼ばれた。悪魔は重く、冷たく、光のない空気でできており、何にでもなれた。彼らは空中に住み、翼で飛び、身体を微小にし、空気と一緒に人体に侵入した。悪魔は魂には入れないが、脳に働きかけた。そして自ら担当するロギスモイを利用して人間を罪に陥れ、神から遠ざけようとするのである。

だからキリスト教徒の目的は修練を積み、アパテイアと呼ばれる魂の状態を手に入れ、ロギスモイから自由になることだとされたのである。

エウァグリオスの悪魔の分類法

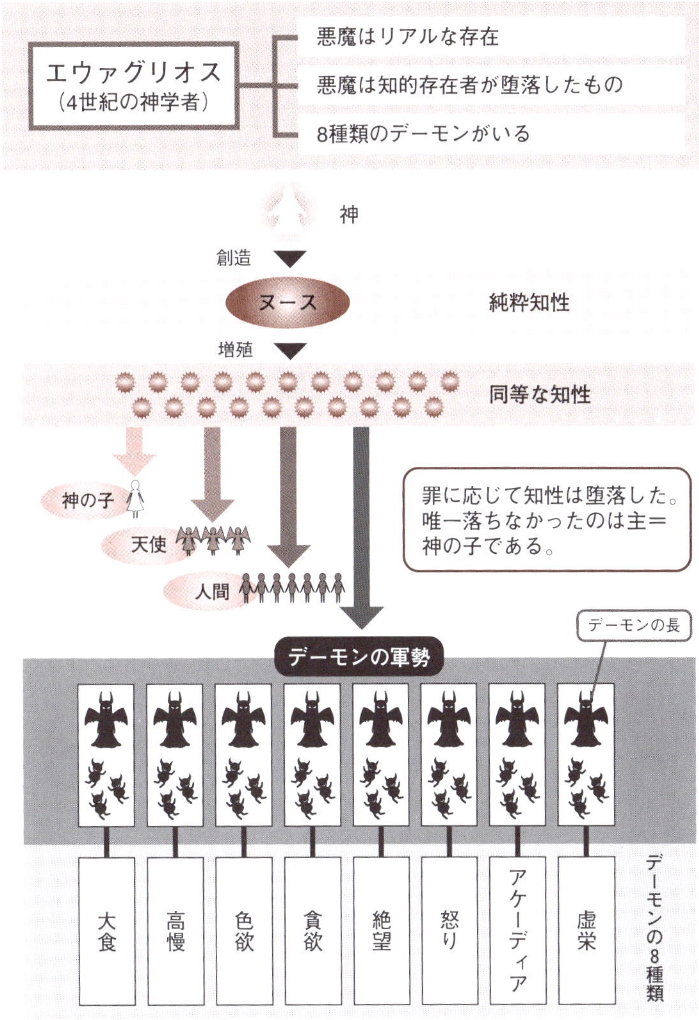
エウァグリオス
（4世紀の神学者）
悪魔はリアルな存在
悪魔は知的存在者が堕落したもの
8種類のデーモンがいる
神
創造
ヌース
純粋知性
増殖
同等な知性
神の子
天使
人間
罪に応じて知性は堕落した。唯一落ちなかったのは主＝神の子である。
デーモンの長
デーモンの軍勢
大食
高慢
色欲
貪欲
絶望
怒り
アケーディア
虚栄
デーモンの8種類

デーモンには階級組織があり席次がある。デーモンの種類は人間の8種類の情念的思想（ロギスモイ）に対応し、それぞれの軍団に長がいた。

用語解説

●**エウァグリオス**→345～399年。ポントスの司教の子として生まれ、助祭長となったが、コンスタンティノポリスでの贅沢な暮らしに飽き、383年から死ぬまでエジプトの荒野で暮らした。

No.035

アウグスティヌスの悪魔論

Augustine's demonology

西方キリスト教会の基本的神学を作ったアウグスティヌスは、サタンとはルシファーであり、堕天使の罪は絶対に許されないと考えた。

●優れた存在であるはずの天使の罪は絶対に許されない

北アフリカのヒッポの司教だった聖アウグスティヌス（354～430年）は非常に影響力の大きな神学者で、彼の打ち立てた神学や悪魔論は後々までも西方教会（カトリックとプロテスタント）の基本となった。

その考えによれば、神は最初に天使を創造した。天使は自由な存在として創造されたのですぐに道徳的選択をし、多くは神を愛することを選んだ。しかし、天使の最高位にいたルシファーは違った。ルシファーは驕りによって、神を愛するよりも自分を愛することを選んだ。その結果、彼は堕天し、サタン（魔王）になった。ルシファーに従ったほかの堕天使たちはデーモンになった。堕天使たちは天国で階級の高かった者ほど地獄の深みへ落ちた。だから、サタンは宇宙の最も低いところへ沈んだのである。

その後、サタンは楽園で幸福に暮らすアダムとエバを妬み、誘惑して堕落させた。それはあくまでも誘惑であり、強制ではなかった。つまり、人間も自由な意思で堕落を選んだのである。アダムが罪を犯してから、悪魔は人間に対して力をふるうようになった。神がそれを許したのである。それは悪を経験することで人間の魂が善を求めるようにするためである。

このように悪魔も人間もともに罪を犯したが、罪の重さには違いがある。人間はもともと弱く無知であり、かつ悪魔の誘惑で堕落したのだから、同情の余地があった。だから、人間はキリストによって救われる可能性があるのだ。しかし、悪魔は違った。悪魔はもと天使であり、多くの知性と知識を持った優れた存在だった。だから、悪魔の罪は断固として許されないのである。今後、善なる天使が悪魔に変わることがないように、現在の悪魔が天使に戻ることもない。そして、世界が終わるとき、すべての堕天使たちは地獄につながれ、永遠に救われることはないのである。

高位の天使ほど深く沈んだ

アウグスティヌス

- 最も大きな影響力を持った神学者
- 北アフリカのヒッポの司教
- 悪魔たちの罪は永遠に許されない

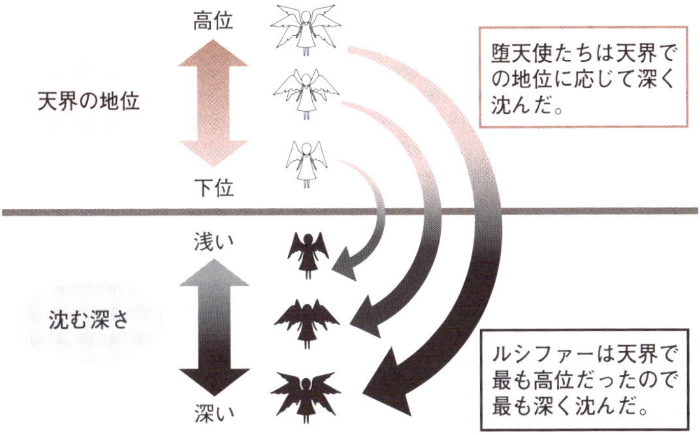
高位
天界の地位
下位
浅い
沈む深さ
深い
堕天使たちは天界での地位に応じて深く沈んだ。
ルシファーは天界で最も高位だったので最も深く沈んだ。

悪魔の罪は永遠に許されない

人間の場合

ありがたや

もともと愚かだった。

ゆえに、その罪には同情できる。

だからキリストによって救済される。

悪魔の場合

エヘん
ケっ

もともと優れた天使だった。

ゆえに罪には同情の余地がない。

だから永遠に絶対に許されない。

No.036

偽ディオニシウスの悪魔論

Pseudo-Dionysius' demonology

宇宙には神に最も近い実体から最も遠い実体までの階層構造があり、サタンは神から最も遠い、空虚に近い場所にいるのである。

●神から最も遠く、最も空虚に近い場所にいるサタン

500年ころのシリアの修道僧偽ディオニシウスは後の時代の悪魔学に大きな影響を与えた天使の階層を詳述したことで有名である。

その考えによれば神は人間の理性を完全に超えた存在で、その本質は永遠に隠されているが、神の行為や顕現は宇宙となって表れているので、人間にも部分的に知ることができるのである。

神は無から宇宙を生みだし、宇宙は神に最も近い実体から最も遠い実体まで広がり、見事な階層構造になっている。この階層の中で知性ある者は神との合一に向かって引き揚げられる。天使たちは三位一体の神・子・聖霊に対応するように、大きく三つの階層に分けられ、その階層の中でさらに3段階に分けられた。すなわち、上級三天使（熾天使・智天使・座天使）、中級三天使（主天使・力天使・能天使）、下級三天使（権天使・大天使・天使）で、天使の階級は全部で9階級になるのだ。そして、神の光明は上級天使→中級天使→下級天使→人間というように上から順番に伝えられる。

偽ディオニシウスは人間と通じるのは下級の天使と考えたので、悪魔もそれに属していたはずだと考えた。しかし、多くの神学者はサタンはもと最高の天使だと信じていたので、偽ディオニシウスの天使の階級をもとにしてルシファーは熾天使だったと考えた。また、後の時代の悪魔学者たちは天使の階層構造を悪魔界にも応用した。

悪に関しては、偽ディオニシウスはそれは善や実在の欠如だと考えた。神に創造された以上は悪魔もその本質は実在であり善だった。しかし、悪魔は意思を自分の利己的欲望に向けてしまった。その程度に応じて悪魔は実在から遠ざかり、実在の欠如に近づいたのだ。したがって、実在する者の中でサタンは神から最も遠く、空虚に最も近い場所にいるのである。

偽ディオニシウスが考案した天使の位階

偽ディオニシウス
- 500年ころのシリアの修道僧
- 天使の位階について初めて論じた
- 悪は善や実在の欠如から来る

	位階名	英名
第一階級	熾天使	セラフィム
	智天使	ケルビム
	座天使	スローンズ
第二階級	主天使	ドミニオンズ
	権天使	ヴァーチューズ
	能天使	パワーズ
第三階級	力天使	プリンシパリティーズ
	大天使	アークエンジェルズ
	天使	エンジェルズ

神から悪魔までの存在の連鎖

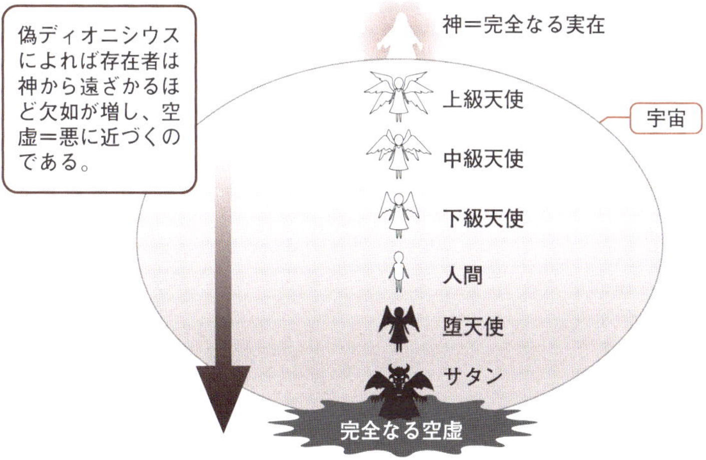
偽ディオニシウスによれば存在者は神から遠ざかるほど欠如が増し、空虚＝悪に近づくのである。
神＝完全なる実在
上級天使
宇宙
中級天使
下級天使
人間
堕天使
サタン
完全なる空虚

用語解説

●**偽ディオニシウス**→新約聖書の「使徒言行録」に出てくるディオニシウス（ディオニシオ）を名乗って著作したが、19世紀に別人物とわかり、以降は「偽」を付けて呼ばれるようになった。

No.037

ボゴミール派の悪魔論

Bogomil demonology

真の神の息子サタナエルが神に反逆してこの宇宙を作ったが、弟であるキリストとの戦いに敗北し、醜い姿のサタンに変じた。

●サタナエルから神性が失われてサタンになる

10世紀にブルガリアで興った**ボゴミール派**はキリスト教の異端派で、グノーシス主義やマニ教の影響を受けた二元論的な悪魔論を展開した。

ボゴミール派にもさまざまな教派があったが、ある教えによれば真の神にサタナエルという息子がいた。彼は善いものとして創造され、神の補佐役を務めた。しかし、彼は不満で、自分が神になろうとし、天使の三分の一を味方にした。こうして、サタナエルは仲間とともに天から追放された。それでもサタナエルはあきらめず、「自分は第二の神となろう」と決意し、我々が住むこの物質的宇宙を作った。しかし、彼は土と水から最初の人間を造ろうとして失敗した。彼は仕方なく、ともに人類を支配するという約束で神に協力を頼み、神が魂を、サタナエルが肉体を担当してアダムとエバを作った。サタナエルはエバを誘惑して蛇の姿で交わって、息子カインを産ませた。また、アダムとエバの間に息子アベルが生まれたが、カインはアベルを殺し、この世に殺人の罪が生まれた。その後、サタナエルは人類への支配を強化するため、モーセに律法を与え、さらに人間に霊感を送って旧約聖書を書かせた。つまり、旧約聖書に語られている唯一神とは実はサタナエルだったのだ。しかし、真の神はサタナエルがエバを誘惑した罰として、創造力を奪い、彼を醜い姿に変えた。そして、神とサタナエルはこの宇宙の支配権をめぐり、激しく争うことになった。

5500年後、神は人類を救おうと決意し、子であるキリストと聖霊を生みだした。したがって、キリストはサタナエルの弟である。キリストは人類に悪魔の実体を教えるために地上に生まれ、サタナエルを打ち破った。サタナエルはまたも天から投げ落とされた。このとき、サタナエルの名から神を意味するエル“el”の文字が失われ、ただのサタンになったのである。

ボゴミール派が語るサタンの誕生

ボゴミール派
- 12世紀に流行したキリスト教異端派
- サタンと神が共同で人間を作った
- サタンとキリストは兄弟

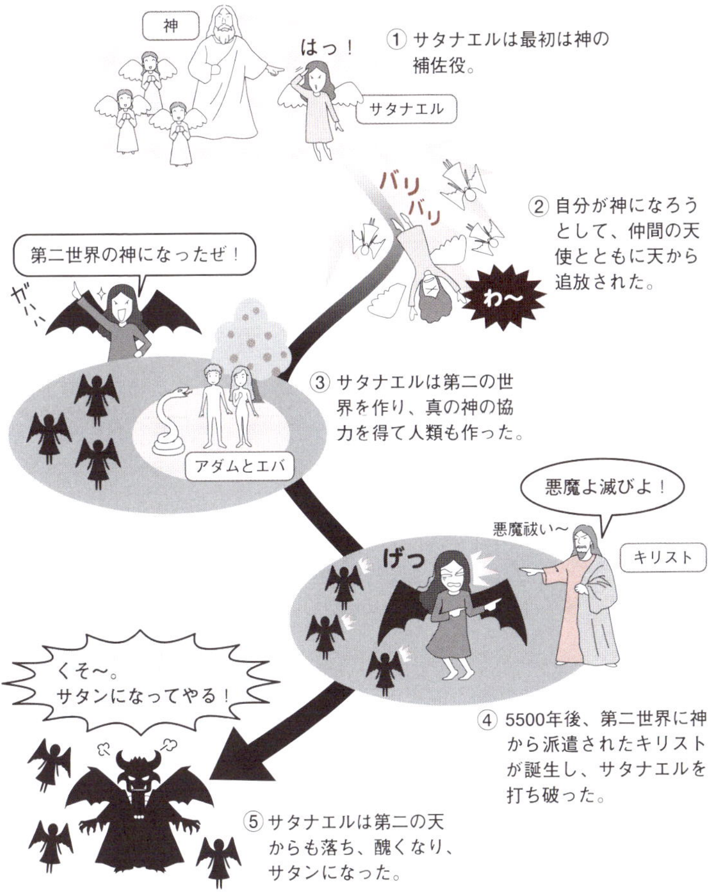
神
はっ!
① サタナエルは最初は神の補佐役。
サタナエル
バリバリ
② 自分が神になろうとして、仲間の天使とともに天から追放された。
わ〜
第二世界の神になったぜ!
ガハハ
③ サタナエルは第二の世界を作り、真の神の協力を得て人類も作った。
アダムとエバ
悪魔よ滅びよ!
悪魔祓い〜
キリスト
げっ
④ 5500年後、第二世界に神から派遣されたキリストが誕生し、サタナエルを打ち破った。
くそ〜。
サタンになってやる!
⑤ サタナエルは第二の天からも落ち、醜くなり、サタンになった。

用語解説

●ボゴミール派→950年頃にボゴミールによってブルガリアで興り、12世紀には西欧でも流行した。

No.038

カタリ派の悪魔論

Cathar demonology

肉体という牢獄に閉じ込められた天使の魂。それが人間存在の秘密であり、すべては悪の原理であるサタンのたくらみでなされたのである。

●サタンは粘土に天使の魂を閉じ込めて人間を作った

12世紀半ばから南ヨーロッパで流行した**カタリ派**は神と悪魔を二元論的に説明した。カタリ派の二元論には極端なものから穏健なものまであるが、ここでは極端な二元論の悪魔論を紹介しよう。

その考えでは善の原理＝真の神と悪の原理＝悪の神はそもそものはじめから独自に存在しているのである。サタンは悪の神そのものかそうでなければ悪の神の子である。あるときサタンの方から善の世界に攻撃を仕掛ける。サタンは不法にも善の世界に入り込み、天使を勧誘する。俺と一緒に地上へ来たら、富をやろう、妻をやろうというのである。数多くの天使がこれに従い、天界から出て行った。サタンは天界からはるか遠い場所で物質的宇宙を作り、土をこねて人間を形作り、その中に天使の魂を閉じ込めた。ここで大事なのは天界を出た天使は天界に霊と衣服を残してきたということだ。つまり天界から飛び出したのは天使の魂だけなのである。

このようにして誕生した人間は悪魔の作った物質と天使の魂の混合物だった。人間にあっては天使の魂が肉体という牢獄に閉じ込められているのである。したがって、この世は地獄だった。

そんな天使の苦難を救うために神は天使の一人を救済者として派遣した。それがキリストで、その使命は人間にその起源を思い出させ、天界に残っている霊との合体手段を教えることだった。そのためにキリストは福音書を携えてやってきたのである。したがってキリストは霊なのであり、十字架刑で死んだというのは現実ではないとされた。また、カタリ派にとっては旧約聖書は悪であり、新約聖書だけが正典とされた。そして、キリストの教えによって完成した者は天上の霊と結合して救済されるが、そうでない者は死後に別な肉体に入って転生を繰り返すとされたのである。

カタリ派の説くサタンの誘惑と天使の堕落

カタリ派とは？

- 12世紀流行のキリスト教異端派
- 二元論的悪魔論を展開
- 人間＝ 肉体の牢獄 ＋ 天使の魂

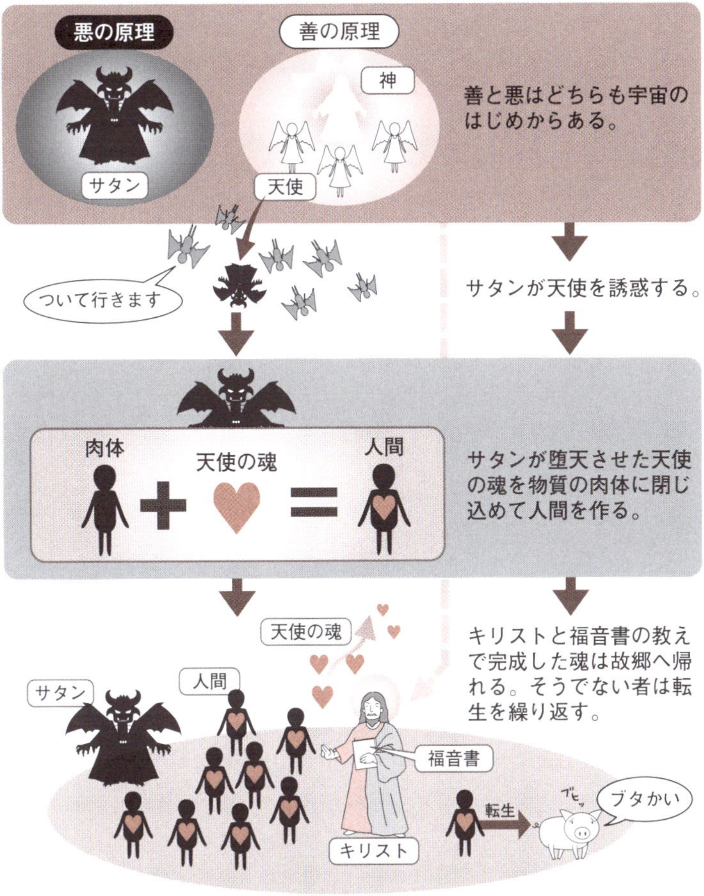
悪の原理
善の原理
神
サタン
天使
善と悪はどちらも宇宙のはじめからある。
ついて行きます
サタンが天使を誘惑する。
肉体
天使の魂
人間
サタンが堕天させた天使の魂を物質の肉体に閉じ込めて人間を作る。
天使の魂
サタン
人間
福音書
キリスト
転生
ブヒッ
ブタかい
キリストと福音書の教えで完成した魂は故郷へ帰れる。そうでない者は転生を繰り返す。

用語解説

●**カタリ派**→ボゴミール派を起源にして11世紀に興り、12世紀半ば頃から南ヨーロッパを中心に流行したキリスト教異端派で、中世教会から目の敵にされ、十字軍の大弾圧を受けて14世紀半ばに根絶された。

No.039

イスラム教の悪魔論

Islamic demonology

イスラム教の悪魔はユダヤ教・キリスト教の悪魔と密接な関係にあるが、その悪魔イブリスは全知全能の神アッラーに完全に依存している。

●絶対に神に及ばない弱々しい悪魔イブリス

7世紀に興ったイスラム教はユダヤ教、キリスト教と**密接な関係**がある。悪魔論に関しても同じことがいえるが、そこにイスラム独自の色彩がある。

イスラム教の神アッラーは、ユダヤ教、キリスト教の唯一神と同じものだが、その唯一神が全知全能であるということについてイスラム教は少しも妥協しない。したがって、イスラム教にも悪魔は存在するが、それは完全に神に依存する存在なのである。

イスラム教のサタンはイブリスという名で、別名はシャイタンである。ランフレまたはル・ラピデと呼ばれることもある。彼はどんな姿にもなることができ、その取り巻きにはハルート、マルートなど堕天使や悪いジン（妖霊）たちがいた。サタンと同じくイブリスももとは天使（ジンの出身だといわれることもあるが）である。あるとき神が粘土からアダムを創造し、彼の前にひれ伏すようにと天使たちに命じた。しかし、天使の中でイブリスだけがそれを拒んだ。自分は火の精だから、粘土でできた卑しい人間にひれ伏すことなどできない、というわけだ。このためにイブリスは天から追放され、神の呪いを受けた。このときイブリスは、自分への呪いはこの世の終わりの最後の日まで猶予してくれるように神に懇願した。そして、人類を誘惑し、誤らせる許可を神から得たのである。

しかし、キリスト教のサタンと異なり、イブリスは神の強力な敵とはなりえない。イブリスは人間を誘惑することはできるが、強制することはできない。そして、神を愛する者に対してはイブリスは完全に無力なのである。それゆえ、人間はイブリスのせいで罪を犯したと責任逃れをすることはできない。人間が罪を犯すのは、イブリスの誘惑に耳を傾けたからであって、結局は人間自身の責任だとされるのである。

イスラム教の神と悪魔の力学

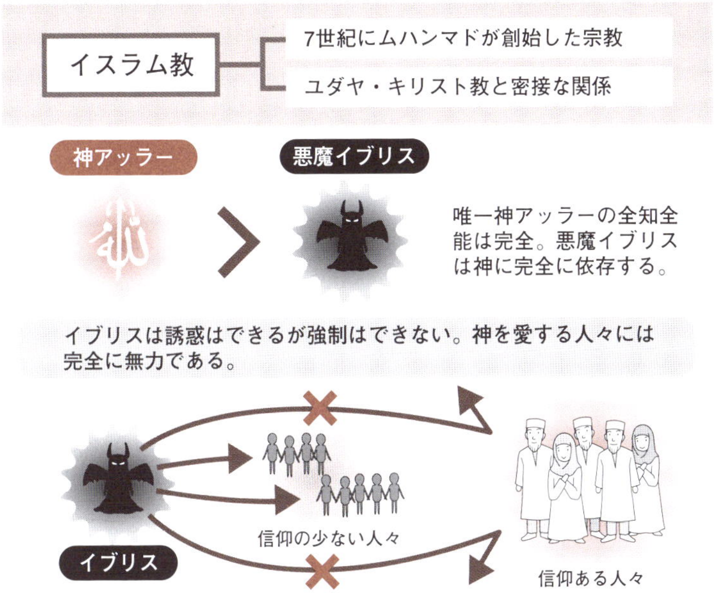
イスラム教
7世紀にムハンマドが創始した宗教
ユダヤ・キリスト教と密接な関係
神アッラー
悪魔イブリス
唯一神アッラーの全知全能は完全。悪魔イブリスは神に完全に依存する。
イブリスは誘惑はできるが強制はできない。神を愛する人々には完全に無力である。
イブリス
信仰の少ない人々
信仰ある人々

イスラム教の堕天使

キリスト教のサタンに相当するイスラム教の悪魔イブリスが神アッラーと比べて無力過ぎることからわかるように、イスラム教では悪魔をあまり重要視していない。悪魔学も発達せず、堕天使やデーモンの活躍も少ない。それでもよく知られた堕天使として、ハルートとマルートがいる。伝承ではこの二人はキリスト教の堕天使と同じように情欲のために堕天したとされているが、地獄の審問官、番人として罪人たちに厳しい罰を与えるのを仕事にしている。ただ、与えられた職務は真面目に遂行しているので、悪魔と言い切れないところもある。このほか、もと天使ではないがジンという存在もデーモンのように信仰を妨害するような行動をする。ジンは妖霊・精霊などと翻訳されるが、アダムが創造されるより2000年前に神によって煙の出ない炎から作られた存在である。ジンは通常は目に見えないが煙のような気体にも、個体にもなれ、変幻自在である。千夜一夜物語にあるアラジンの魔法のランプの精も、ジンの一種である。ジンには善良なるものと悪いものがいるが、この悪いジンがデーモンのような働きをするのである。

用語解説

●**密接な関係**→イスラム教の考えでは、旧約・新約聖書とイスラムの正典コーランの原典は同じもので第七天にある。だが、新約によって旧約は否定され、コーランによって新約は否定されたので、コーランが最も正しいのである。

イエス＝身代金理論

キリスト教の伝統的考えでは、サタンがこの世の支配権を手に入れたのは、アダムとエバがエデンの園の知恵の木の実を食べるという原罪を犯したからだった。その罰として、神は人類をサタンの奴隷としたのである。

しかし、神は慈悲心を起こし、人間界にイエスを誕生させた。このイエスが十字架に架けられて殺されたことで、人間の罪は許されることになった。サタンは人間を奴隷とする正当な権利を失い、人間は自由の身となった。それによって救われることも可能になった。以降もサタンは救済を妨害しようと躍起になっているが、それはむなしい努力なのである。

とはいえ、神はなぜこんな面倒なことをしたのだろう。そして、キリストの犠牲で、なぜ人間は許されるのだろう、という疑問は残る。

これについて説明したのが、エイレナイオスによって初めて主張された「イエス＝賠償説」つまり「身代金理論」である。

その考えによれば、神は一度はサタンが人間を奴隷とする権利を認めたが、神の計画を実現するためにも人間を自由にする必要があった。神なのだから絶対的な力でサタンから人間を奪ってしまうこともできたが、それは正義の神にふさわしくなかった。そこで神は一計を案じ、神の子イエス・キリストを人間界に誕生させた。そして、人類解放の身代金としてイエスを殺すことをサタンに許したのだ。サタンはイエスが最高の人間なのを知り、何としても自分の王国に欲しいと思い、それに同意した。だが、サタンは失敗することになった。イエスは人間だったが、その内部に神性を宿していた。つまり、イエスにはどんな罪もなかった。そして、罪のない人間を手に入れることは悪魔の権利ではなく、それは正当なことではなかったからだ。このために悪魔は神から与えられた権利を失い、人間を奴隷とすることも、キリストを捕らえておくこともできなくなったのである。こうして、キリストの犠牲により、悪魔は無力となり、人間は永遠の罰から自由になったと考えるのである。

もしこの通りだとすれば、サタンは神から身代金を受け取れるほどに力のある大きな存在だということになってしまう、という欠点はあった。初期の教会はこの問題に大いに頭を悩ませた。しかし、エイレナイオスのこの説はアウグスティヌスにも認められ、４世紀のニュッサの司教グレゴリウスにも継承され、ほぼ1000年間にわたってほとんどのキリスト教徒によって信じられたのである。

第3章
悪魔学・発展編

No.040

悪魔学の多様化

Rich growth of demonology

中世になると古代から伝わる聖書、神学の悪魔論に、民間伝承や異教の神話、文学芸術などさまざまな要素が追加され、悪魔学は一気に多様化した。

●教会人・知識人・民衆の手になる多様な悪魔像

中世になってキリスト教会が一般民衆を教化していくにつれ、悪魔たちもまた民衆の世界に広まっていった。キリスト教会から民衆に伝えられた悪魔像は聖書や神学者の著作にあるものはもちろんだが、もう一つ重要なものがあった。それは修道士が見た悪魔像である。修道士とは人里離れた場所で孤独な信仰生活を送る人々のことだが、彼らは極めて禁欲的だったので激しい妄想に悩まされ、それだけ恐ろしく具体的な悪魔像を作り上げた。とくに有名なのは4世紀にアタナシウスが書いた『聖アントニウス伝』の悪魔だが、こうした悪魔像が民衆にも広まったのだ。

しかし、民衆の世界の悪魔は中世最初の数世紀間はただ恐ろしいだけのものではなかった。一般民衆はキリスト教会が教える悪魔像と古くから伝わる伝説や民話に登場する異教の神々や妖精たちのイメージとを自由に混ぜ合わせたのである。その結果、悪魔でありながら、とんちで出し抜かれてしまうような滑稽なものも現れることになった。

11世紀ころになると教育も普及し、知識人も生まれてきたので、文学や絵画によってさらに新しい悪魔のイメージが付け加えられるようになった。またキリスト教の学問といえるスコラ学も確立し、論理的・ギリシア哲学的考察で悪魔論を変化させた。中世末には悪魔像はさらに大きく変化した。この時代には異端の流行やペストの流行があり、ヨーロッパ人の間に悪魔への恐怖が増大したからだ。このため、とくにルシファーなどは恐ろしく巨大で怪物的姿に描かれるようになった。また、悪魔への恐怖から、悪魔学が一つの学として成立することになるのである。

このように、中世以降はさまざまな階層の人々を巻き込んで実に多様な悪魔学が展開され、悪魔の世界を豊かなものにしたのである。

庶民まで浸透し多様化した悪魔学

中世以降、次々と新しい要素が加わり悪魔学は多様化した。

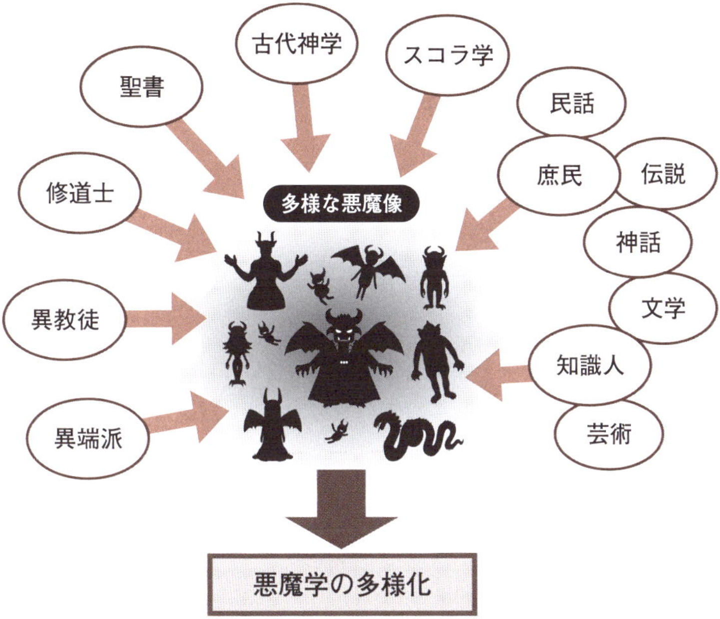
古代神学
スコラ学
聖書
民話
修道士
多様な悪魔像
庶民
伝説
神話
文学
異教徒
知識人
異端派
芸術
悪魔学の多様化

スコラ学と悪魔

中世のスコラ学者たちは、悪魔が堕落したのはいつか、悪魔が救われないのはなぜか、悪魔はどこに住んでいるか、悪魔の身体は何でできているかといった問題に頭を悩ませ、それまで以上に精密に考えを進めた。その意味で悪魔学の発展に寄与したことは確かだった。しかし、スコラ学者たちは神学の論理体系の中に悪魔が必要だとは考えなかった。彼らは悪とは何か追求したが、それを悪魔なしに説明したのだ。たとえば、最大のスコラ学者トマス・アクィナスはサタンは人間に罪を犯すように説得、誘惑はできるが、強制はできないとしている。つまり、罪を犯すのは最終的に人間の責任なのである。ではサタンとは何かといえば、悪しき被造物すべてを一つの実体に結び付ける首領であり王なのだという。この意味で、中世の神学では悪魔の役割は小さくなったのである。だが、それと反対にヨーロッパ文化における悪魔の活躍分野は拡大した。それはこの時代に数多くの悪魔を主題とした文芸・絵画作品が作り出されるなど、神学以外の分野で非常に魅力的な悪魔像が生み出されていたからなのだ。

No.041

悪魔はどんな姿か？

Appearance of demons

どんな姿にもなれるといわれる悪魔だが、蛇・山羊・犬などの動物や、ギリシア神話のパン神に由来する姿など、その姿にはある傾向があった。

●動物・毛むくじゃらのパン神・美しい天使

悪魔はどんな姿にもなれるが、悪魔が好んで身にまとう姿にはある傾向があった。古くから悪魔が好んでいたのは動物の姿である。『聖アントニウス伝』（4世紀）（p.108参照）にあるように、悪魔はライオン、熊、豹、牡牛、蛇、サソリ、狼などの姿でよく出現した。また、黒い人間の姿をしていることもあった。エジプト周辺ではエジプトの神々のように身体は人間で、トキ、ワニ、犬などの動物の頭を持つものがいた。5世紀の『バルトロメオ福音書』では悪魔は巨人だった。悪魔は完全に人間の姿を真似ることができず、真似し切れなかった部分にはもう一つの顔がついているといわれた。だから、尻とか膝とかにもう一つの顔を持つ悪魔がいるのである。

9世紀ころになって悪魔が絵に描かれるようになった。描かれた悪魔の中には毛むくじゃらで、山羊の角、蹄または鉤爪、尖った耳、尻尾のあるものがよく現れた。こうした特徴の多くは半分は人間、半分は山羊の姿をしたギリシア神話のパン神に由来すると見られている。パン神は森の神で、混沌とした生命力の象徴であり、キリスト教的な秩序と敵対する悪魔の姿にふさわしいのである。サタンはしばしばデーモンよりも巨大で野獣じみた黒いゴリラのような姿で描かれた。そして、悪魔たちはだいたいが裸（腰巻をしていることも多い）だった。悪魔が翼を持つときは14世紀までは天使の翼だったが、14世紀になってから蝙蝠の翼に変わった。悪魔の持っている武器は最初は三叉の鉾だったが、後には引っかけ棒になった。地獄で罪人を引っかけるためのものである。基本的に悪魔は醜かった。悪魔は天使時代は美しかったが、天から追放されたとき醜くなったからだ。だが、15世紀ころからは悪魔を人間に近い姿で描く傾向も出てきて、17世紀には天使と同じように美しい姿の悪魔も現れるようになった。

悪魔の姿の傾向

悪魔の姿は → 悪魔はどんな姿にもなれる

しかし、悪魔の姿にも傾向があった

傾向1 悪魔はよく動物の姿になる

古くから悪魔は蛇・山羊・犬・狼・豹・熊・馬など動物の姿になった。

傾向2 ギリシア神話のパン神に由来する姿になる

ギリシア神話の森の神パン

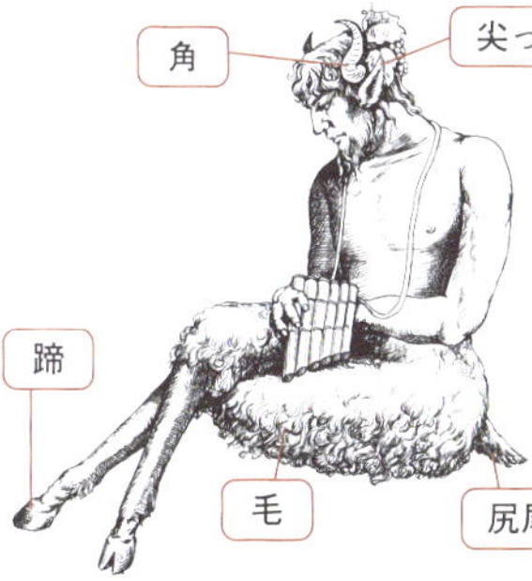
角
尖った耳
蹄
毛
尻尾

13世紀の写本に描かれた悪魔

蹄でなく鉤爪だが、パン神的要素がたくさんある。

角
尖った耳
尻尾
鉤爪
毛

傾向3 蝙蝠の翼・もう一つの顔・引っかけ棒

引っかけ棒も悪魔のトレードマークの一つだ。
14世紀ころから蝙蝠の翼の悪魔が現れた。
身体のどこかにもう一つの顔を持つことがある。

14世紀後半にフランスで作られた写本の一部。

No.042

悪魔の住処はどこか？

Where do demons exist?

悪魔は地獄に囚われて罰を受けながら、番人として働き、しかも自由に地獄を出て空中をさまよう。だから、あらゆる場所が悪魔の住処だ。

●地獄の囚人であると同時に自由でもある悪魔

悪魔はどこに住んでいるのか？　その問題に対する答えは常に曖昧だった。中世のキリスト教の神学者たちはその問題を考え抜いたが、これでいいという答えは出せなかったのである。

聖書や黙示文学などの伝統では、悪魔は天から落とされたことは間違いなかった。だが、空中へ落とされたのか、地下の地獄へなのか。もし地獄だとしたら、悪魔はどうやってそこを出て人間に害をなすのか？　悪魔が地獄へ落ちるのはこの世の終わりのときで、それまでは自由だという説もあった。つまり、今現在は空中をさまよっているということだ。天から投げ落とされたためにかつての勢いは失われたが、打ち倒されてはいないので、なおしばらくは人間に害を与え続けるのである。

しかし、キリスト教の世界では、3世紀くらいから人間は死後すぐに天国か地獄へ行くと考えられるようになった。しかも、地獄では悪魔が罪人たちを罰すると考えられた。地獄の苦しみの原因が神にあるとは考えにくかったからだ。そうするとまた難しい問題が出てきた。悪魔は地獄では囚人として苦しめられているのか、番人として働いているのかということだ。

結局これらの難しい問題に確実な解答は与えられなかった。そして、これらの解答すべてが正しいことになった。悪魔は地獄に囚われて苦しみながら、同時に罪人たちを苦しめる働きもしているのだ。しかも、悪魔は自由に地獄を出て、空中をさまようこともできた。そして、人間の魂の行く手を阻んだり、地上で人間に害をなすのである。洗礼を受ける前の人間の身体は悪魔の住処だともいわれたし、悪魔は人間の心には住めないが、身体の中には住むことができるとも考えられた。このようにして、現実的には、悪魔はいたるところに住んでいるということになったのである。

悪魔の住処の候補地

悪魔の住処はどこか → 天国以外のあらゆる所に住んでいる

候補地1 地獄

悪魔は地獄に囚われて罰を受けながら、番人として罪人を苦しめている。

地獄
焼かれる悪魔
焼かれる罪人
番人の悪魔

候補地2 空中

悪魔は自由に地獄を出て、空中をさまよい、地上の人間に害をなす。

悪魔
害
人間
害
空中
地上

候補地3 人間の身体

悪魔は人間の身体にも住みつくことができる。

悪魔

No.043

悪魔の体は何でできているか?

What are demons made of?

神学者たちの考察によれば、天使と悪魔の身体は神のような純粋な霊ではないが、人間と同じ物質でできているのでもないらしい。

●悪魔は天使と同じく霊的被造物である

悪魔の体はどんな素材でできているか、キリスト教の学者たちは古くから議論を重ねてきた。

2世紀の教父ユスティノスによれば神だけが純粋な霊なので、天使は純粋な霊とはいえず、その体は非常に希薄な何かでできている。そして、堕天使は天使よりも粗大な何かでできた体を持っているのである。ところで、この時代には、地上と月の間の低い空中の濃密な空気と、月と天国の間の高い空中の希薄な空気＝アイテールとを分ける考え方があった。それで、天使と悪魔はアイテールでできており、その体は空気よりも微小でより精神的だと考える者もいた。

同じ2世紀の教父タティアノスは天使は微細な霊的な体を持つと考えた。悪魔は天使よりも神の霊（プネウマ）から離れてしまったので、もっと粗大な体を持つのである。それは神の純粋な霊とは違う物質的な霊といえる。つまり、悪魔の体は悪いものである物質からできているのだ。だが、悪魔に肉体はなく、その体は火または空気に似ているという。

議論はさらに続く。787年の第二ニケア公会議では、天使と悪魔には空気と火を本質とする、極めて軽やかな体があると認められた。しかし、1215年、第四ラテラノ公会議は天使も悪魔もいずれも純粋に霊的被造物であり、肉体的物質とは関係ないと決めたのである。

13世紀の大学者アルベルトゥス・マグヌスもトマス・アクィナスも同じように考えた。その考えによれば天使も悪魔も純粋に霊的な実態だった。しかし、神の霊とは違う。神（純粋な霊で非偶然的）、人間（霊かつ物質で偶然的）なのに対して、天使と悪魔はこの間を埋める存在であり、霊的で偶然的な被造物なのである。

悪魔の素材の変遷

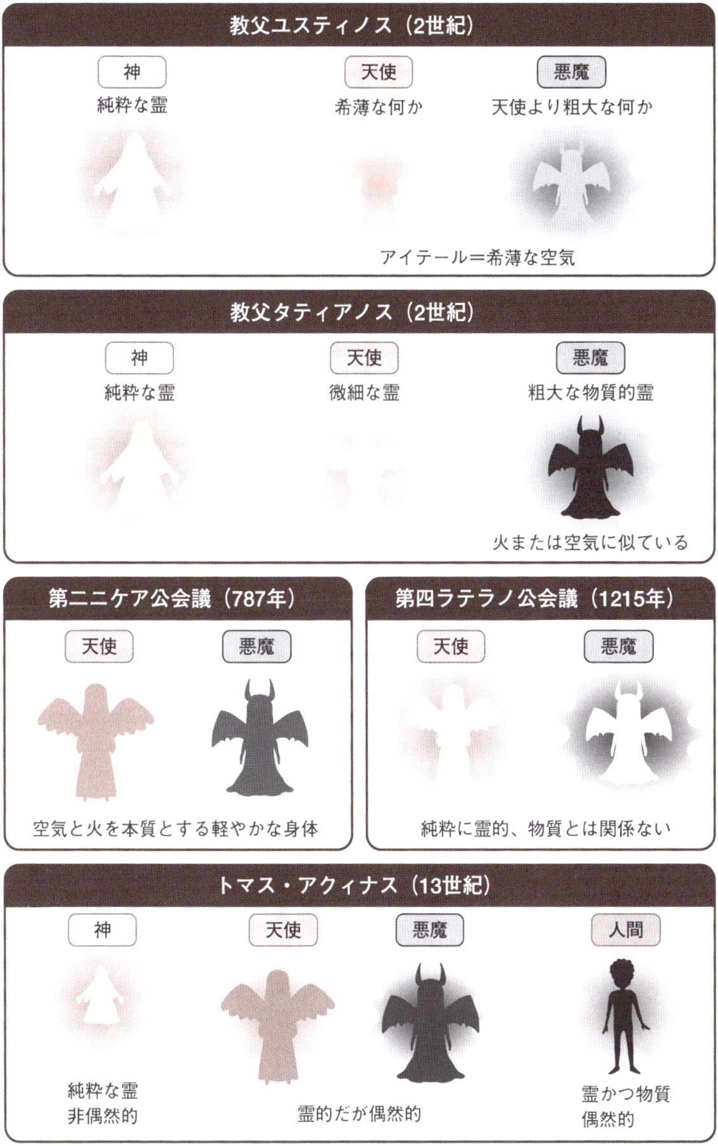
教父ユスティノス（2世紀）
神
純粋な霊
天使
希薄な何か
悪魔
天使より粗大な何か
アイテール＝希薄な空気
教父タティアノス（2世紀）
神
純粋な霊
天使
微細な霊
悪魔
粗大な物質的霊
火または空気に似ている
第二ニケア公会議（787年）
天使
悪魔
空気と火を本質とする軽やかな身体
第四ラテラノ公会議（1215年）
天使
悪魔
純粋に霊的、物質とは関係ない
トマス・アクィナス（13世紀）
神
天使
悪魔
人間
純粋な霊
非偶然的
霊的だが偶然的
霊かつ物質
偶然的

No.044

悪魔の数はどれほど多いのか？

How many demons are there?

デーモンの総数はどれくらいなのか。古くから具体的な数字を求めた人々も多かったが、想像する限り、本当の数はそれよりはるかに多いだろう。

●悪魔は空気中にびっしり詰まっている

デーモンにあたる悪魔の数はとにかく多いというのが通説である。

13世紀、ドイツのある司祭はデーモンはどこにでもいる、濃密な大気のように人間を取り囲んでおり、少しも隙間がない、とさえいっている。そのうえ、デーモンは人間の腸の中にも住めるのだから、デーモンが存在していない場所などないといっていいくらいだ。

『ヨハネの黙示録』（12章4節）には、「竜《りゅう》の尾《お》は、天《てん》の星《ほし》の三分《さんぶん》の一《いち》を掃《は》き寄《よ》せて、地上《ちじょう》に投《な》げつけた。」とある。つまり、サタンは天使の3分の1を自分の配下のデーモンとして味方に引き入れたということだ。天の星の3分の1なのだから、それはもう数え切れないほどの数なのである。

とはいえ具体的にはどれくらいの数字なのだろう。

16世紀の医師ヨーハン・ヴァイヤーは『悪魔の偽王国』という著作で有名だが、ルシファーはそれぞれ6,666のデーモンからなる1,111の軍団を率いていると考えた。つまり、6,666 × 1,111 = 7,405,926のデーモンがいるのである。しかし、ルター派の人々は悪魔の数はそんなものではないと考え、2兆6658億6674万6664だと主張した。

古くからピタゴラス数の6倍、1,234,321 × 6 = 7,405,926という計算方法もあるが、これは偶然にもヴァイヤーの数字と一致する。悪魔の数字666を基本にし、それぞれ6,666のデーモンからなる部隊が666集まって中隊となり、それが66集まって師団となる。その師団が6あるのが全軍団だという説もある。この結果は、6,666 × 666 × 66 × 6 = 1,758,064,176である。

すでに2世紀ころには、すべての人間の精神の中に天使と悪魔が一人ずつ住んでいるという説もあった。とすれば、デーモンは少なく見積もっても現在の地球上の人間の数だけは存在しなければならないのである。

諸説ある悪魔の数

悪魔の数はどれくらいか

- 天の星の3分の1（『ヨハネの黙示録』）

- 濃密な空気のようで隙間がない。（13世紀、ドイツの司祭）

いてっ

デーモンたちは空中に群がり、びっしり詰まっているので、天から地上へ針を落とすと必ずデーモンに当たるといわれた。

- 7,405,926人（16世紀の医師ヴァイヤー）

ルシファーはそれぞれ6,666のデーモンからなる1,111の軍団を率いている。

- 2兆6658億6674万6664（16世紀のルター派）

- 1,758,064,176人（悪魔の数字666を基本にした説）

6,666×666×66×6＝1,758,064,176となる。

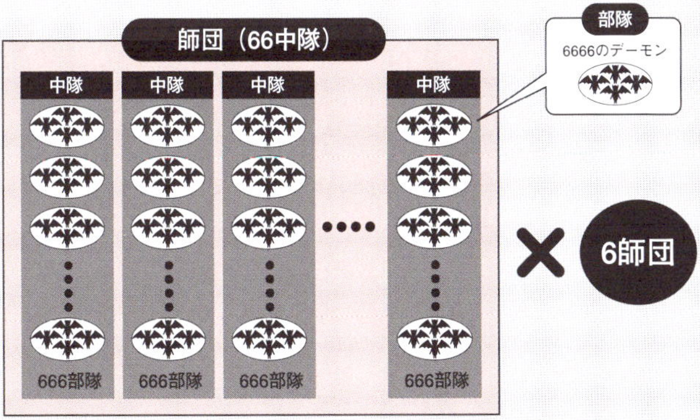
師団（66中隊）
中隊
中隊
中隊
中隊
666部隊
666部隊
666部隊
666部隊
部隊
6666のデーモン
×
6師団

サタン率いる軍団は１部隊に6666のデーモンがおり、666部隊で１中隊、66中隊で１師団、それが６集まって全軍団となるとも説明される。

No.045

悪魔は何を好むか？

Demons' favorite things

何とか悪魔から逃れたい中世の一般民衆は悪魔が何を好み何を好まないか細かく定義し、注意して暮らしていた。

●悪魔にも好きなものと嫌いなものがあった

悪魔はどこにでもいるといわれるが、好みの時刻や場所があった。

方角では北が好きだった。北は闇と寒冷の地であり、刑罰の地であり、中世ヨーロッパ人にとってそれは地獄のある方角だった。左右でいうと左側を好んだ。ヨーロッパでは教会の祭壇は聖地エルサレムのある東に向かって祈るように建てられる傾向があり、西の入口から入ると左側が北になった。だから、悪魔は教会の壁の外の北側をうろついているといわれた。

時刻では闇の時間帯である真夜中を好んでいたが、真昼や夕暮れ時も好きだった。そして、夜明けに雄鶏が鳴くと逃げ出すのである。

悪魔は荒涼とした場所が好きであり、荒野に群がった。異教の神々とか民間伝承の妖精・精霊の好む場所も好きだった。つまり、異教の神殿、樹木、森林、山、泉、井戸、川、洞穴、古い廃墟などである。

悪徳と罪人はとくに悪魔の好むものだった。悪魔は美男子に変身してお金で女を誘い、彼女が同意したらすぐにも地獄へ連れ去るといわれた。

悪魔は城壁、城塞など巨大な建造物を作るのも好きで、巨石建造物はすべて悪魔の手になると考えられた。とくに橋が好きで、最初に渡る生き物の魂を譲り受けるという条件で人間のためによく橋を作った。それで、ヨーロッパ各地に「悪魔の橋」「悪魔の堤防」などと呼ばれるものがあった。

反対に、悪魔が嫌うものもあった。主の祈り、ロザリオの祈り、聖書の言葉とか、十字架、聖水、イエスの名、聖油、教会の鐘などの聖なるものである。また、悪魔と関連あるものこそ悪魔除けに効果的と考えられたので、火、鉄、青銅、塩、玉ねぎ、にんにく、豚でも悪魔を追い払えるといわれた。香や薪の煙で悪魔がいぶし出されるのもそのためである。悪魔に向かって「しーっ」というのも有効だった。

悪魔の好み

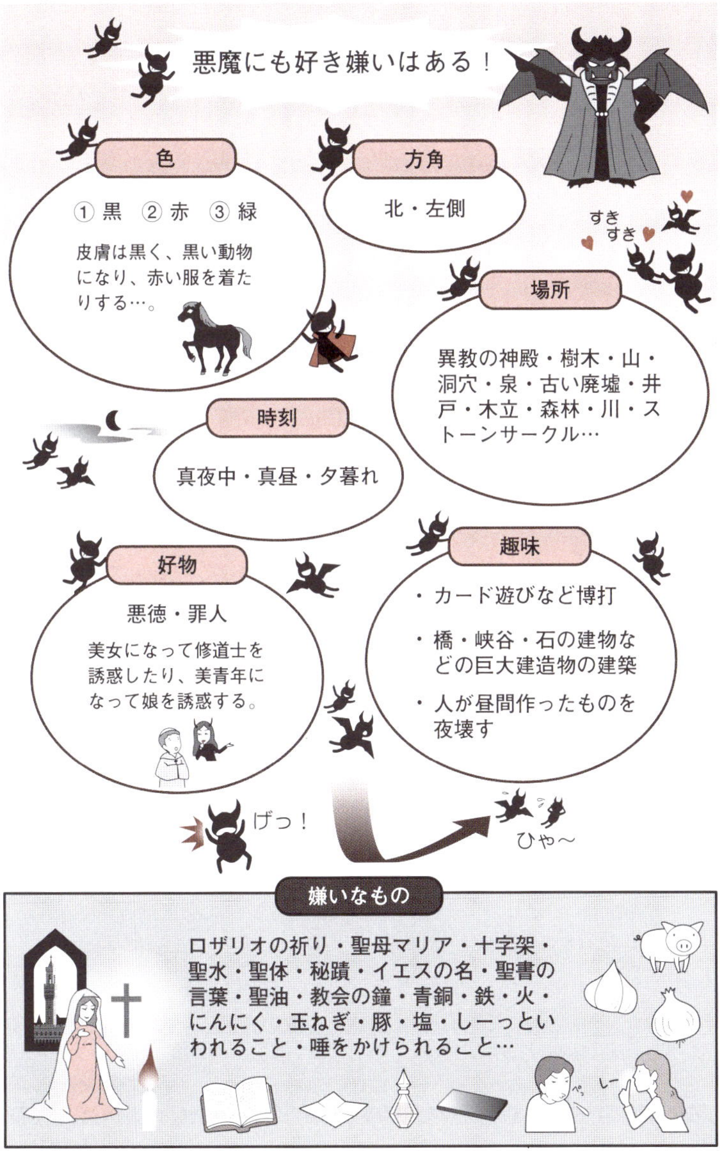
悪魔にも好き嫌いはある！
色
①黒　②赤　③緑
皮膚は黒く、黒い動物になり、赤い服を着たりする…。
方角
北・左側
すき　すき
場所
異教の神殿・樹木・山・洞穴・泉・古い廃墟・井戸・木立・森林・川・ストーンサークル…
時刻
真夜中・真昼・夕暮れ
好物
悪徳・罪人
美女になって修道士を誘惑したり、美青年になって娘を誘惑する。
趣味
・カード遊びなど博打
・橋・峡谷・石の建物などの巨大建造物の建築
・人が昼間作ったものを夜壊す
げっ！
ひゃ〜
嫌いなもの
ロザリオの祈り・聖母マリア・十字架・聖水・聖体・秘蹟・イエスの名・聖書の言葉・聖油・教会の鐘・青銅・鉄・火・にんにく・玉ねぎ・豚・塩・しーっといわれること・唾をかけられること…
しー

No.046

悪魔の仕事

Demons' works

新約聖書の時代には悪魔の仕事といえば神の国の実現を妨害することだったが、後代には人に不都合なことは何でも悪魔の仕業になった。

●どんな些細な不幸も悪魔の仕業

悪魔が盛んに活躍し始めたばかりのころ、つまり新約聖書の時代には悪魔の仕事といえば神の王国が実現するのを妨げることだった。もちろん、いまでもこれが悪魔の最大の仕事だ。そのために悪魔たちは誘惑と憑《ひょう》依《い》を武器にした。サタンが蛇となってアダムとエバを誘惑したように、誘惑は悪魔にとって最大の武器だった。悪魔たちは誘惑によって人々を出世、富、性欲、博打、飲食、娯楽など世俗的な喜びに誘い、信仰を邪魔した。また、悪魔は憑依することで人間を苦しめ、信仰心を曇らせた。神は天国に入る魂が十分な数になるまで神の国の実現を待っていると考えられたので、悪魔にとっては信仰を邪魔することが重要な仕事だったのである。

しかし、時代が下るにつれ悪魔の仕事はどんどんと増えていった。3世紀ころから、人間の死後の世界にも天国と地獄があると考えられるようになった。そうなると、悪魔は自分自身が地獄で苦しめられながら、同時に地獄の支配者として、亡者たちを苦しめる仕事もしていると考えられた。

13世紀に、あるシトー会修道院の院長だったリカルモスという人物にいたっては、その著書の中で、自分に降りかかった不都合をみな悪魔のせいにしている。リカルモスはかつて塀を作るために石を集めたことがあるが、そのときすぐそばで悪魔が『なんて退屈な仕事だ！』と叫んだ。そのために根気が続かなくなってしまったという。また、人を病気にしたり、ふいに大爆笑させたり、聖歌隊席にいるときにいびきをかかせたり、咳やくしゃみをさせたり、ごくりと唾を飲み込ませるのも、腹にガスをためるのも悪魔の仕業だというのである。それはもちろん空中に無数にいる下級の悪魔の仕事だが、この時代には悪魔たちは風邪と同じように人から人へとうつり、そんな些細な仕事にも精を出すようになっていたのである。

悪魔にも仕事がある

悪魔の仕事 →
- 神の国の実現を遅らせる
- 地獄で亡者たちを苦しめる
- 中世にはどんな不都合も悪魔の仕業とされた

下級悪魔たちの仕事

居眠りをさせる
あくびをさせる
いびきをかかせる
咳をさせる
仕事中に退屈させる
くしゃみをさせる
腹にガスをためる
ふいに大爆笑させる
雑音を立てて気を散らさせる

中世には悪魔は風邪のように人から人にうつるもので、せきやくしゃみ、居眠りなど、人の身に起こる不都合なことはなんでもかんでも悪魔の仕業の結果と考えられた。

悪魔の重要な武器

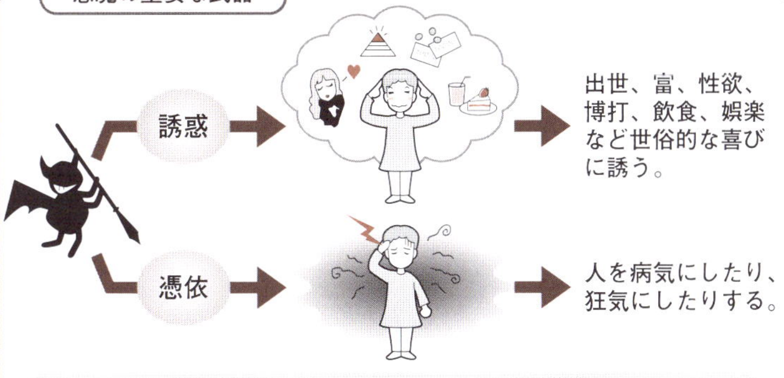
誘惑
出世、富、性欲、博打、飲食、娯楽など世俗的な喜びに誘う。
憑依
人を病気にしたり、狂気にしたりする。

悪魔は誘惑と憑依を武器として人間の信仰を邪魔し、神の国の実現を妨害した。

No.047

悪魔にも家族はいるのか?

Demons' family

ヨーロッパの民間伝承では、魔王サタンはリリトの子であり、「罪」と「死」という子供があり、七つの大罪という孫がいた。

●祖母も孫も存在していた魔王サタンの家族構成

聖書や聖書外典などは悪魔の家族についてあまり語っていない(外典の『エノク書』には堕天使は地上の娘たちと結婚し、巨人の子供たちを作ったとあるが)。それが、民間伝承になると、少なくとも魔王であるサタン=ルシファーについては、その家族構成についてもっと詳細な話がある。

それによれば、サタンには母も祖母も存在している。祖母は古代プリュギアの大母神キュベレを起源とする、絶大な力を持つ恐るべき存在である。母はリリトである。彼女はアダムの最初の妻だったという伝説もある女悪霊である。魔王には祖父や父は存在していない。偉大なサタンは、イエス・キリストと同じように処女から生まれたのである。

サタンにはたくさん妻がいたとされる(天使や悪魔には本来性別はないのだが、一応は男性と想定されているのである)。そして、サタンは7人の娘をもうけたが、その7人というのが七つの大罪だとされた。別な伝説では、サタンには「死」と「罪」という二人の子があり、この二人が近親相姦によって七つの大罪を生んだとされている。七つの大罪とは、傲慢、嫉妬、憤怒、怠惰、強欲、暴食、色欲である。また、終末の時代に出現するアンチキリストもサタンの息子だといわれることがある。

ミルトンの『失楽園』では、ルシファーがまだ天界にあるとき、その頭が割れて「罪」という娘が誕生した。それがあまりに美しい女神だったので、ルシファーは彼女を犯した。その後、ルシファーの軍勢とともに彼女も地獄へ落ち、そこで「死」を出産した。そのときの苦しみから彼女は醜い姿になったが、それはギリシア神話のスキュラそっくりだった。また、「死」は体各部の区別ができないような恐るべき姿で、殺戮の槍を持っていた。そして、「罪」と「死」は神の命令で地獄の門の番人になったのだ。

聖書が語る悪魔の家族

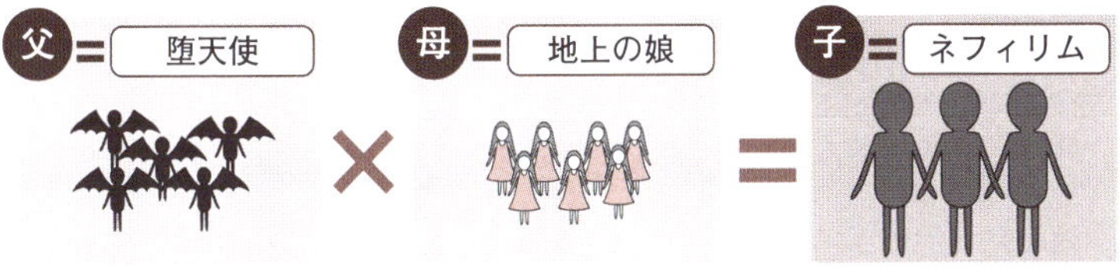
父＝堕天使
母＝地上の娘
子＝ネフィリム

聖書によれば天使と地上の娘らが結婚し、ネフィリムという巨人の種族を残した。

民間伝承が語るサタンの家族構成

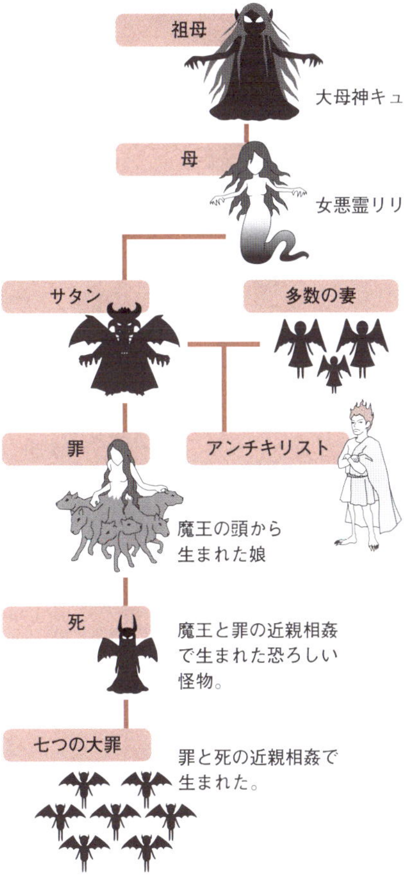
祖母
大母神キュベレを起源とする恐るべき存在
母
女悪霊リリト（サタンの妻だという伝承もある）
サタン
多数の妻
罪
魔王の頭から生まれた娘
アンチキリスト
死
魔王と罪の近親相姦で生まれた恐ろしい怪物。
七つの大罪
罪と死の近親相姦で生まれた。

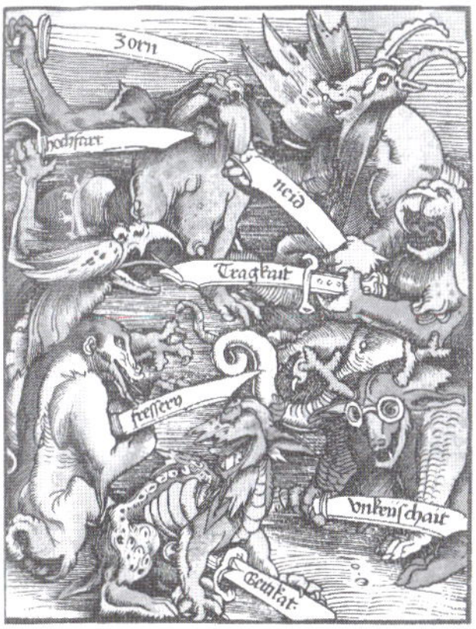
Zorn
hochfart
neid
Tragkait
fressery
vnkeuschait

16世紀の木版画に登場する七つの大罪を表す悪魔。Hofart＝傲慢、Zorn＝憤怒、Neid＝嫉妬、Traghalt＝怠惰、Fressern＝大食、Unkeuschalt＝強欲、Begierde＝好色である。

No.048

愚かな悪魔

Stupid demons

中世ヨーロッパの民衆はただ悪魔を恐れるだけではなく、愚かな悪魔の物語を笑うことで、悪魔への恐怖を和らげる知恵を持っていた。

●悪魔への恐怖を和らげた愚かな悪魔の物語

悪魔といえば恐ろしいものと決まっているが、にもかかわらず、悪魔は愚かであって、たとえ子供でも知恵を使えば打ち勝つことができるという民間伝承も多い。中世ヨーロッパの民衆はそのような物語を語ることで、悪魔への恐怖を和らげようとしたのである。

ある物語では、農夫の前に悪魔が現れてこんなことをいっている。「この世の半分は俺のものだから、収穫物の半分は俺によこすのだ」。農夫は上半分か、下半分かと聞き返す。「上半分だ」と悪魔が応える。そこで農夫は耕した畑にカブを植えた。このため悪魔はカブの葉っぱだけを手に入れることになったのである。悪魔は腹を立て次には「下半分」を要求した。すると農夫は小麦とトウモロコシを植えた。そして悪魔は今度は刈り株だけを手に入れることになったというのである。

子供たちが砂で縄をなえとか、教会の聖書の文字を数えろといって悪魔を大いに困らせる物語もある。蝋燭の火が燃え尽きたら魂を与えるという約束で悪魔に家を建ててもらった職人は、燃え尽きる前に蝋燭の火を吹き消すことで、まんまと家だけ手に入れた。別な男は、自分が死んだら教会の中に埋められても外に埋められても魂をやるといって悪魔と契約して利益を手に入れたが、いざ死ぬときには遺言で教会の壁の中に埋めてもらったのである。

後にカンタベリー大司教になったグラストンの修道院長ダンスタン（909～998年）にはこんな話がある。彼はあるとき鍛冶場で聖餐式用のカップを製作していたが、そこへ悪魔が邪魔しに来た。だが、ダンスタンは怖がらず、火の中から取り出したやっとこでサタンの鼻を力いっぱい挟んだのだ。以来、サタンは二度と彼の邪魔をすることはなくなったという。

民話のきっかけ

愚かな悪魔の民間伝承

↓

子供でも知恵を使えば悪魔を出し抜くことができる。

↓

悪魔への恐怖を和らげる効果あり

グラストンの修道院長ダンスタンが仕事の邪魔をする悪魔の鼻を焼けたやっとこではさんでいる場面。ウィリアム・ホーンの『エヴリデイ・ブック』（1826年）の挿絵に描かれたもの。

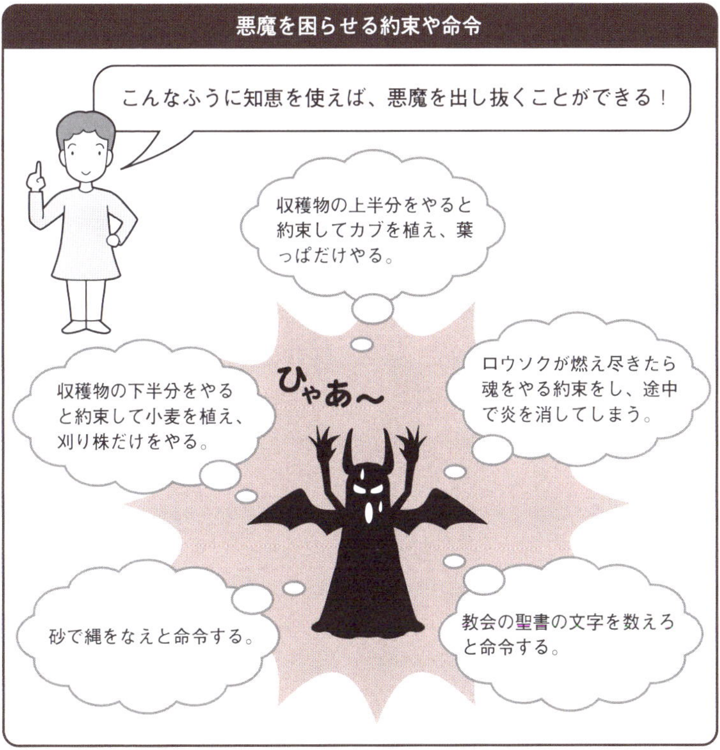
悪魔を困らせる約束や命令
こんなふうに知恵を使えば、悪魔を出し抜くことができる！
収穫物の上半分をやると約束してカブを植え、葉っぱだけやる。
収穫物の下半分をやると約束して小麦を植え、刈り株だけをやる。
ひゃあ～
ロウソクが燃え尽きたら魂をやる約束をし、途中で炎を消してしまう。
砂で縄をなえと命令する。
教会の聖書の文字を数えろと命令する。

No.049

聖アントニウスの見た悪魔

Demons in "Life of St. Anthony"

初期の教父たちにとって悪魔は神学的で観念的なものだったが、悪魔と戦う修道僧の登場でそれは直接的感覚的に実在する存在へと変貌した。

●修道士の幻影が作りだした悪魔のイメージ

アレキサンドリアの司教だったアタナシオスによって360年ころに書かれた『聖アントニウス伝』は孤独な修道僧と悪魔との戦いを描いて中世ヨーロッパの悪魔のイメージに圧倒的な影響を与えた作品である。

その時代にはキリスト教徒の間で修道生活を求める動きが活発になった。修道生活とは世俗から完全に断ち切られた場所で、ただ神のことだけを思う生活を送ることである。ここから修道院制度も興ってくるのだが、初期の修道士はただ一人で荒野に出て耐久生活を送った。このために彼らはしばしば誘惑的な幻覚や幻影に襲われたが、それはすべて悪魔の仕業と考えられた。修道士として荒野に出ることはデーモンの群れと戦うことであり、キリストとサタンとの宇宙的闘争に参加することだったのだ。名を知られている最初の修道士である**聖アントニウス**の場合も同じだった。『聖アントニウス伝』にはそんな彼と悪魔との闘争が生き生きと描かれているのだ。

それによれば、悪魔は実にさまざまな方法で、アントニウスの修道生活を挫折させようとした。悪魔はどんな姿にもなれるが、あるときは善の天使や修道士や主の姿をとり、表面的には正しいことをいって彼を別な道に進ませようとした。全身が真っ黒な男の子として出現し、同情を買おうとしたこともあった。世俗的な富や馬鹿騒ぎや栄光の幻覚を見せることもあった。また、セクシーな女の姿で出現して誘惑した。恐怖による攻撃もあった。あるときは悪魔たちがライオン、熊、豹、牡牛、大蛇、エジプトコブラ、サソリ、狼の姿でうごめき回り、吠えたり、角を突き出したりした。地震を起こしたり、戦闘の幻影を見せただけでなく、一団のデーモンがアントニウスを鞭打って苦しめることさえあったのである。

こうした物語によって悪魔は直接的感覚的に実在するものとなったのだ。

聖アントニウスの伝説

『聖アントニウス伝』＝作者　4世紀のアレクサンドリア司教アタナシオス

▼

孤独な修道僧と悪魔との戦いを描く

▼

後の悪魔像に圧倒的影響

▼

悪魔は直接的感覚的に実在するものとなる

聖アントニウスを苦しめた悪魔

世俗の富・宴会・栄光の幻覚
子供の姿で同情させる
天使や修道士や主の姿で道を誤らせる
ライオン・熊・豹などの動物となって恐れさせる
女の姿で誘惑

ドイツの画家マーティン・ショーンガウアー（1445頃～91）によるエングレーヴィング『悪魔に苦しめられる聖アントニウス』。

修道士として荒野に出ることは、キリストとサタンとの宇宙的闘争に参加することだった。

用語解説

●**聖アントニウス**→伝承によれば251年～356年。現在名を知られている最初の修道僧。エジプト生まれで20歳ころから独住修士の生活を送り、後になって最初の修道院を開いたといわれている。

No.050

タンデールの見たサタン

Satan in “Vision of Tundale”

12世紀に作られた傑作『タンデールの幻』は地獄の底で焼かれながら亡者を苦しめている巨大なサタンのイメージを不動のものにした。

●地獄の底で亡者をむさぼる巨大なサタン

1149年にアイルランドの僧によって書かれた地獄めぐりの物語『タンデールの幻』は、文学や美術に登場する魔王ルシファー＝サタン像の歴史に新しい一ページを書き加えることになった傑作である。物語の中で、騎士タンデールは罪人として処刑され、ほとんど死にかけるが、そこに守護天使が現れ、彼の魂を地獄と天国の旅へ導いた。この旅でタンデールの見た地獄の風景はごく一般的なものだが、そこで見た悪魔の姿は衝撃的だった。

悪魔の一人は、地上のどんな山よりも大きな獣で、燃える炎のように目が光り、大きな口を開け、顔からは炎が噴き出していた。別な悪魔は首が長く、鉄の嘴《くちばし》と爪、二つの足と二つの翼があった。彼は氷の池に座り込み、霊魂をむさぼり食っていたが、霊魂はすぐに排泄され、もとの姿に甦り、同じことが繰り返された。それからタンデールはついに闇の君主を見た。それはこれまで見た中で最も巨大な獣で、真っ黒で、人間の身体だが、尾があった。何千本もある腕の一本一本の長さが100**キュビト**、太さが10キュビトもあった。手にはそれぞれ20本の指があり、指の長さは100**パーム**、幅10パームもあった。手足の爪は騎士の槍より長く、長くて厚い嘴があり、長く鋭い尾があり、尾には釘が生え、亡者の霊魂を傷つけていた。この獣は鉄と青銅の鎖で手足を縛られ、燃える石炭の上の格子に寝ており、まわりでデーモンの大群がふいごで風を送って火を焚きつけていた。そして、その獣が息を吐くと亡者の霊魂が地獄中に吐き出され、息を吸うとその霊魂が再び吸いこまれ、口の硫黄の中に落ちた。そして獣はそれをかみ砕いた。これが地獄の底のルシファーだったのである。

この強烈なイメージはダンテの『神曲』にも影響を与えるなど、その後のルシファー像の一つのパターンになったものである。

タンデールの見た悪魔

『タンデールの幻』＝12世紀のアイルランド僧が書いた地獄めぐりの物語

▼

新しいルシファー像を作る

▼

ダンテの『神曲』にも影響を与える

悪魔1

顔から炎が噴出
炎のように光る目
巨大な口
どんな山より巨大

悪魔2

鉄の嘴
二つの翼
霊魂を食う
首が長い
2本の足
鉄の爪
食った霊魂を排泄

魔王ルシファー

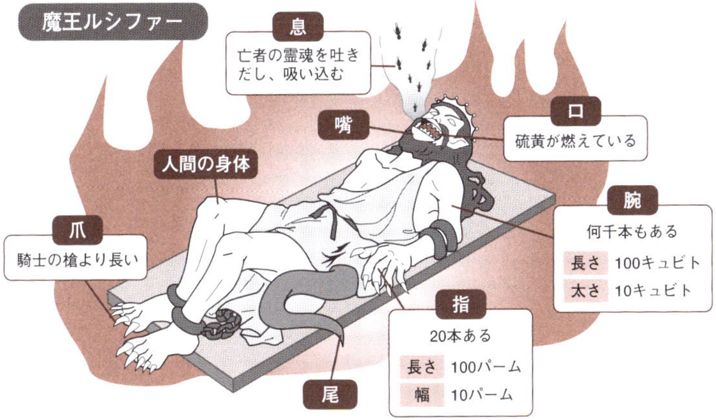
息
亡者の霊魂を吐きだし、吸い込む
嘴
口
硫黄が燃えている
人間の身体
腕
何千本もある
長さ 100キュビト
太さ 10キュビト
爪
騎士の槍より長い
指
20本ある
長さ 100パーム
幅 10パーム
尾

ルシファーは地獄の底の燃える石炭の上の格子に縛られ、焼かれている。

用語解説

●1キュビト→約45cm　●1パーム→約7.5cm。

No.051

『神曲』の悪魔

Satan and Demons in "The Divine Comedy"

中世最大の詩人ダンテが描くサタンは地獄の底に囚われながらも恐るべき地獄の皇帝としてあたり一面に負のパワーをまき散らしている。

●神から最も遠い宇宙の中心にいるサタン

中世最大の詩人ダンテ（1265～1321年）が書いた『神曲』は、悪魔の発達史の中で最も重要な意味を持つ文学作品の一つである。この作品では、神とサタンがちょうど二つの極になるように宇宙が作られている。その宇宙では中心にあるのは地球で、そのまわりに10層の天がある。その第十天の外側に神の座がある。サタンがいるのはそこから最も遠い場所、つまり宇宙の中心の地球だった。地球にはロート状の深い谷があり、その最深部は地球の中心に達していた。そこにサタンがいるのだ。ダンテによれば、サタンはもとルシファーであり、天界で最も美しい天使だったが、高慢から天界を追放され、醜い悪魔になった。このとき、地球は落ちてくるサタンに触れるのを嫌い、身をよじった。すると、地球に裂け目が生じ、その最深部にサタンが突き刺さったのだ。この谷は同時に地獄でもある。地獄には円周状の圏が上から順に全部で9個あり、下に行くほど過酷な地獄になっている。最深部にあるのは最悪の罪人が落ちる反逆地獄で、その真ん中にジュデッカという氷の世界がある。そこでサタンは腰まで地中に埋まり、恐ろしげな毛むくじゃらの巨大な上半身を地上に突き出している。蝙蝠のような翼が6枚あり、その翼の起こす風であたりが凍りつく。頭が三つあり、顔は赤く、それぞれの口に罪人をくわえている。キリストを裏切ったイスカリオテのユダ、カエサルを裏切ったブルートゥスとカッシウスだ。

『神曲』の地獄にはもちろんサタンのほかにも悪魔がいるが、その多くは第7圏にいるハルピュイアイのように、ギリシア神話の怪物が基本になっている。ただ、第8圏の悪の濠（マレボルジェ）にいる12名のマレブランケという悪魔は独特で、獰猛な面構えをしており、尖った肩、2本の牙、鋭い爪、翼があるとされている。

ダンテの描いた悪魔

『神曲』→ 中世最大の詩人ダンテ・アリギエーリの作品
悪魔史の中で最も重要な文学作品の一つ

地球の中心にいる『神曲』のサタン

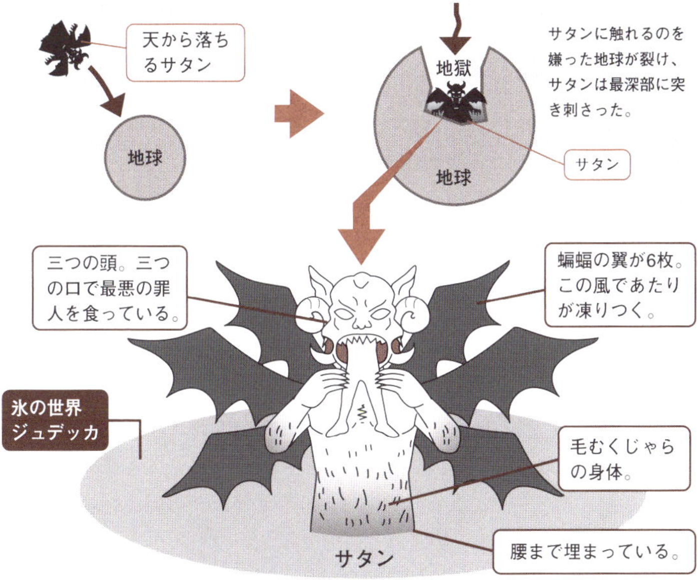
天から落ちるサタン
地球
地獄
地球
サタンに触れるのを嫌った地球が裂け、サタンは最深部に突き刺さった。
サタン
三つの頭。三つの口で最悪の罪人を食っている。
蝙蝠の翼が6枚。この風であたりが凍りつく。
氷の世界ジュデッカ
毛むくじゃらの身体。
腰まで埋まっている。
サタン

地獄第8圏にいるマレブランケ

獰猛な顔
尖った肩
2本の牙
鋭い爪
翼

マレブランケの特徴

『神曲』に名のある12名

頭領マラコーダ	バルバリッチャ
スカルミリオーネ	アリキーノ
カルカブリーナ	カニャッツォ
リビコッコ	ドラギニャッツォ
チリアット	グラッフィアカーネ
ファルファレルロ	ルビカンテ

No.052

ベリアルの裁判

The lawsuit of Belial

キリスト教の裁判制度が広く普及するにつれ、ついに悪魔たちまでが裁判によって自分たちの権利を守る時代がやってきた。

●悪魔界にも浸透した教会の裁判制度

ヨーロッパでは中世の間に教会法が発展し、広く適用されるようになったが、12世紀になると悪魔までが裁判に訴えるという物語が作られるようになった。その種の物語の最も有名なものが、1382年のテラモのヤコブの作とされる『ベリアルの裁判』である。

新約聖書外典『ニコデモ福音書』(3世紀ころ成立) などで語られているキリスト教の伝説に、次のようなものがある。イエスはゴルゴタの丘で十字架刑に処されて3日後に復活するが、その3日の間に地獄に下り、そこに囚われていたすべての罪人を解放し、天国へ送ったというのだ。その結果、地獄は空っぽになってしまった。これに対し、地獄の権利者であるサタンが裁判に訴えるというのが『ベリアルの裁判』の物語である。

サタンは悪魔の利益を代表する代理人にベリアルを立て、地獄から送り出した。ベリアルは法律問題に詳しい悪魔として有名だからである。

ベリアルは告訴状を持って神の前に行き、イエスの犯罪を取り調べることを要求した。告訴状の内容は、「イエスという人物が不法にも地獄の権利を犯し、地獄、海、大地、大地に住むすべてのものの支配権を奪った」というものだった。これを見た神は裁判官としてソロモン王を選んだ。訴えられたイエスは弁護人としてモーセを要求した。

ベリアルは裁判を有利にするためにソロモン王の前で踊ったりしたが、結果は思わしくなかった。そこでベリアルは調停を申し立て、エジプト王の代理ヨセフ、ローマ皇帝オクタビアヌス、預言者エレミヤ、預言者イザヤ、アリストテレスの5人が委員となって問題を討議した。その結果、イエスはやはり無罪となったが、サタンは最後の審判の日に地獄に落とされる罪人たちすべてを自分のものとする権利を手に入れたのである。

ベリアルが主張するイエスの犯罪

ベリアルの裁判 → 悪魔が裁判を起こす物語の代表作
1382年、テラモのヤコブ作

ベリアル

『ベリアルの裁判』（15世紀版）の木版挿絵。地獄の入口（レビヤタンの口）で悪魔ベリアルが仲間と相談している。

ベリアルが主張するイエスの犯罪

地獄の罪人たち
訴えてやる！
なにしてくれるんじゃい
ムキー
地獄
ベリアル
イエス

イエスは冥府へ下り、地獄の門を破り、地獄にいた罪人をみな解放してしまった。

5人の調停委員による判決

無罪
イエス
大きな権利
結果オーライ
サタン

イエスは無罪となった。

悪魔側は、最後の審判の日に地獄に落ちる罪人たちを支配する権利を得た。

No.053

悪魔の三位一体とは？

Satan's Trinity

ダンテ『神曲』に描かれた3頭のルシファー、『ヨハネの黙示録』に登場するサタン、アンチキリスト、偽預言者が悪魔の三位一体とされた。

●聖なる三位一体に対応する悪魔の三位一体

キリスト教には、「父なる神」と「子なるイエス・キリスト」と「聖霊」は三つの存在でありながらその実体は一つであるという考えがあり、それを三位一体といっている。これはいうなれば聖なるものの三位一体である。

これに対して、悪魔にも三位一体があるという考えが古くからあった。

そもそも三位一体の概念自体は非常に古いものである。ギリシア神話で地獄の番犬として有名なケルベロスは三つの頭を持っているが、これは地獄の三位一体と解釈することができる。

では、キリスト教の悪魔の三位一体はどのようなものかといえば、最も有名なものの一つがダンテ『神曲』に描かれた魔王ルシファーである。このルシファーは地獄の最深部にあるジュデッカという氷の世界に胸まで埋められて閉じ込められているが、その頭は三つあり、その三つの口で「イエスを裏切ったユダ」、「カエサルを暗殺したブルートゥス」と「カッシウス」という極悪人3人を噛みちぎっているのである。イタリアの彫刻家ベンヴェヌート・チェッリーニ（1500～71年）はこの三つの頭は、権力・叡智・愛を表す聖三位一体に対応する魔王の三位一体であり、それぞれ無力・無知・憎悪を表すといっている。

『ヨハネの黙示録』に登場する悪魔の三位一体も有名である。この書の13章に、終末間近の大きな苦難の時代に人類を苦しめる3匹の怪物の話がある。「海から上がってきた10本の角と七つの頭を持つ獣」と「竜」と「地中から上がってきた2本の角を持つ獣」である。ここで、「海から上がってきた獣」はアンチキリスト、「竜」はサタン、「地中から上がってきた獣」は偽預言者の象徴といわれているのだが、この3者が黙示録における悪魔の三位一体と考えられたのである。

三位一体とは

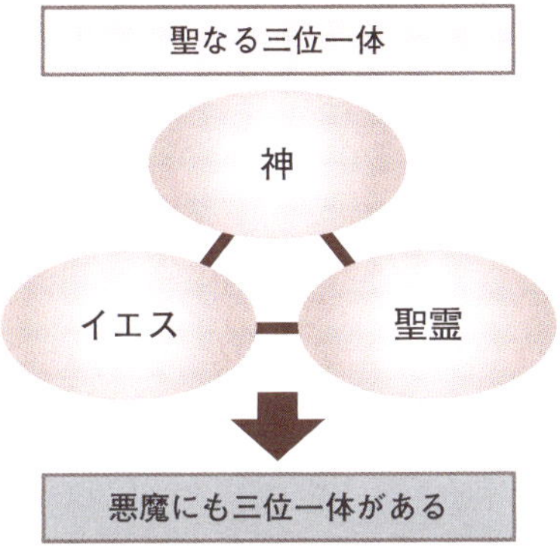

ギリシア神話の地獄の番犬ケルベロスの三つの頭も地獄の三位一体の象徴と解釈されている。

有名な悪魔の三位一体

『神曲』のサタンの三位一体

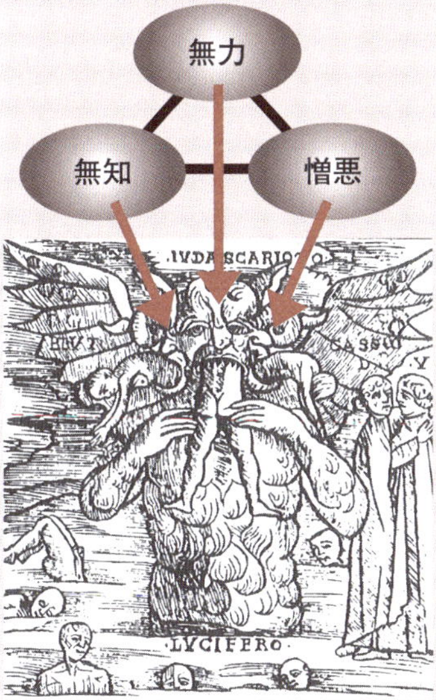

ダンテの『神曲』（1321）16世紀版の挿絵に描かれたサタン。この三つの頭は魔王の三位一体で、無力・無知・憎悪を表すという。

『黙示録』の悪の三位一体

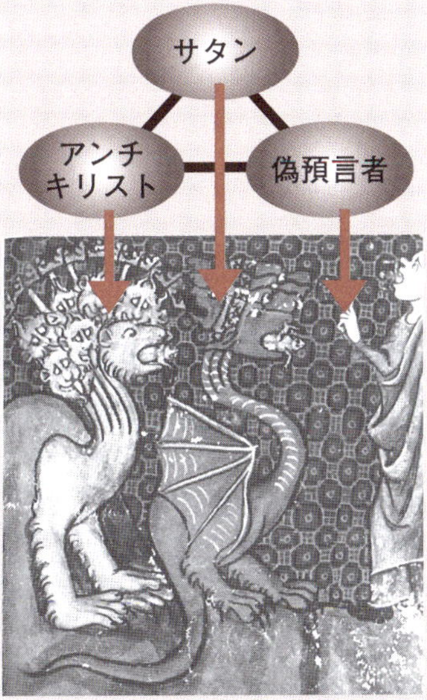

『黙示録』の中世の写本の挿絵。この竜（サタン）・獣（アンチキリスト）・偽預言者が古くから悪魔の三位一体とされてきた。

No.054

悪魔と四大元素は関係あるのか？

Demons and four elements

ヴィザンチンの哲学者プセルスは、火・風・水・土の四大元素の世界と地下および夜の世界に悪魔たちが階級に分かれて住み分けていると考えた。

●悪魔は陸・海・空中のどこにでも群がっている

ヨーロッパでは古代からこの世の物質はすべて火・風（空気）・土・水の四大元素からできていると考えられていた。それで、哲学者や神学者たちの中には悪魔を四大元素との関係で分類する者もいた。

5世紀のローマの哲学者プロクルスは悪魔を五つに分類したが、そのうちの4種類は火・風・土・水の四大元素と関わる悪魔だった。そして地下に住む悪魔たちが5番目の集団とされた。

11世紀のヴィザンチンの哲学者**ミカエル・プセルス**はそれにまた1種類を加え、次のような6種類に分類した。

1番目は最後の審判の日まで空の上に住み、人間とはかかわりを持たない最高位の火の悪魔〈レリウーリア〉である。2番目は人間の周囲にある空中に住んでいる風の悪魔〈アエリア〉である。彼らは地獄まで降りることもできるし、暴風雨を起こすこともできる。また、空気から肉体を作って人前に出現することもできる。3番目は地の悪魔〈クトニア〉だが、彼らはキリスト教の伝承で天から地へと投げ落とされた悪魔、つまり堕天使たちで、その辺の山野に住んでいるという。4番目は川や湖などに住む水の悪魔〈ヒュドライア〉または〈エナリア〉である。この悪魔たちは海で嵐を起こしたり、人を溺れさせたりするもので、喜怒哀楽が激しく、女性であることが多い。5番目は山の洞窟などに住む地中の悪魔〈ヒュポクトニア〉である。非常に卑しく、地震を起こして、坑夫のように地中で働く者を苦しめるのである。6番目は昼間は姿を見せず、夜の間だけ肉体を得て行動する最下位の太陽を憎む悪魔〈ミソパエス〉で、吐く息だけで人を殺せる恐ろしい悪魔である。しかし、この分類はあまりキリスト教的ではなかったので、広く人々の信じるところとはならなかった。

悪魔の要素

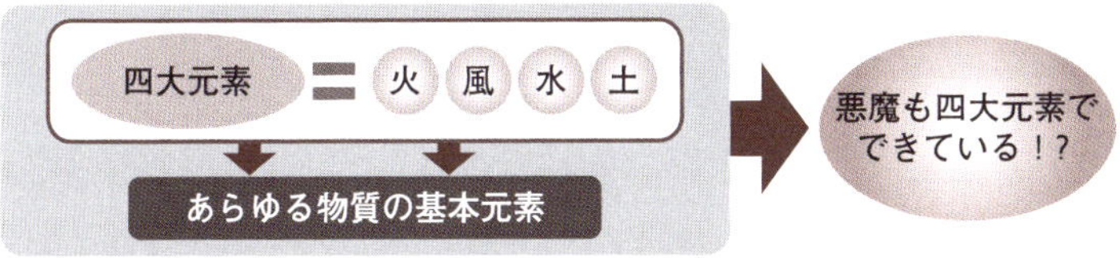
四大元素
火
風
水
土
あらゆる物質の基本元素
悪魔も四大元素でできている！？

プセルスによる6種類の悪魔

天球
天界
火の悪魔 〈レリウーリア〉
最高位の栄光のデーモン
月
空中
風の悪魔 〈アエリア〉
空中から地獄まで自由に往来する
地上
地の悪魔 〈クトニア〉
天から投げ落とされた堕天使たち
地球
海・水
水の悪魔 〈ヒュドライア〉または〈エナリア〉
ほとんどが女性で海難事故などを起こす
地下
地中の悪魔 〈ヒュポクトニア〉
非常に卑しく、坑夫等を困らせる
夜の世界
太陽を憎む悪魔 〈ミソパエス〉
夜だけ行動する、邪悪な、理解不能の悪魔

　プセルスによれば、最高位の悪魔は天界にとどまったまま人間の感覚には直接に、知性には間接的に働きかけ、人を悪に誘うことができる。しかし、下位の悪魔たちの心性は粗野な動物に近づき、人に憑依して動物のような振る舞いをさせる。人間の言葉を話せる悪魔もいる。最下位の悪魔は知性も意思もなく、憑依された人間は目、口、耳がきかなくなるという。

用語解説

●**ミカエル・プセルス→**1018～1078年。ヴィザンツ帝国の有力な顧問官で、コンスタンティノポリス大学の哲学教授。

No.055

悪魔の位階

Demon hierarchy

エクソシストのミカエリス神父によれば、悪魔の階級は天使の階級に対応しており、大きく３階級に分かれ、全部で９階級があるという。

●悪魔バルベリトが証言した悪魔の位階

新約聖書にあるパウロの文書『エフェソの信徒への手紙』(1章20～21節)に次のようにある。「神《かみ》は、この力《ちから》をキリストに働《はた》かせて、キリストを死《し》者《しゃ》の中《なか》から復活《ふっかつ》させ、天《てん》において御自分《ごじぶん》の右《みぎ》の座《ざ》に着《つ》かせ、すべての支配《しはい》、権威《けんい》、勢力《せいりょく》、主権《しゅけん》の上《うえ》に置《お》き、今《いま》の世《よ》ばかりでなく、来《く》るべき世《よ》にも唱《とな》えられるあらゆる名《な》の上《うえ》に置《お》かれました。」ここから天界にも階級があるだろうことが想像できる。そこで、5世紀に偽ディオニシウス（p.80参照）が天使の位階をまとめた。それは天使を大きく3階級に分けるものだが、その後のキリスト教の天使学にも受け入れられ、多大な影響を及ぼすことになった。つまり、天使には位階があるということだ。

では、悪魔はどうかといえば、悪魔は堕天使であり、もとは天使だったわけだから、天使時代に位階を持っていたはずである。そしてそれが、堕天後の悪魔の位階となった可能性が高い。とすれば、天使時代の位階がわかれば、悪魔の位階もわかるということだ。問題はどうやってそれを知るかということだが、偶然にもその機会を手に入れた人物がいた。有名なエクソシスト（悪魔祓い師）**セバスチャン・ミカエリス**神父である。

16～17世紀のヨーロッパでは悪魔憑き事件が流行し、頻繁に悪魔祓いが執行された（p.184参照）。1610年にはフランスのエクサン＝プロヴァンスの女子修道院で悪魔憑《つ》き事件が起きた。修道女マドレーヌに多数の悪魔が憑依したのだ。ここにミカエリス神父がやって来て悪魔祓いを行った。そして神父はマドレーヌに憑依していた悪魔バルベリトから、彼女に憑依していたほかの多数の悪魔の名前や特徴、それと戦う個別の聖者の名前などを聞き出した。神父は後にそれを『驚嘆すべき物語』という本に収めたが、その内容は天使の3階級と対応する悪魔の3階級説として有名である。

位階の前提

悪魔の位階 ＝ 天使だった時の位階

●偽ディオニシウスの天使の位階

第一階級	熾天使	第二階級	主天使	第三階級	力天使
	智天使		権天使		大天使
	座天使		能天使		天使

注）天使の位階が上位のものほどそれだけ神と類似している。

●『驚嘆すべき物語』にある重要な悪魔の位階

	名前	天使時代の位階	誘惑する罪	敵対聖者
第一階級	ベルゼブブ	熾天使の君主	驕慢	聖フランチェスコ
	レビヤタン	熾天使の君主	不信仰	聖パウロ
	アスモデウス	熾天使の君主	貪欲・不貞	洗礼者聖ヨハネ
	バルベリト	智天使の君主	殺人・冒涜	聖バルナバ
	アスタロト	座天使の君主	怠惰	聖バルトロメオ
	ウェリネ	座天使の2位	短気	聖ドミニコ
	グレシル	座天使の3位	不浄・不潔	聖ベルナルドゥス
	ソネイロン	座天使の4位	敵への憎悪	聖ステパノ
第二階級	カレアウ	能天使の君主	頑固	聖ウィンケンティウス
	カルニウェアン	能天使の君主	猥褻・厚顔無恥	福音書記聖ヨハネ
	オエイレト	主天使の君主	贅沢	聖マルティヌス
	ロシエル	主天使の2位	恋情	聖バシリウス
	ウェリエル	権天使の君主	不従順・肩こり	聖ベルナルドゥス
第三階級	ベリアス	力天使の君主	傲慢・見栄・不貞	聖フランチェスコ
	オリウィエル	大天使の君主	残酷・無慈悲	聖ラウレンティウス
	イウウァルト	天使の君主	（情報なし）	（情報なし）

注）ベルゼブブはルシファーに次ぐ悪魔である。ここにルシファーの名がないのは修道女マドレーヌに憑依していなかったからである。また、敵対する聖者の名を知っておくと悪魔祓いのときに有効なだけでなく、あらかじめその聖者に祈っておくことで悪魔の召喚もより安全に行える。

用語解説

●セバスチャン・ミカエリス→エクソシストとして17世紀に活躍したフランドルの宗教家で1612年に『驚嘆すべき物語』を発表した。

No.056

『悪魔の偽王国』

Pseudomonarchia Daemonum

人間世界の王国がどんどん大きくなり複雑化したように、地獄の悪魔王国も巨大化し、職務構成も複雑になっていった。

●『ゲーティア』の原型ともいわれる悪魔の名簿

16世紀になると地獄の悪魔王国の組織に関してそれまでにない非常に詳しい説明を載せた本が登場した。それはオランダ南部生まれの医師ヨーハン・ヴァイヤー（1515～88年）の主著『悪魔の幻惑について』（1577年）の付録として書かれた『悪魔の偽王国』で、ここに多数の軍団を配下に従える悪魔界の重鎮たちの名簿とその役職、特徴などの詳細な説明が載せられたのである。名簿とは別に悪魔召喚に適した時間や儀式についての説明もある。その内容は『ソロモン王の小さな鍵』の第1章「ゲーティア」にあるソロモン王の72悪魔の記述と非常に類似しているので、この書こそゲーティアの原型ではないかといわれることがあるほどだ。

たとえばバエルはこうなっている。――バエルは地獄界随一の王であり、その支配地は東方にある。呪文で呼び出されると三つの頭――ヒキガエルと人間と猫の頭を持った姿で現れる。彼は馬の声で話し、人間の姿を見えなくすることができる。66軍団の悪魔たちを支配下に置いている。

ブエルはこうだ。――ブエルは偉大な長官で五芒星のような星形に見える。倫理学、自然学、論理学の大家で、薬草に大きな関心を持っている。彼は人間に親しみのある使い魔を送り、すべての病気を治し、人間を熟知している。50軍団の悪魔を支配している。

もちろん「ゲーティア」と違う点もある。ゲーティアに記載されている悪魔は72体、『悪魔の偽王国』は69体で配列が違う。ゲーティアには各悪魔ごとに紋章が載せられているのに、こちらにはないことなどである。なお、著者のヴァイヤーは非常に優れた医師であり、憑依は精神の錯乱だと見抜き、当時の魔女狩りの行き過ぎたやり方を他に先駆けて批判した人々の一人である。

『悪魔の偽王国』にある主要69悪魔と役職

『悪魔の偽王国』
ヨーハン・ヴァイヤー作
→ 悪魔王国の詳細な組織を紹介

	名前	役職
1	バエル	東方の王
2	アガレス	東方の公爵
3	マルバス	長官
4	プルフラス	王子、公爵
5	アモン	侯爵
6	バルバトス	伯爵、公爵
7	ブエル	長官
8	グソイン	公爵
9	ボティス	長官
10	バシム	公爵
11	プルサン	王
12	エリゴル	公爵
13	ロレイ	侯爵
14	ヴァレファル	公爵
15	モラクス	伯爵、長官
16	イペス	伯爵、王子
17	ナベリウス	侯爵
18	グラシアラボラス	長官
19	ゼパール	公爵
20	ビレト	王
21	シトリ	王子
22	パイモン	王
23	ベリアル	王
24	ブネ	公爵
25	フォルネウス	侯爵
26	ロネヴェ	侯爵、伯爵
27	ベリト	公爵
28	アスタロト	公爵
29	フォラス	長官
30	フールフール	伯爵
31	マルコシアス	侯爵
32	マルファス	長官
33	ヴェパール	公爵
34	サブナク	侯爵
35	シドナイ	王
36	ガアプ	長官、王子
37	チャクス	侯爵
38	プセル	公爵
39	フルカス	騎士
40	ムールムール	公爵、伯爵
41	カイム	長官
42	ラウム	伯爵
43	ハルファス	伯爵
44	フォカロル	公爵
45	ヴィネ	王、伯爵
46	ビフロンス	（情報なし）
47	ガミジン	侯爵
48	ザガム	王、長官
49	オリアス	侯爵
50	ヴォラク	長官
51	ゴモリー	公爵
52	デカラビア	（情報なし）
53	アムドゥシアス	公爵
54	アンドラス	侯爵
55	アンドロアルファス	侯爵
56	オゼ	長官
57	アイム	公爵
58	オロバス	王子
59	ヴァプラ	公爵
60	シメリエス	侯爵
61	アミィ	長官
62	フラウロス	公爵
63	バラム	王
64	アロセル	公爵
65	ザレオス	伯爵
66	ウアル	公爵
67	ハアゲンティ	長官
68	フェニックス	侯爵
69	ストラス	王子

No.057

『失楽園』の悪魔軍団

Demons in “Paradise Lost”

英国の詩人ジョン・ミルトンの叙事詩『失楽園』では聖書由来の異教の神々のほかにも、エジプトの神々などが堕天使の仲間とされている。

●サタン中心に語られたアダムとエバの物語

『失楽園』（1667年刊）は英国の詩人ジョン・ミルトン（1608～74年）の叙事詩で、天界を追放されて地獄に落とされたサタン（ルシファー）が神への復讐のためにエデンの園にいたアダムとエバを堕落させるという物語である。ミルトンは悪魔学者ではないが、『失楽園』で語られた物語はその後の悪魔学にとって一つの基準となっている。

『失楽園』によれば、ある時期までこの世界には地球を中心にした物質的宇宙はなかった。すべては神が造ったが、そこにあるのは天国と天使だけで、それ以外は混沌だった。そんなあるとき神は御子（イエス）を創造し、彼を天使の首領にすると宣言した。サタンがこれに怒り、全天使の3分の1を味方につけて、神に反対した。サタンの天使時代の階級は曖昧で、最高位ではなかったが高い階級だったとされている。集まった反乱軍の前でサタンは演説したが、怒りのあまり彼の頭が割れて「罪」という娘が生まれ、サタンと「罪」の間に「死」という息子も誕生したという。

　こうして始まった天界の戦争は激しかった。最後には天界の山々を根こそぎ引き抜いて互いに投げ合った。だが、天界の数え方で3日目に神から御子が派遣され、一気に決着した。無数の雷霆《らいてい》攻撃に追い立てられた反逆天使たちは天の境の水晶の城壁の裂け目から、はるかに下方の奈落の底にある地獄に落ちたのである。『失楽園』の場面はそこから始まる。暗黒と炎の地獄に倒れ伏す無数の堕天使、悪魔たちの中からまずサタンが立ち上がり、みなを結集し、ある計画を立てる。このときまでに神は新しく物質的宇宙を作り、そこにあるエデンの園にアダムとエバを住まわせていた。それがどのようなものかサタンが探索に出るというのだ。このため、やがてアダムとエバはサタンの誘惑で堕落することになるのである。

『失楽園』に名前のある主要な悪魔

『失楽園』
ジョン・ミルトン作
→ サタンがアダムとエバを堕落させる物語
→ 多数の悪魔が登場する

名称	出自
サタン	天使時代の名はルシファーだが堕天してサタンとなった。『失楽園』ではルシファーという名は三度しか用いられていない。
ベルゼブブ	サタンに次ぐ地位の副官。古代のエクロンの神。
モロク	古代のアンモン人の神モレク。
ケモシ	古代のモアブ人の神ケモシュ。
バアル	古代フェニキアの男性の豊穣神。
アスタロト	古代フェニキアの女性の豊穣神。
タンムズ	植物の死と再生を象徴するフェニキアの神。
ダゴン	古代フェニキアの農業神。半人半魚の海の怪物になっている。
リンモン	古代シリア人の風雨の神。
オシリス	古代エジプトの冥界神。
イシス	古代エジプトの女神。オシリスの妹にして妻。
ホルス	古代エジプトの神。オシリスの息子。
ベリアル	堕天使。堕天した天使の中で最もみだらで不埒だとされている。
ティタン族	古代ギリシアの古い神々。
アザゼル	堕天使。もと智天使だったとされている。
マンモン	富（古代シリア語で“マンモン”）が擬人化したさもしい悪魔。『マタイによる福音書』（6章-7節）に「あなたがたは、神と富（マンモン）とに仕えることはできないとある」ため、悪魔とされるようになった。『ソロモン王の小さな鍵』にはアマイモンという名で言及がある。
ムルキベル	ギリシア神話の鍛冶の神へパイストス。地獄に万魔殿を築いた。
アデランメレク	古代セファルワイム人の神（『列王記下』）。もと座天使だという。
アスモデウス	堕天使アスモデウス。もと座天使だという。
アリエル	「神の獅子」という名の堕天使。天使学では水を支配する七天使の一人とされるが、ここでは悪魔になっている。
アリオク	「獅子のような者」という名の堕天使。中世のカバラ主義者によって復讐の悪霊と考えられた。
ラミエル	「神の雷霆」という名の堕天使。『シビュラの託宣』では人間の魂を神の審判の場に連れ出す五天使の一人である。
ニスロク	古代アッシリアの神。権天使の首領だったという。

No.058

悪魔の数字 666

Satan's Number "666"

「獣の数字」「悪魔の数字」といわれる「666」は、カバラの数秘術ゲマトリアを利用することで、ローマ皇帝ネロを指すことがわかる。

●50+200+6+50+100+60+200＝666となる秘密

「666」は『ヨハネの黙示録』に登場する「黙示録の獣」の名とされる数字である。この獣はキリスト教の伝承ではアンチキリストのもう一つの姿だと解釈されてきた。それゆえ、「666」は「獣の数字」「悪魔の数字」といわれ、それ自体が不吉なものと考えられているのだ。

だが、「666」とは何か？　何を意味しているのか？

一番有名な説は、1世紀のローマ皇帝ネロを指すというものだ。皇帝ネロを表すヘブライ語は**nrwnqsr**、これをカバラの数秘術ゲマトリアで計算すると666が得られるからである。

歴史的にも、ネロはローマ帝国による最初のキリスト教徒迫害事件を首謀した皇帝なので、アンチキリストにふさわしい存在である。紀元68年にネロは自殺したが、実は彼は死なず、兵を集めるためにパルティアに逃れたのであり、やがて敵を倒してローマ再建のために戻ってくるという噂が流れた。そして、紀元100年ころには、ネロはメシアに対する黙示的な敵対者アンチキリストとして描かれるようになっていたのである。また、アルメニア語のアンチキリストにあたる言葉nerhuはギリシア語のNeron（ネロ）の翻字として作られているほどである。

もちろん、現代でも終末論者などは666を大いに利用する。1980年代、アメリカの予言者メアリー・スチュアート・レルフはこんなことを主張した。すでにこの世の終わりは近づいており、クレジットカードやバーコードなどに666の数字が入り込み、広く普及している。これを「666システム」というが、間もなくアンチキリストが現れ、追随者たちの額に666のコードを刻印し、特別なクレジットカードを発行する。だから、真のキリスト教徒はクレジットカードなど使ってはいけないというのである。

「666」が皇帝ネロを表す理由

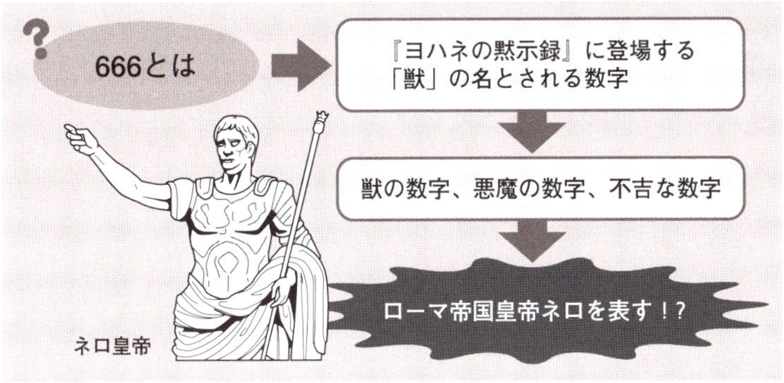
666とは
『ヨハネの黙示録』に登場する
「獣」の名とされる数字
獣の数字、悪魔の数字、不吉な数字
ローマ帝国皇帝ネロを表す！?
ネロ皇帝

カバラの数秘術ゲマトリアでは、アルファベットそれぞれに数値が割り当てられている。それに基づいて「皇帝ネロ=nrwnqsr」を計算すると、N=50、r=200、w=6、n=50、q=100、s=60、r=200だから、50+200+6+50+100+60+200＝666の答えが得られるのである。

文字	名称	等価文字	数価	文字	名称	等価文字	数価
א	アレフ	A	1	ל	ラメド	L	30
ב	ベト	B	2	מ（ם）	メム	M	40（600）
ג	ギメル	G	3	נ（ן）	ナン	N	50（700）
ד	ダレス	D	4	ס	サメク	S	60
ה	ヘー	H	5	ע	アイン	O	70
ו	ヴァウ	V	6	פ（ף）	ペー	P	80（800）
ז	ザイン	Z	7	צ（ץ）	ツァダイ	Tz	90（900）
ח	ケト	Ch	8	ק	コフ	Q	100
ט	テト	T	9	ר	レシュ	R	200
י	ヨド	I	10	ש	シン	Sh	300
כ（ך）	カフ	K	20（500）	ת	タウ	Th	400

（注）（）内は単語の末尾にきた場合の形

用語解説

●nrwnqsr→本来のヘブライ語は右から書くが、ここではアルファベットで左から書いてある。

No.059

13日の金曜日はなぜ不吉か？

Why is Friday the 13th unlucky?

「13」にまつわる不吉な迷信と「金曜日」にまつわる不吉な迷信。この二つが融合して、「13日の金曜日」は最悪の1日になった。

●不吉な数と不吉な曜日が合体した迷信

13日の金曜日は不吉だというのは、迷信の中でも最も有名なものの一つだ。その日は悪魔の日だという人もいる。これは、数字の13にまつわる不吉な伝説と金曜日にまつわる不吉な伝説が融合してできたもののようだ。

13が不吉なのは、最後の晩餐に参加した人数と関係があるといわれる。イエスは逮捕・処刑される前に弟子たちを集めて食事をした。これが最後の晩餐だが、ここに参加したのは12人の弟子とイエスの合計13人で、しかも13番目の席にいたのは、イエスを裏切ったユダだったのだ。それゆえ、13は不吉だというのである。これとは別に、13はもともと不吉な数字だったともいわれる。1年が12ヶ月であるように、12は完全な数字だが、それより1多い13は非常に不安定な数として嫌われていたのである。いずれにしても、13が不吉だという迷信はいまも存在しており、西洋では建物の13階をとばして階数を数えることが多いのである。

金曜日が不吉だというのもヨーロッパの民間伝承でよくいわれることで、やはりイエスと関係がある。イエスが処刑されたのが金曜日だからで、キリスト教会もこの日を「悪魔信仰の日」と定めている。このため、金曜日に生まれたり、結婚したり、爪を切ったり、お見舞いに行ったり、航海に出たりするのはよくないという迷信があるのだ。

また、金曜日（Friday）は北欧の結婚の女神フリッグ（frigg）に由来する曜日で、フリッグはドイツでは多産の女神フレイアと同一視された。そしてフレイアはワルプルギスの夜（サバトの一種）には山中でデーモンを集めて踊っているといわれ、キリスト教徒から魔女とみなされた。そういう意味で、金曜日は魔女の日であり、悪魔と関係があるといえる。こうしたことから、13日の金曜日も悪魔と関係があるといわれるのだろう。

13日の金曜日はなぜ不吉か？

13日の金曜日

↑

2つの不吉な迷信が合体

「13」の不吉	「金曜日」の不吉
イエスの最後の晩餐の参加者は13人	イエスが処刑されたのは金曜日
完全な数12より1多い13は不安定	金曜日は魔女フリッグ（フレイア）に由来する曜日

✤魔女フレイア

キリスト教徒から魔女とみなされたフレイアは北欧神話の愛・出産・多産・豊穣の女神で、偉大な大地母神だが、もともと魔法とは深い関係にあった。北欧にはアース神族とヴァン神族という2種類の神々がいたが、彼女はヴァン神族に属していた。ヴァン神族はセイズと呼ばれる魔術を得意にしていたが、中でも大きな力があったのがフレイアで、彼女がアース神族にセイズ魔術を伝えたといわれているのだ。また、古代北欧では占いや治療などの魔術的な用途にルーン文字を使用したが、この文字はフレイアが考案したもので、それを主神オージンに教えたという伝説もある。つまり、フレイアは北欧神話においても恐るべき魔女であり、魔法の支配者だったのである。北欧の古詩「ロキの口論」には、「だまれ、フレイアよ、お前は悪意に満ちた、魔法で害をなす女だ」という一節もある。中世ヨーロッパの魔女の一番の愛玩動物は猫であり、猫は使い魔としても一般的だったが、これもフレイアに由来するのかもしれない。フレイアは猫を従え、猫の引く馬車に乗って空を飛ぶことがあったといわれているのだ。

No.060

死後の審判と悪魔

Demons and Judgment after death

悪魔たちは自分が担当する人間の悪行を細かく記録しており、人が死に瀕するや否やその魂を地獄に連れ去ろうと活動し始めるのである。

●死後審判で死者の悪行を告発する悪魔

初期のキリスト教では、世界の終わりは間近に差し迫っており、そのときがきたらすべての人間は死者も含めて神の前で最後の審判を受け、永遠の天国か地獄に振り分けられると考えていた。だが、世界の終わりはなかなか来なかったので、人が死んでから最後の審判までの間、その魂はどこでどうしているのかという疑問が起こってきた。そして、3、4世紀ころには一人ひとりに死後の審判があるという観念が広まることになった。

ここで、悪魔と天使が重要な働きをするのである。

それ以前から、各民族、地方、地域、個人はそれぞれ一人ずつの天使と悪魔に支配されているという考えがあった。つまり、一個人は生きている間から、天使の助力を受けると同時に悪魔の誘惑にさらされているのだ。ところが、その悪魔が人が死ぬや否や、今度は死後審判の場面で告発者として登場するのである。

『イギリス教会史』の中に次のような逸話がある。イングランドの**マーシア王国**の軍指揮官はだらしない生活を送っていたが、あるときついに病の床に就いた。そこへ二人の天使がやって来た。二人はベッドに腰掛け、豪華な装丁の書物を彼に見せた。それは彼の善行を記録した本で、ひどく薄っぺらだった。するとそこへ今度は醜い悪魔の一群がやって来て、いかにも汚らしい書物を彼に見せた。それは彼の生前の悪行、暴言、悪い考えなどが細かく記載されたもので、とても分厚かった。そこでサタンは天使たちにいった。「あなたたちは何をしているのかね？　これを見ればこの男が我々のものであることは明らかでしょう」「まったく仰る通りです」と天使は応じた。これを聞いて二人の悪魔が三つ又の鍬で男の頭を殴った。この一撃で男は死に、地獄へ連れ去られてしまったというのである。

個人の人生と悪魔と天使の働き

生前
人間は天使の助力と悪魔の誘惑にさらされる
正しい道を行こう
天使
人間
ゆうわく
こっちが
楽しいぜ
悪魔
善
悪

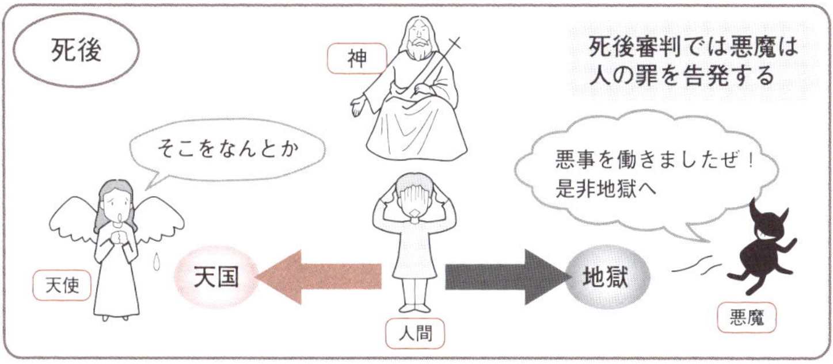
死後
神
死後審判では悪魔は
人の罪を告発する
そこをなんとか
悪事を働きましたぜ！
是非地獄へ
天使
天国
人間
地獄
悪魔

✤臨終の人を取り囲む天使と悪魔

1500年頃に作られた『往生術』の木版挿絵。『往生術』は死後審判の直前に、つまり人が死ぬ直前にどのような心構えでいれば悪魔の手を逃れ、天使と一緒に天国へ入れるかを説いたものである。ここに描かれているのは、死に瀕した人を取り囲む悪魔と天使、およびイエス・キリストである。悪魔は誘惑のシンボルである王冠をちらつかせているが、その誘惑の内容は「傲慢」「絶望」「信仰の欠如」などである。一方の天使たちは、これから死のうとする人が決してそんな誘惑に負けないように祈っているのである。

用語解説

- **『イギリス教会史』**→現存する最古のイングランドの通史。著者はイングランドの神学者ベーダ（672or673～735年）。
- **マーシア王国**→5～9世紀のイングランドにあったアングロサクソン人の七王国の一つ。

No.061

悪魔と契約した最初の人

Theoplilus and his deal with the devil

6世紀のテオフィルスは伝説上悪魔と契約した最初の人として有名だが、聖母マリアの取りなしで契約を放棄することができた。

●テオフィルスの伝説から悪魔との契約が広まった

人間が自分の魂を与えると約束することで、悪魔の力で法外な願望をかなえてもらう、というのが悪魔との契約である。

こうした契約に関する記述は聖書の中にはない。だが、旧約聖書『イザヤ書』第28章15節に「我々《われわれ》は死《し》と契約《けいやく》を結《むす》び、陰府《よみ》と協定《きょうてい》している。」とある。これをもとに古代の教父たちは悪魔との契約という観念を作りだした。オリゲネスもアウグスティヌスも占い、魔術、妖術の実践は悪魔との契約を必要とするといっている。そして、すでに4世紀には、ある奴隷が元老院議員の娘を手に入れるために、悪魔に身をささげたという話を**聖バシリウス**が残している。しかし、伝説的に悪魔と契約した最初の人物としてよく取り上げられるのは6世紀のテオフィルスである。

彼はシチリアのアダナの教会で出納係をしていたが、あるときみなに推挙され、司教職を与えられた。このとき、彼はつつしみからそれを断ったのだが、そうすると新たに司教となった別の人物は彼を陥《おとしい》れ、その職を奪ったのだ。ここで初めて自分の謙虚さを悔いたテオフィルスは有名な魔法使いのもとへ出かけ、十字路でサタンを呼び出してもらった。そして、サタンとの間に、魂と引き換えに望みをかなえてもらう約束をし、イエスと聖母マリアを放棄し、契約書に自分の血で署名したのである。

こうしてテオフィルスは司教の座に返り咲いたのだが、すぐにも後悔した。彼は聖母マリアに許しを乞い、さらに70日間の苦行をすることでその許しを得たのである。もちろん、サタンは最初は契約放棄を拒んだが、聖母マリアとその部下に責められ、やむなく契約書を返還したのだ。

こうして、悪魔との契約が一般に知られるようになると、教皇たちまでが悪魔と契約したなど、さまざまな伝説が語られるようになった。

テオフィルスと悪魔との契約

悪魔との契約とは → 悪魔に魂を与える約束をし、願望を実現してもらうこと

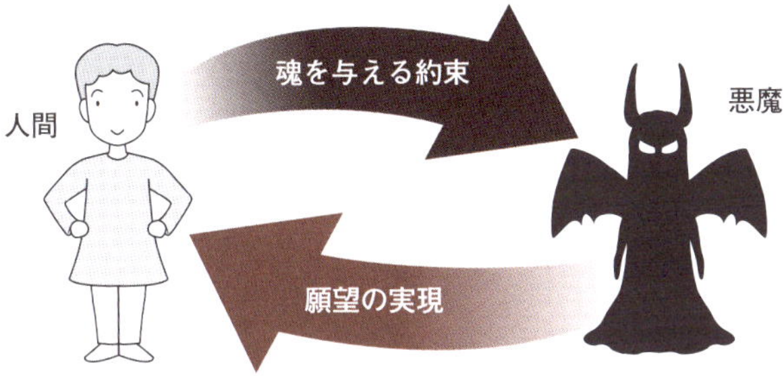
人間
魂を与える約束
悪魔
願望の実現

根拠は → 『イザヤ書』の一節

「我々は死と契約を結び、陰府と協定している」

テオフィルス → 悪魔と最初に契約した伝説的人物

↓

悪魔との契約の概念が一般化した

シチリアのアダナ教会の出納係

●テオフィルスの契約の内容は以下のようだったという。

> この公開状を読む者すべてに、我、サタンは、テオフィルスの運が実際に変更されたこと、彼が我に臣下の誓いをしたこと、その結果、彼は再度司教職を得るであろうこと、そして彼の指の指輪で、この書状に捺印をし、彼自身の血を持ってそれを書き、それ以外のインクはその際に用いることがなかったことを、知らせよう。
>
> （『魔女と魔術の事典』ローズ・マリー・エレン・グィリー著、荒木正純+松田英監訳、原書房より）

用語解説

●聖バシリウス→カイザリアの大司教で、カッパドキア三教父の一人。329～379年。

No.062

悪魔と契約する目的は？

Why did they make a deal with the devil?

悪魔に魂を売り渡すだけで、自分の力では獲得できなかったこの世での成功、権力、財力、快楽などが手に入ると考えられていた。

●悪魔には実現不可能なことはほとんど何もない

悪魔と契約することで願望が実現できるとして、いったいどれほどのことが実現できるのだろうか？　その答えは、ほとんどすべてのことといっていいのである。ヨーロッパには個人的欲望のために悪魔と契約した人物の伝説は数多いが、最も有名なのはファウスト博士である。ここではこのファウスト博士の伝説をもとに悪魔が彼に何を与えたか述べていこう。

ヨハネス・シュピースの『実伝ヨーハン・ファウスト博士』(1587年）によれば、ファウスト博士はワイマール近在の生まれで、非常に利発だった。金持ちの伯父の養子となり神学を学び、好成績で神学博士になった。だが、思い上がったところがあり、聖書をないがしろにし、さまざまな秘術を学んだ。そして、天地の奥の奥まで極めようとしてウッテンベルクの森で悪魔を呼び出したのである。ここで登場したのがメフォストフィレス(p.52参照)で、この悪魔との間に博士は24年の契約を結んだのである。

この契約によって、ファウストは悪魔の力でありとあらゆる享楽的なことを体験することになるのだ。博士はまず好き放題に女をあさって淫行にふけった。悪魔、天使、地獄、天体の運行、神による天地創造などについて誰も知らない知識も手に入れたし、実際に地獄界や星辰界にも旅をした。また、全ヨーロッパだけでなくエジプトやコーカサスまで瞬時に旅をして自由に振舞った。ファウストに興味を持った皇帝カール5世の招待も受けた。また、古代のアレキサンダー大王や美女ヘレネとも対面した。そのヘレネに彼は恋をし、添い寝して子供を一人もうけたほどである。つまり悪魔と契約すればほとんど何でも手に入れることができるのである。

ただし、ファウストの死後は恋人にしたはずのヘレネもその子供も消えてしまったので、そこにまやかしも含まれていることも知っておきたい。

伝説のファウスト博士と悪魔の契約

悪魔と契約すると → 何でも手に入れることができる

ファウスト博士の要望と結果

物語によるとファウスト博士は悪魔に次の六つのことを要望したという。

① 霊の持つ力と姿形を手に入れる。

② 望むことすべて霊に実現してもらう。

③ 自分の奉公人となり、仕える。

④ 呼んだときにいつでも出現する。

⑤ 悪魔は目に見えないように力をふるい、命じたとき以外は誰にも見られないようにする。

⑥ 求めたときに指図どおりの姿で現れること。

↓ 結果

全ヨーロッパ、エジプト、コーカサスなど世界中への瞬時の旅。

悪魔、天使、地獄、天体の運行、神による天地創造など誰も知らない知識を得る。

地獄界・星辰界への旅

古代のアレキサンダー大王、美女ヘレネと対面する。ヘレネとは結婚し子供を作る。

好き放題に女性をあさる。

ただし、悪魔が実現したことの中にはまやかしもあるので注意が必要。

オランダ語訳民衆本『ファウスト博士』の挿絵のファウスト博士

No.063

悪魔との契約期限が切れたら?

What if your deal with the devil expire?

16世紀のフランスの知識人ド・レトワールの日記やファウスト伝説によれば、悪魔と契約した人の末路には恐ろしい共通点があった。

●真夜中に大異変が起こり身体がバラバラになる

悪魔と契約した古代のテオフィルスはすぐに後悔し、聖母マリアに祈ることで契約を放棄した。つまり、聖母マリアには悪魔との契約を無効にできるほどのパワーがあるということだ。しかし、聖母マリアに祈りが届かないこともあれば、そもそも祈ろうとしない人もいるはずだ。そういう場合、悪魔との契約期限が切れたらどうなるのだろう。

16～17世紀のフランスの知識人**ピエール・ド・レトワール**は膨大な日記を残したことで有名だが、その中に次のような内容のものがある。

「1558年パリでのこと。ある博識な魔術師で悪霊とも交信していた男が、自分の死の迫っているのを予知し、家主に正体不明の容器を預け、自分の死後川に放擲《ほうてき》するように依頼する。真夜中に家が大轟音に襲われたため、驚いた家主が部屋に駆け上がって見ると、件の男は四肢をもぎ取られた状態で死んでおり、その手足はベッドの四隅に散らされていた。遺言どおり例の容器を川に投げ込むと、再度おどろおどろしい叫び声の如きものが聞こえた。」(『魔女の法廷　ルネサンス・デモノロジーへの誘い』平野隆文著/岩波書店)

いかにも恐ろしい内容だが、これが悪魔と契約した者の末路である。というのは、16世紀の伝説のファウスト博士の末路もこれとほとんど同じだからだ。悪魔との24年契約を結んだファウストはさまざまな冒険や快楽を手に入れるが、ついに契約期限の日を迎える。その真夜中、強風が吹いてファウストが住んでいた宿屋の建物が大きく揺れ、しゅうしゅういう音と助けてくれというファウストの叫び声が響いた。そして翌朝、みなが見に行くと部屋の中は血だらけ、壁には脳髄がくっつき、二つの目玉も転がっており、身体はバラバラで屋外の肥やしの上に散らばっていたのである。

恐ろしい契約の代償

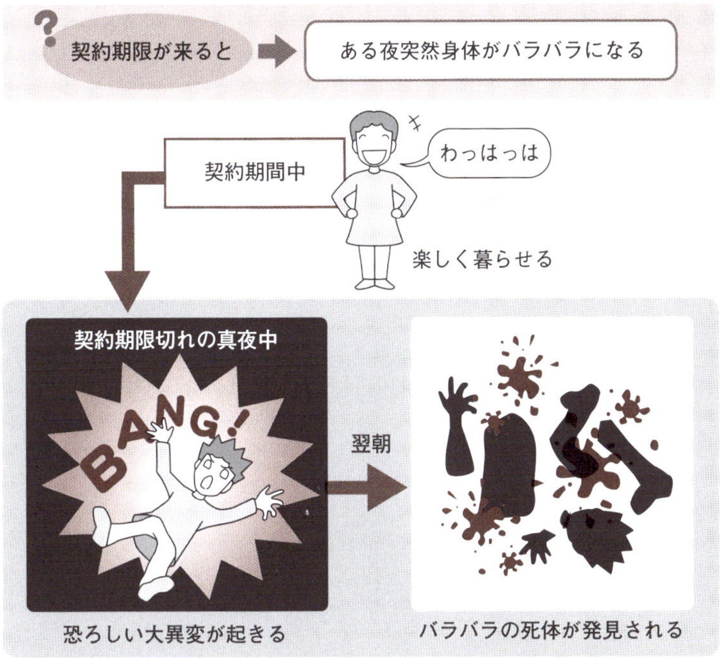
契約期限が来ると
ある夜突然身体がバラバラになる
契約期間中
わっはっは
楽しく暮らせる
契約期限切れの真夜中
BANG!
翌朝
恐ろしい大異変が起きる
バラバラの死体が発見される

❖実在のファウスト博士の最期

伝説のファウスト博士と同じく、そのモデルとなった実在のファウスト博士も奇怪な死を遂げたようだ。というか、実在のファウスト博士の死に方が奇怪だったために、彼が悪魔と契約していたという伝説が生まれてきた可能性があるのである。実在のファウスト博士が死んだのは1540年ころだが、1548年にヨハネス・ガストが書いた『宴席談論』という本の中で早くも彼の死が取り上げられている。そして、ファウスト博士は惨めにもサタンに絞殺されたので、棺台にのせた死体の顔は5回も直したにもかかわらず、ずっと地面を向いていたというのだ。そこで、『悪魔の友　ファウスト博士の真実』（1980）を書いたハンスヨルク・マウスのような現代の研究者は、ファウスト博士が錬金術の実験中に爆発事故を起こし、身体がバラバラになったのではないかと想像している。ファウスト博士は現実に錬金術師でもあったから、それは十分に考えられるのだ。

用語解説

●ピエール・ド・レトワール→1546～1611年。膨大な日記を残した当時屈指の知識人で『アンリ三世の治世のための日記』（1574～1589年）はとくに有名。

ランブール兄弟が描いた恐るべきサタン

中世末期ころから、人々が想像するサタンのイメージに、その力の強大さを示す特徴がはっきりと表れてきた。それはたとえば身体の巨大さや、容姿の怪物性となって表れた。それを確認するのに絵画ほどうってつけのものはない。当時のフランドルの三人兄弟の画家ランブール兄弟によって作られた彩色写本『ベリー公のいとも豪華なる時祷書』（1415年）は中世が生んだ最も豪華な彩色写本として有名だが、この本に収められた『地獄の焼き網』と題された作品は、その種の作品の中でも代表的なものである。この絵では、王冠をかぶった魔王サタンが地獄の底に置かれた燃え盛る焼き網の上で焼かれているが、その口からは炎が噴き出し、それが亡者たちを焼いている。あるいは、亡者たちはサタンの口から吐き出されているか、吸いこまれているのかもしれない。焼き網のある炉のまわりにはデーモンたちがいてふいごで火を焚きつけたり、亡者たちを苦しめたりしている。この絵のテーマは明らかに『タンデールの幻』で描かれた地獄のイメージの影響を受けているといえそうだが、この時代にはこんな恐るべきサタンがさまざまな芸術作品の中に登場するようになったのである。

第4章
魔女の悪魔学

No.064

悪魔の隆盛と魔女狩り

The period of the witch-hunt craze

異端派勢力の増大やペストの流行で社会不安が高まったとき、ヨーロッパのキリスト教徒たちはその背後に悪魔の姿を見てパニックに陥った。

●悪魔への恐怖心が生みだした魔女狩り

キリスト教徒は新約聖書の時代から悪魔の勢力と戦っていたが、16世紀と17世紀に西ヨーロッパでピークに達した恐るべき魔女狩りの嵐も、少なくともキリスト教徒にとっては悪魔との戦いの一環だった。

魔女狩りは13世紀に始まり、18世紀には終息するが、この時代に少なくても10万人の魔女が逮捕され、火炙りにされたといわれている。もはや魔女と疑われたら終わりだった。異端審問官や魔女狩り人に逮捕され、拷問によって自白させられ、最後は処刑されるのである。

この時代、ヨーロッパ人はまったくパニック状態だったが、その背景には大きな社会不安があった。11世紀以降、勢力を拡大するトルコ系イスラム教徒の勢力に十字軍は何度も敗北し、1453年にはオスマントルコによってコンスタンチノープルが陥落した(東ローマ帝国滅亡)。ヨーロッパ内部でも、10～14世紀にボゴミール派、ヴァルド派、カタリ派などの異端者が勢力を増大した。加えて、14世紀半ばのペストの大流行でヨーロッパの人口の30%近くが失われるということもあった。キリスト教徒にしてみれば、こうした状況はまさに悪魔の仕業であり、いまや自分たちは悪魔に包囲され集中攻撃を受けているという強迫観念を持つようになった。そこから悪魔と戦う必要が生じるが、悪魔そのものを退治するのは不可能だった。可能なのは悪魔の手先となっている人間を退治することだけなのだ。

この戦いの過程で、異端審問という制度が生まれ、1232年に活動を開始した。異端と考えられる人々は次々に逮捕され、火炙りにされるようになったのだ。こうして異端者は撲滅した。しかし、悪魔への恐怖は去らなかった。恐怖に駆られた人々が次の標的として狙ったのが、悪魔の手先として異端を広めていると信じられた魔女だったのである。

キリスト教会と悪の軍団の戦い

恐るべき魔女狩り → 悪魔との戦いの一環
悪魔の代わりに手先の魔女を退治

●初期教会

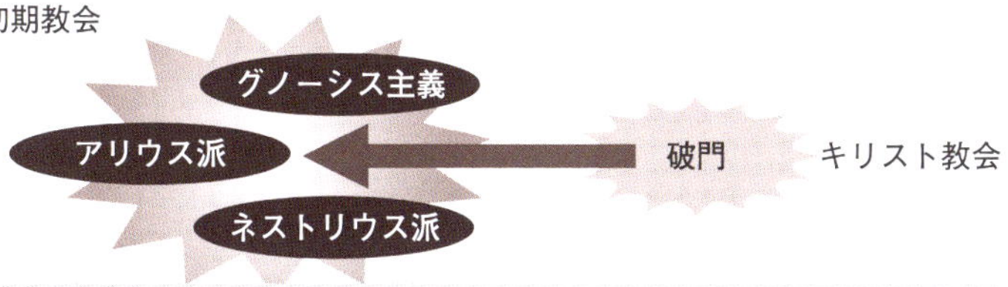
グノーシス主義
アリウス派
ネストリウス派
破門
キリスト教会

初期教会は異端との戦いを通して正統信仰を確立した。しかし、異端への処罰は破門くらいしかなかった。

●中世・近世教会

ヴァルド派
ボゴミール派
カタリ派
魔女
迫害
弾圧
キリスト教会

10世紀ころには教会は権威も力もあったので、世俗裁判所、異端十字軍などによる迫害・弾圧を行い、ついに異端審問で異端をどんどん火炙りにするようになった。

異端審問と魔女

異端審問は教皇グレゴリウス9世の発案で1232年から活動を開始したが、神聖ローマ帝国皇帝フリードリッヒ2世の協力もあって、警察と裁判所の機能を併せ持ったものになった。教皇庁直属の異端審問官は検事と判事を兼ね、世俗権力の役所がそれをバックアップした。また、フリードリッヒ2世は異端を特別重罪に指定したので、教会と国家が異端に対して何をしても許された。異端の存在は聖職者の報告だけでなく、信徒からの密告も奨励された。しかも、密告者は保護されたので、敵味方で虚偽の密告が繰り返されることもあった。審問官には被疑者を拷問することも認められており、強引に自白が引き出された。告訴人がいなくても異端審問は裁判所の側から起こすことができ、うわさだけでも、すぐに逮捕命令を出せた。とはいえ、当初は魔女はまだ異端とは認められていなかった。1326年、ヨハネス22世が教皇勅書によって公式に魔女を異端と認めた。これによって、魔女と疑われる者たちも次々と異端審問にかけられ、火炙りにされるようになったのだ。これがいわゆる「魔女裁判」のことである。

No.065

魔女とは何か？

Definition of witch

悪魔の手先としての魔女のイメージは魔女狩り時代のヨーロッパ人の作り上げた妄想であって、実在する伝統的魔女とは関係なかった。

●悪魔の手先としてこの世に害をなす魔女

魔女狩りの時代、ヨーロッパのキリスト教徒は**魔女**について、古い伝統とは異なるまったく妄想的な特別な観念を作り上げていた。

伝統的な魔女は太古の信仰とつながる呪術者・シャーマンのような存在であって、ヨーロッパに限らず世界中に存在していた。ヨーロッパに関していえば、地中海地方の魔女は古代ローマのディアナ女神に代表されるような地母神崇拝の系統に属し、群れをなすという特徴があった。ゲルマン世界では魔女は古い森林崇拝などとつながっており、グリム童話に出てくる魔女のように人里離れた場所に単独で暮らすという特徴があった。いずれにしても魔女は悪魔とは関係ない存在であり、自分の意思で善いことも悪いこともした。そして、一般の民衆はこのような魔女を恐れながらも、特別な知識を持った賢者として信仰していたのである。

しかし、魔女狩り時代のキリスト教徒は魔女といえば悪魔の手先であり、この世に悪をもたらすと考えたのである。もちろん、キリスト教会にとっては古くから異教を信仰する者は悪魔の手先だったが、長い中世の間にそのイメージが徐々に固められていったのだ。たとえば、キリスト教会最大の神学者の一人トマス・アクィナス（1227ころ～74年ころ）は魔女狩りと直接関係はないが、魔女術の核になる五つの概念の基礎を作った。それは「悪魔との性交渉」「空中移動」「動物への変身」「荒天術」「不妊術」である。こうした過去の偉大な神学者や聖書の記述をもとに、魔女狩り時代の悪魔学者たちが悪魔の手先としての魔女のイメージを固めたのである。ただ、魔女狩りで狙われたのは伝統的な魔女ばかりではなかった。社会的弱者はしばしば狙われ、ときには金持ちが狙われることもあった。端的にいって、魔女と疑われた者はみな魔女にされてしまったのである。

伝統的な魔女と妄想の魔女

伝統的魔女

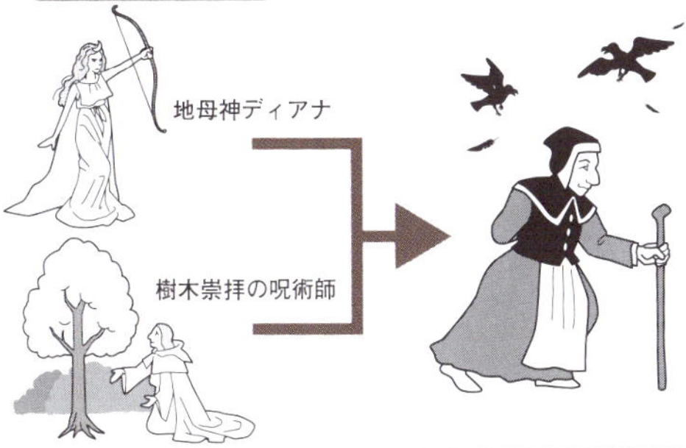
地母神ディアナ
樹木崇拝の呪術師

伝統的魔女は地母神ディアナ信仰（地中海世界）や樹木崇拝（ゲルマン世界）の系譜に属し、霊を呼んだり、薬草療法をしたり、天候を変えるなど呪術を行った。

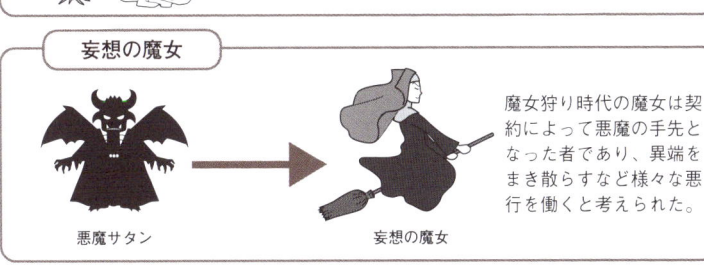

妄想の魔女

悪魔サタン
妄想の魔女

魔女狩り時代の魔女は契約によって悪魔の手先となった者であり、異端をまき散らすなど様々な悪行を働くと考えられた。

魔女術の核になる五つの概念

悪魔との性交渉
動物への変身
空中飛行
荒天術
不妊術

キリスト教会最大の神学者の一人トマス・アクィナスは悪魔が実在すること、悪魔がインクブス・スクブスとして人間と性交すること、男を不能にすることなど、魔女術の核となる五つの観念の存在を認め、後の悪魔学書にゆるぎない権威として引用されることになった。

用語解説

●**魔女**→魔女は英語ではwitchという。これは妖術者のことなので男性でも女性でもありうる（ただ、ここ数世紀は英語のwitchも女性に対して使われるようになっている）。

No.066

魔女と悪魔学

Demonology of the witch-hunt

神学の一部分にすぎなかった悪魔学は徐々に神学者から一般民衆にまで広まり、ついに一つのジャンルとなって魔女妄想を加速した。

●魔女妄想を作りだした悪魔学

伝統的な魔女は古くから呪術によって善をなすと同時に悪をなすことがあった。しかし、中世半ばまでは呪術をしたからといって、魔女は異端として裁判にかけられ、処刑されることはなかった。たとえば、12世紀ころまでは、仮に異教の女神ディアナを信仰する者たちが「女神に率いられて自分たちは空を飛んだ」と公言したとしても、このような民間のデーモン信仰は迷信であり幻想にすぎないので、罰するには値しないというのがキリスト教会側の見解だった。それが、魔女が異端として裁判にかけられるようになるためには、魔女は悪魔の手先であり、異端をまき散らす者だというステレオタイプ化したイメージが教会人、法曹人、世俗権力者、知識人、一般大衆のすべてに信念として共有される必要があった。その信念の確立のために大きな働きをしたのは実は悪魔学だった。

悪魔学は、単に悪魔について考察しているという意味では古くから存在した。キリスト教会の初期の教父たちもみな悪魔のことを深刻に考えていた。だが、それは神に対するアンチテーゼとしての悪魔であり、大きな神学の一部にすぎなかったし、あくまでも神学者の考える悪魔だった。

しかし、中世の間に悪魔のイメージは一般民衆の間にも広まっていった。そして異教徒や異端派との戦いを通して、悪魔は一層具体的で誰にとっても恐ろしいものに変わった。これは悪魔学が一般の世界にも広まったということである。こうして悪魔学は新しい段階に入った。悪魔学という一つのジャンルが生まれてきたのだ。その誕生に大きな役割を果たしたのは、シュプレンガーとインスティトリスの手になる『魔女への鉄槌』(1486年)だが、この書以降、魔女と悪魔を扱った数多くの悪魔学書が書かれ、魔女妄想を不動のものにしたのである。

魔女妄想を作りだした悪魔学関連の重要書

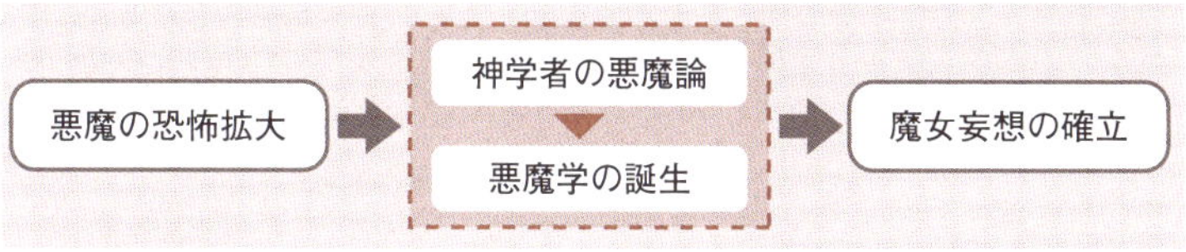
悪魔の恐怖拡大
神学者の悪魔論
悪魔学の誕生
魔女妄想の確立

書名	著者	特徴
蟻塚（1475）	ヨーハン・ニーダー	1435～38年に執筆された最初期の魔女攻撃用悪魔学書。
魔女への鉄槌（1486）	ヤコブ・シュプレンガー、ハインリヒ・インスティトリス	過去の資料や自分たちの経験から書かれた初の百科全書的悪魔学書。
魔女の悪魔狂（1580）	ジャン・ボダン	当代随一の知識人が書いた悪魔学書で、『魔女への鉄槌』以来最大の魔女理論。魔女を簡単に処刑できるようにした。
悪魔崇拝（1595）	ニコラ・レミ	カトリックの魔女百科として『魔女への鉄槌』以来最大の悪魔学書。レミは裁判官で、生涯に2,3千人の魔女を火炙りにした。
悪魔学（1597）	スコットランド王ジェームズ6世(後のイングランド王ジェームズ1世)	魔女犯罪は厳罰に処すという姿勢を明確に打ち出した書だが、著者は後には魔女の存在に懐疑的になった。
魔術の研究（1599）	マルティン・デル・リオ	全6巻の大著。魔女術と魔術一般を論じ、悪魔学全体を体系化した。カトリックの最も権威ある悪魔学書となった。
魔女論（1602）	アンリ・ボゲ	魔女セクトを網羅的に論じ、男女の魔女と悪魔との性交は現実だと主張している。ただ、拷問には制限を課している。
蠱物要覧（1608）	フランチェスコ・マリア・グアッツォ	魔女に関する情報をまとめた魔女全書。悪魔学の先達からの引用や魔女裁判記録の豊富な事例が挙げられている。
堕天使と悪魔の無節操についての描写（1612）	ピエール・ド・ランクル	著者自身の魔女狩り経験をもとにした書で、サバトの詳細な描写があるのが有名。この書によってサバトが魔女術の不可欠な要素となった。
悪魔姦、およびインクブスとスクブスについて（1700ころ執筆）	ルドヴィコ・マリア・シニストラリ	まるごと一書を費やしてインクブスとスクブスの存在証明を試みた書。

No.067

魔女狩り教本『魔女への鉄槌』

Malleus Maleficarum

ドイツの二人の異端審問官が現実に魔女を拷問し告白させた経験から書いた魔女狩りマニュアルは「合法的殺人の完璧な武器庫」といわれた。

●魔女を裁くための悪魔学百科

ヨーロッパで魔女狩りがピークになるのは16世紀だがそれより以前から魔女狩りのための知的準備は着々と整えられていた。この知的準備の段階で画期的意味を持つのが『魔女への鉄槌』である。著者は二人のドイツの異端審問官、ハインリヒ・クラマー（ラテン名インスティトリス）とヤーコブ・シュプレンガーで、自分たちの経験をもとに1486年に出版された本はその後の200年間にわたり、売り上げが聖書に次ぐ大ベストセラーになった。異端審問官たちはこの本の小さなサイズのものをポケットに忍ばせ、ときどき参照しながら魔女を裁いたのである。

この本は過去の資料の中から魔女を構成する要素を集めた悪魔学百科というべきものだが、なんといっても病的なほどの女性憎悪にまみれているという特徴がある。とくに好色な女性が非難の対象となり、この本によって悪魔との性交という概念が魔女の悪行の核となったのである。

全体は3部構成だった。第1部では魔女術の三要件である、悪魔、魔女および全能の神に関する事柄が扱われている。つまり、サタンと結託した魔女はいかにして全能の神の許しを得て悪事を働くかということだ。魔女の罪としてはカトリック信仰の拒否、サタンの賛美、インクブスやスクブスによる誘惑、男性の性的能力の不能化などが挙げられている。第2部では魔女のなすさまざまな悪行がすべて完全な事実として逸話風に語られ、その悪と戦う方法が詳細に述べられている。ここではとくに産婆が重大視され、彼女たちは避妊薬で堕胎したり、生まれたばかりの子供をデーモンにささげるとされている。第3部は魔女の裁判手続きの説明で、できるだけ多くの魔女を火刑台送りにするために裁判官および魔女狩り人はいかに行動すればいいかが詳しく指示されているのである。

『魔女への鉄槌』とは

『魔女への鉄槌』

インスティトリス＆
シュプレンガー著

魔女を定義する悪魔学百科

魔女狩り人の必携書

病的な女性憎悪の本

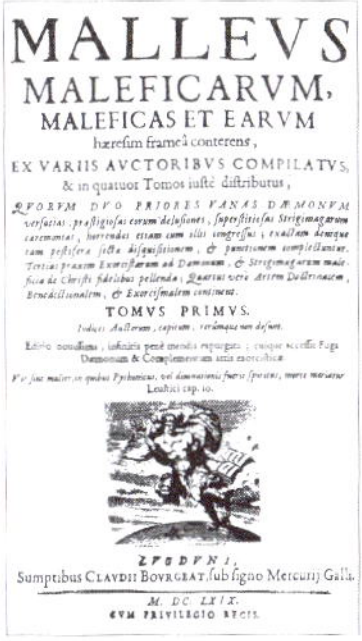
MALLEVS
MALEFICARVM,
MALEFICAS ET EARVM
hæresim frameâ conterens,
EX VARIIS AVCTORIBVS COMPILATVS,
& in quatuor Tomos iustè distributus,
QVORVM DVO PRIORES VANAS DÆMONVM versutias, prestigiosas earum delusiones, superstitiosas Strigimagarum cæremonias, horrendos etiam cum illis congressus; exactam denique tam pestiferæ sectæ disquisitionem, & punitionem complectuntur. Tertius praxim Exorcistarum ad Dæmonum, & Strigimagarum maleficia de Christi fidelibus pellenda; Quartus verò Artem Doctrinalem, Benedictionalem, & Exorcismalem continent.
TOMVS PRIMVS.
Indices Auctorum, capitum, rerúmque non desunt.
Editio nouissima, infinitis penè mendis expurgata; cuique accessit Fuga Dæmonum & Complementum artis exorcisticæ.
Vir siue mulier, in quibus Pythonicus, vel diuinationis fuerit spiritus, morte moriatur.
Leuitici cap. 10.
LVGDVNI,
Sumptibus CLAVDII BOVRGEAT, sub signo Mercurij Galli.
M. DC. LXIX.
CVM PRIVILEGIO REGIS.

『魔女への鉄槌』の表紙

著者　ハインリヒ・クラマー（ラテン名インスティトリス）とヤーコブ・シュプレンガー。二人はベテランの異端審問官で、数多くの異端や魔女を実際に火炙りにした経験があった。

刊行年　1486年

特徴　病的な女性憎悪の本

意味　魔女狩りの知的な準備を大きく前進させた画期的な本

構成　スコラ学の伝統に従った3部構成

第1部

魔女術の三要件、悪魔、魔女、神の許しについて扱う。サタンと魔女はいかにして神の許しを得て人間や動物に悪をなすかという問題で、インクブスやスクブスによる誘惑、多産を妨げる、結婚の秘蹟を破壊するなどの悪をなすとされている。

第2部

魔女術の効果がもたらされる仕組み、それを無効にするにはどうすればいいかの解説。魔女が存在し、悪行を行うのは紛れもない事実として、ありそうにない話も真実として語られている。

第3部

魔女と異端者を対象とする教会および世俗の裁判所の訴訟手続きについて。できるだけたくさんの魔女を火刑台に送るのが目的で、魔女を自供に追い込むための実際的手段が詳細に語られている。

No.068

魔女狩り本『魔女の悪魔狂』

De la demomanie des sorciers

『魔女への鉄槌』以降に刊行された魔女学書の中で最も有名な一冊『魔女の悪魔狂』は驚くことにフランスが誇る大ユマニストの手で書かれた。

●偉大なユマニストも魔女の実在を信じていた

著者のジャン・ボダンは16世紀後半に活躍したフランスが誇る大人文学者（ユマニスト）で、数多くの著作によって高い評価を受けた人物である。したがって、1580年に刊行された『魔女の悪魔狂』は著者への評価を著しく損ねることになった一冊である。また、この本は『魔女への鉄槌』以降に書かれた多数の魔女学書の中で最も有名な書物の一つである。

序文の中で、ボダンは彼自身も審理に加わった魔女ジャンヌ・アルヴィリエの裁判の内容に触れた後でこう書いている。「それゆえ、わたしは本論書を執筆しようと心に決め、魔女たちが悪魔を追い求めるその熱狂ぶりにちなんで、『魔女の悪魔狂』という書名をつけた。その目的は、読者すべてに警鐘を鳴らし、これほど邪悪で、これほど重い刑罰に値する犯罪はないとはっきり知らしめるためである。」（『魔女の誕生と衰退』田中雅志編訳・解説／三交社）ボダンのような当代随一のインテリがこんなことを書くのだから、その当時どれほど多くの人々が魔女の実在を完全に信じていたかわかるだろう。

内容はほぼ次のようである。この本は全4巻で、第1巻は「「魔女」とは、悪魔的な手段を用いて故意に何事かをなそうともくろむ者である。」(同上)という魔女の定義に始まり、悪魔の存在および悪魔が魔女と関係できることの証明に当てられている。第2巻は魔女が行う魔術を取り上げ、魔女が人間や自然に与える害悪、狼憑き現象、悪魔と魔女の性交に関する具体例を引きながらの論述である。第3巻は、魔女のその他の能力とその魔術から身を守る方法を主題にしている。第4巻は魔女裁判の実践マニュアルになっている。もちろん、魔女と疑われる者をいかに確実に火刑台へ送るかという手続きと手順の説明である。

ボダンが挙げる魔女の罪

『魔女の悪魔狂』
ジャン・ボダン著

- 『魔女への鉄槌』以降で最も有名
- 魔女犯罪の厳罰化を主張
- 当代随一のインテリによる迷妄の書

人肉を食う
神を呪う
神を否認する
穀物を枯れさせる
呪術で人や家畜を殺す
受洗前の子供を殺して飲料を作る
悪魔を崇敬し犠牲を捧げる
近親相姦の罪を犯す
悪魔に子供を供する
悪魔と性交する
受洗前に子供を殺し、悪魔に献じる
悪魔の名にかけて誓う
魔女セクトに人々を勧誘する
生まれる前から悪魔に子供を献じる

ボダンが主張した法の運用方法

- 被告人に、共犯者を白状すれば減刑、刑の免除をすると約束してよい。
- 密告者の名は秘密にする。
- 子供たちに両親の罪を告発するように強制せよ。
- 有能な工作者を使って被告人をだまし、自供に追い込め。
- 噂があるだけで、容疑者を拷問する十分な理由になる。
- 一度でも告発された人物は、告発者の偽証が完全に立証されるまで無罪放免にしてはならない。

No.069

空飛ぶ魔女

Flying

魔女は箒に乗って空を飛ぶと多くの人が信じていたが、教会の鐘の音が鳴ると箒から落ちてしまったといわれている。

●箒・杖・動物などに乗って魔女は飛ぶ

魔女妄想の時代、ヨーロッパの人々は魔女は箒にまたがって空を飛ぶと信じていた。空を飛んでサバトへ行くのである。新約聖書の『ルカによる福音書』にはサタンがキリストを高く持ち上げ、一瞬のうちに世界の国々を見せ、さらに神殿の屋根の上に連れていく場面がある。だから、サタンの力を借りた魔女が空を飛べたとしても少しも不思議はないのである。

魔女が空を飛ぶための道具としては最終的に箒が有名になったが、最初はいろいろな道具が利用された。棒切れ、糸巻棒、杖、鋤などである。動物に乗ることもあった。黒い山羊、牡山羊、牡牛、犬、狼などである。飛行用の軟膏ももちろん重要だった。魔女たちはこの軟膏を飛行道具と自分の身体に塗りつけ、家の煙突から空へと飛び立っていくのである。

魔女が空を飛ぶなどというのは迷信だという意見ももちろんあった。10世紀の『司教法令集』では、魔女が女神ディアナとともに広大な地域を飛び回ると信じることは異端の迷信だと規定している。これに対して魔女狩り人たちは、たとえ妄想であっても空を飛ぶのは魔女の証拠だと主張した。

しかし、多くの人々は魔女が空を飛ぶのは事実だと考えていた。

魔女は非常に高速で空を飛んだが、危険はほとんどなかったようだ。危険に襲われる前に目的地に着いてしまうのである。ただ教会の鐘の音は大きな危険の一つだった。教会の鐘の音は箒を墜落させる力があるのだ。それで、魔女の祭典が行われる期間には、空飛ぶ魔女たちから町を守るために夜の間中ずっと教会の鐘を鳴らし続けた町もあったといわれている。教会の鐘の音に強力なパワーがあるという考えは古くからあり、8世紀のヨークの大司教エグバートは「教会の鐘の音で悪霊の力は抜けてしまうのだ。幽霊、旋風、稲妻、雷、嵐、暴風の精霊にも有効だ」といっている。

魔女が空を飛ぶ方法

魔女妄想
魔女は箒に乗り、空を飛んでサバトへ行く。

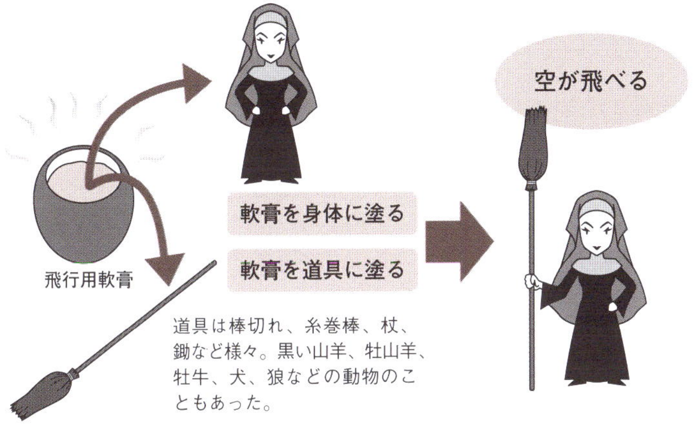
飛行用軟膏
軟膏を身体に塗る
軟膏を道具に塗る
空が飛べる
道具は棒切れ、糸巻棒、杖、鋤など様々。黒い山羊、牡山羊、牡牛、犬、狼などの動物のこともあった。

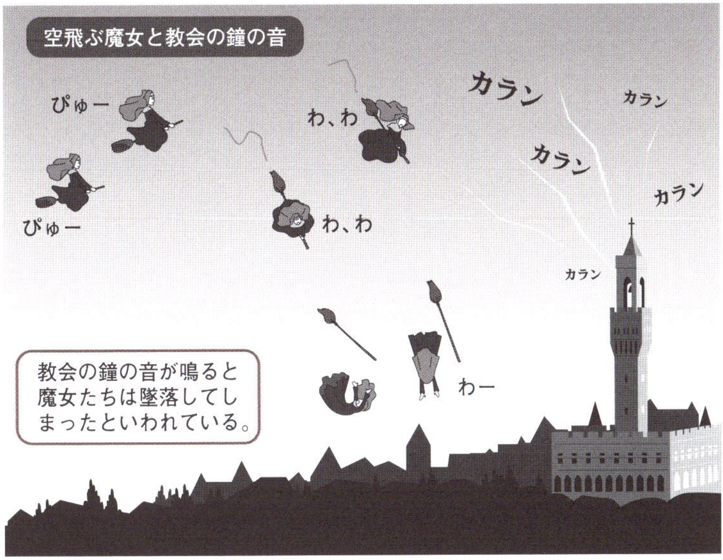
空飛ぶ魔女と教会の鐘の音
ぴゅー
ぴゅー
わ、わ
わ、わ
カラン
カラン
カラン
カラン
カラン
わー
教会の鐘の音が鳴ると魔女たちは墜落してしまったといわれている。

No.070

変身する魔女

Metamorphosis

魔女は自由自在にいろいろな動物に変身したが、最も恐ろしいのは狼への変身で、人や家畜を襲って食べると信じられていた。

●魔女は変身の能力を悪魔から与えられていた

人間が動物に変身する話は神話や民間伝承に数多く、世界中にある。それとまったく同じように悪魔と契約した魔女も自由自在に変身することができると一般に信じられていた。悪魔は献身的な魔女に対して、その褒美として変身の能力を与えるのである。

魔女がよく変身するのはその辺にいる動物で、猫、犬、兎、鼬《いたち》、鼠、鳶《とび》、烏、牛、蛇、蝶、トンボといったものである。だから、悪魔の全盛期には、多くの民衆がそんな動物が畑を横切っただけで、それは魔女ではないかとか、魔女の使い魔ではないかとびくびくしたのである。ただ、魔女は子羊や鳩には変身しないといわれた。それはキリスト教で純潔のシンボルとなっている動物だからである。また、魔女はサバトに出かけるときも、身体に膏薬を塗り、動物の姿になって箒に乗って空を飛ぶといわれた。

魔女はいろいろな動物に変身するが、なかでも恐ろしいのは狼への変身である。これはいわゆる「狼男」や「狼憑《つ》き」と似たようなもので、魔女は狼の姿になって夜間に郊外をうろつき回り、人や動物を襲って食べ、再び人間の姿に戻ると信じられたのである。だから、村の誰かが狼に食われたら、それは魔女の仕業かもしれないと疑われたのである。

どんな動物に変身したときでも、動物に変身しているときに怪我をすると、人の姿に戻ったときもまったく同じところに怪我をしているといわれた。このために魔女だと見破られてしまったという話も多い。

変身するときには呪文を唱えたという魔女の証言もある。1662年にスコットランドで魔女裁判の被告となった女性イザベル・ガウディは「我兎とならん、／悲しみ、嘆き、憂さ多き兎に／我〈悪魔〉が軍門に下らん、／再び家に戻る時まで。」と3回以上唱えて兎に変身したと証言している。

魔女と変身能力

悪魔は献身的な魔女へ褒美として変身能力を与える

褒美じゃ
変身能力
はは〜

魔女がよく変身する動物
鳶
兎
蝶
犬
猫
鼬
トンボ
蛇
鼠
烏
牛

魔女はその辺にいる当たり前の動物によく変身する。

イザベル・ガウディの変身の呪文

1662年にスコットランドで魔女裁判の被告となった女性イザベル・ガウディは次のような呪文で兎に変身したと証言した。

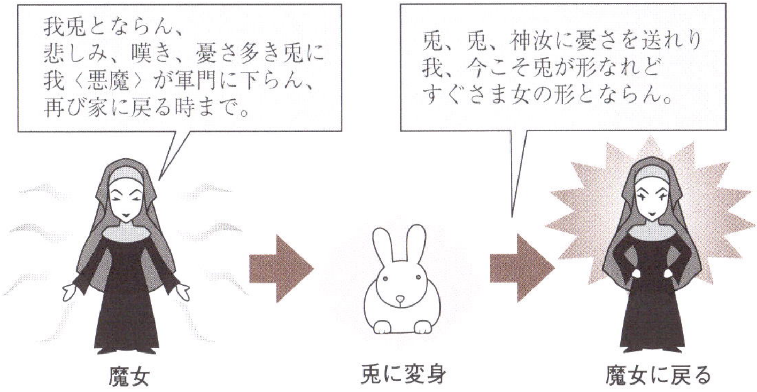
我兎とならん、
悲しみ、嘆き、憂さ多き兎に
我〈悪魔〉が軍門に下らん、
再び家に戻る時まで。
兎、兎、神汝に憂さを送れり
我、今こそ兎が形なれど
すぐさま女の形とならん。
魔女
兎に変身
魔女に戻る

（変身の呪文は『悪魔学大全』松田和也訳／青土社より引用）

No.071

狼憑《つ》きのメカニズム

Demonology of Lycanthropy

悪魔学的には人が動物に変身することはあり得ない。それはみな悪魔が操作する幻覚によって引き起こされた錯覚だと見なされた。

●魔女の変身は悪魔の幻惑である

魔女は自由自在にいろいろな動物に変身すると一般には信じられていたが、悪魔学者たちは魔女の変身が現実のものだとは考えていなかった。

キリスト教の悪魔学では、人が動物に変身することはあり得ないというのが基本的な立場なのである。なぜなら、悪魔には実体を変える力はないからである。それができるのは世界を作った神だけなのである。確かに悪魔学者の中にも魔女の変身が現実のものだと考えた者はいた。『魔女の悪魔狂』で知られるジャン・ボダンがそうだ。だが、彼の説はほかの悪魔学者たちから異端的として大いに非難されたのである。

魔女の変身の中でも最も恐ろしいとされる狼憑《つ》きを例に採ろう。狼憑きでは、人が狼の姿となり、夜間に郊外などをうろつき回り、人や動物を襲って食べ、またもとの人の姿に戻るといわれている。狼の姿になっているときに身体のどこかに怪我をしたら、人に戻った後にも同じところに同じような怪我をしているという特徴がある。

この現象を悪魔学者たちはこう説明するのだ。まず、魔女が自分は変身したと思うのは、身体に塗った軟膏によって引き起こされた幻覚である。つまり、魔女は自分が動物に変身したような非常にリアルな夢を見ていただけということだ。そのうえで、悪魔は魔女が夢見ている場所で実際に狼に憑依し、人間や家畜を襲わせるのである。その際に狼が怪我をしたら、眠っている魔女の体にもまったく同じような怪我を負わせる。こうすることで誰の目にも魔女が変身したと思わせるのである。もっと手の込んだやり方として、悪魔は空気から獣の姿を作りだし、それを魔女の体にかぶせることで、魔女が狼に変身したように見せることもある。いずれにしても、魔女の変身は何から何まで悪魔の作りだした幻覚だというのである。

魔女の変身の悪魔学的解釈

悪魔には実体を変える力はない

ゆえに魔女の変身は現実ではない

魔女の変身のメカニズム（その1）

①魔女は身体に膏薬を塗り、幻覚によって狼になって人を襲う夢を見る。

②悪魔が現実の狼に憑依し、魔女が夢見ているのと同じように人を襲う。それを見た人が目撃者になる。

③現実の狼が身体に傷を受けたら、悪魔は魔女の体の同じ部位に同じような傷をつける。

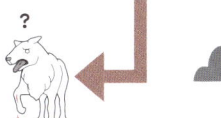

こうして、魔女が狼に変身して人を襲ったという幻覚が現実に見えるようになる。

魔女の変身のメカニズム（その2）

①悪魔が空気から狼の外見を作り出す。

②狼の外見を魔女の体にぴったり着せる。

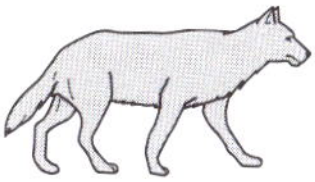

③魔女から狼への変身が完了する。

こうして、魔女が狼に変身して人を襲ったという幻覚が現実に見えるようになる。

No.072

嵐を起こす魔女

Storm Raising

魔女たちはさまざまな魔術的手段で自然現象を操作し、雹嵐、稲妻、暴風雨などを起こした罪で魔女裁判にかけられた。

●魔女は悪魔の力で自然現象まで操った

魔女たちは雹《ひょう》嵐、暴風雨、雷、稲妻などを自由に操ることができると信じられていた。それはもともと悪魔とは関係のない民間信仰だったが、魔女狩りの時代にはこのような能力は当然悪魔から授けられたものと考えられた。それで数多くの魔女が悪天候を起こしたという罪で処刑された。

ドイツのライン地方で火刑に処された魔女の場合、その罪は次のようなものだった。彼女は村の嫌われ者だったので結婚式に呼ばれることはなかった。あるとき、みなが浮かれ騒いでいるのに自分だけ孤独なのに腹を立てた彼女は、悪魔を呼び出した。そして、悪魔に頼んで村を見下ろす丘の上まで空中を運んでもらった。そこで彼女は穴を掘り、自分の尿を注いで指でかき回した。悪魔がその尿を持ち上げて激しい雹の大嵐に変え、村を直撃させた。そうやって彼女は結婚披露宴で浮かれ騒ぐ村人たちの楽しみを奪い去ったのである。

魔女が起こした嵐で最も有名なのは、1590～92年の「ノース・ベリックの魔女裁判」で問題とされたものである。1589年、イングランド国王ジェイムズ1世がデンマークのアン女王と婚約したが、女王がイングランドへ渡航しようとすると何度も嵐に邪魔された。これが魔女の仕業として裁判になったのだが、拷問を受けた魔女の自白によれば、このとき魔女たちは百人規模の集会を行ったという。そして、1匹の猫に洗礼を施し、その猫の身体の各部分に死んだ男の最も重要な部分といくつかの肉片を結びつけ、それを海に投げ込んで嵐を起こしたというのである。

当時の魔女裁判の記録には他にも、火打石を西に向かって左の肩越しに投げる、箒を濡らして振る、去勢した雄豚の剛毛をゆでる、乾いた河原に杖を並べる、というような悪天候を起こす魔術的方法が記載されている。

魔女の荒天術とは

魔女の荒天術
雷を起こす
雹嵐を起こす
暴風を起こす
嵐を起こす

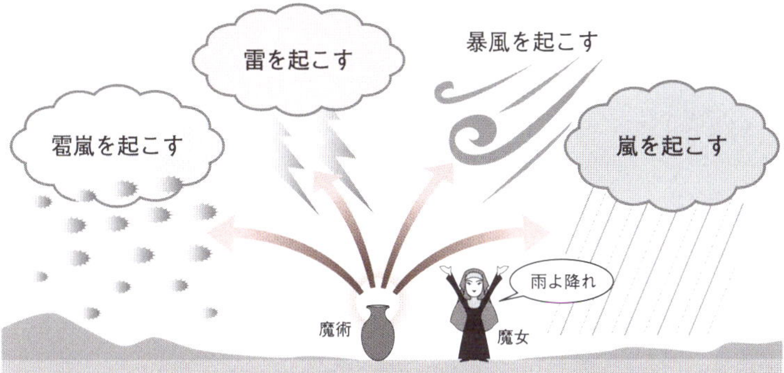
雷を起こす
暴風を起こす
雹嵐を起こす
嵐を起こす
雨よ降れ
魔術
魔女

魔女は魔術的方法で自然現象を操作できると考えられた。

魔女はこんな手段で自然現象を操った

杖で池の水を打つ

船の上で笛を吹く

地面に穴をあけて水を注ぐ

箒を濡らして振る

乾いた河原に杖を並べる

濡れたぼろきれで石を打つ

火打ち石を西に向かって左の肩越しに投げる

生贄にささげた初年鶏を空中に投げる

大釜に蛇など入れて煮る

No.073

魔女の不妊術

Impotence magic

魔女たちが紐などに結び目を作って行う不妊術は、その結び目を見つけてほどくまで男性を性的不能にすることができた。

●男性を性的不能にする悪魔の結び目

魔女たちは悪魔の力を借りることで、男性の性的能力を奪うことができると恐れられていた。ボダンやニコラ・レミといった当時の悪魔学者たちは性的不能のほとんどは魔術のせいだといっている。ただし、この魔術は魔女狩り時代の魔女に特有のものではなく、古くから一般に行われていた妖術の一種で、それがこの時代に魔女の悪行の中に加えられたのである。

男性を不能にする不妊術は一般に結び目を作り、それを隠してしまうことで行われた。リボン、糸、革ひもなど、とにかく手近にあるものを結び、それを標的の男性のベッドの麦藁の中とか、枕の中、敷居の下などに隠すのである。これで男性はインポテンツになってしまうのだ。隠されていたものを発見し、結び目をほどいたとき、病気が癒されるのである。不妊術をかけられた男性は身体のどこかに腫れものができるが、これは本来なら生まれてきたはずの子供を表しているといわれた。

不妊術の一方で、やはり古くからあるものだが、男性に恋心を起こさせる恋の魔術も魔女の悪行と考えられた。15世紀のチロルの詩人ハンス・フィントラーは『美徳の華』の中で、恋の魔術の一般的方法を記している。それによれば、蛙を蟻塚に閉じ込め、肉を完全にかじりとられるまで待つ。その蛙の骨を取り出し、目的の男性の素肌をなでる。そうすると男は蛙の骨で素肌をなでたその女性に恋の炎を燃え上がらせるのである。

不妊術であれ恋の魔術であれ、魔術によって性的不能になった男性は、当時は妻と離婚することができた。しかも、魔術が理由である場合、男性は離婚後すぐに再婚することができた。それで、新しい愛人ができて現在の妻にうんざりした男性は、しばしば自分は魔術のために性的不能になったのだと主張したのである。

男性を性的不能にする一般的方法

不妊術 → 魔術の力で男性を性的不能にする
古くから存在する一般的妖術の一つ

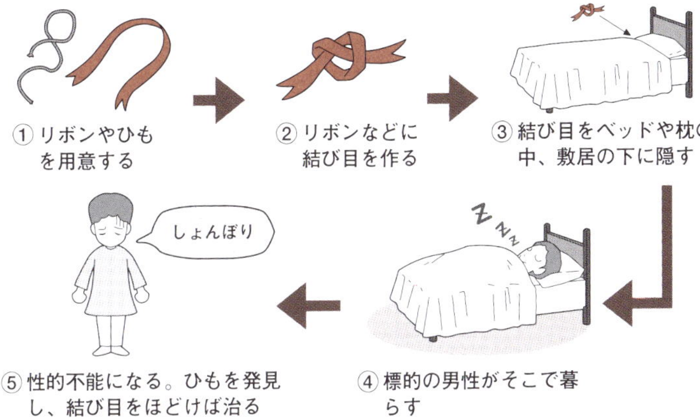
①リボンやひもを用意する
②リボンなどに結び目を作る
③結び目をベッドや枕の中、敷居の下に隠す
Z z z
④標的の男性がそこで暮らす
しょんぼり
⑤性的不能になる。ひもを発見し、結び目をほどけば治る

恋の魔術の一般的方法

恋の魔術 → 男性に激しい恋心を起こさせる

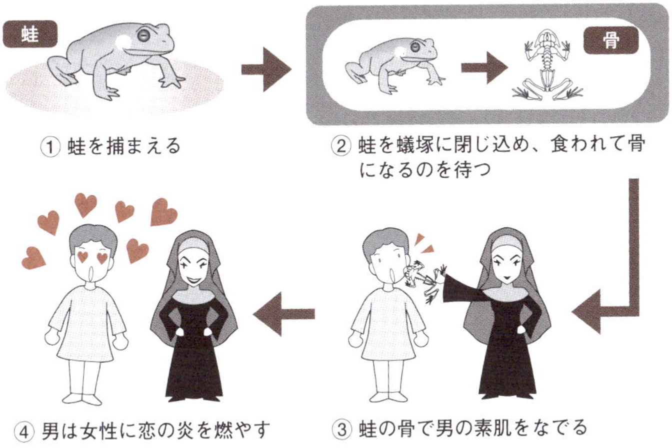
蛙
①蛙を捕まえる
骨
②蛙を蟻塚に閉じ込め、食われて骨になるのを待つ
③蛙の骨で男の素肌をなでる
④男は女性に恋の炎を燃やす

No.074

サバトとは何か？

Sabbat

大勢の魔女たちが集まり、殺した子供の肉を食い、乱痴気騒ぎし、性的乱交を行うというサバト（魔女の夜宴）は人々が作った幻想だった。

●魔女幻想が作り上げた狂乱的な夜宴

ヨーロッパにはキリスト教が広まってからも民衆の間には古くからある土着の信仰が残っていたが、とくに地中海世界を中心にしてディアナ女神、アルテミス女神に代表されるような大母神への信仰が根強かった。そして、これら大母神の祝祭には性的乱交やオルギア(狂騒的酒宴)がつきものだった。キリスト教は当初はこうしたものに寛大だったが、やがて異教の神は悪魔であり、それに参加する者は悪魔に従う魔女だと見なすようになった。こうして、14～15世紀ころから、魔女たちが夜宴のために集会するという観念が出来上がり、その夜宴がサバトと呼ばれるようになった。

人々はサバトをだいたい次のようなものとしてイメージした。

その夜、魔女たちは夫や妻に気付かれないようにベッドを出て、身体に軟膏を塗る。すると体が宙に浮くようになるので、箒などにまたがって飛んでゆく。集会はとにかく人気のない場所、荒地、森の中、洞穴などで行われる。参加者が集まってきたらまず悪魔へ崇拝をささげ、初めて来た者がいたら入会式を行う。そして、飲食。ここでは、殺してきた子供の肉や血を食べたりする。宴会が終わったら、松明の火を消してあたりを真っ暗にし、「交われ」という声を上げ、全員が手近にいる者と抱き合い、男同士、女同士、近親者であろうと相手かまわずに性的な乱交を行う。それから、別れの儀式。帰宅したら静かにもとのベッドに戻るのである。

大事なのは、サバトは現実には存在しない幻想なので、開催日も開催場所も参加人数も証言者によってまちまちだということだ。17世紀初頭の魔女狩り人ピエール・ド・ランクル（1553～1631年）は、サバトは商人の市のようで、狂った者たちがあらゆる方角から波のように押し寄せ、その数は何十万人にも及ぶなどといっている。

サバト概要

サバトとは

↓

魔女たちの夜の集会

↓

・人気のない場所で開催される
・数人規模から数万人規模まである
・現実には存在しない幻想である

ブロッケン山の魔女のサバトの様子を描いた18世紀の版画。

サバトのプログラム

サバトの招待状

開催日	土曜日・日曜日を除く日の深夜より開催
移動手段	身体に軟膏を塗り、箒に乗って空を飛んでご来場下さい

プログラム

悪魔礼拝	悪魔へ敬意を表する臣従の礼
入会式	初めての参加者のための入会式
宴会	素晴らしい料理（ただし、犬・猫・蛙料理などもあり）
舞踏	田舎風音楽でダンス（ロンドが多い）
乱交	そばにいる人と、男同士、女同士かまわず乱交
終了	自然終了または夜明けを告げる雄鶏の鳴き声を合図に

用語解説

●**サバト**→キリスト教徒は古くは異教徒の集会をシナゴーグ（ユダヤ教の会堂のこと）と呼んだが、サバトもヘブライ語で祝祭日を意味するシャバトからきている。つまり、反ユダヤ的な言葉である。

No.075

サバトの牡山羊・バフォメット

Sabbatic Goat/Baphomet

サバトを主催するサタンは巨大で真っ黒な牡山羊の姿をしており、2本の角の間に火のついた蝋燭を立てていると考えられていた。

●黒く巨大な牡山羊の姿をしたサタン

サバトは魔王サタン主催の祭りであり饗宴である。だから主催者であるサタンは必ずその場に出席する。

そのサタンは魔女と性交するために魅力的な姿になることもあったが、多くの場合は巨大で真っ黒な牡山羊の姿をしており、2本の角があってその間に火のついた蝋燭《ろうそく》を立てていると考えられていた。これがいわゆる「サバトの牡山羊」である。

コラン・ド・プランシー『地獄の辞典』(1863年)によれば、この牡山羊は3本の角があり、真ん中の角が光っている。黒い冠をかぶり、頭の毛は逆立ち、顔は青白く、目はぎらついている。両手は一見人間のようだが、指がみな同じ長さで、先が曲がって尖っており猛禽の爪のようである。足はガチョウのようで、尾は長くてロバのようだ。声は恐ろしげで抑揚がなく、顔つきは重々しげで憂鬱症の人間のようである。尻の下に人間の顔がついており、サバトに来る魔女たちは必ずこの顔に接吻するのだという。

サバトの牡山羊の図像としては、19世紀の魔術師エリファス・レヴィが描いた「**メンデス**のバフォメット」が有名である。この図像の中では牡山羊の胸に女性の乳房があり、両性具有、雌雄同体の性格が追加されている。また、額に五芒星のマークがついている。この図像があるため、レヴィ以降はサバトの牡山羊はバフォメットとも呼ばれるようになった。ただし、バフォメットの古い記録は14世紀までさかのぼる。1307年、テンプル騎士団が異端・同性愛・偶像崇拝などの罪で告発された。そして二百名以上の騎士が教会の審問を受けたが、その中にバフォメットを崇拝する者がいたとされているのだ。その名の由来は、イスラム教教祖マホメットが訛ったものだという説がある。

サバトのサタンの特徴

サバト ➡ 魔王サタン主催の祭り
サタンは必ず出席している

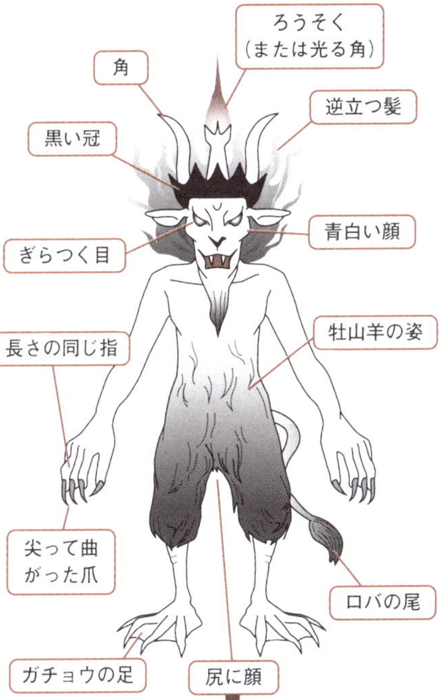
ろうそく
(または光る角)
角
逆立つ髪
黒い冠
青白い顔
ぎらつく目
牡山羊の姿
長さの同じ指
尖って曲
がった爪
ロバの尾
ガチョウの足
尻に顔

五芒星
乳房

エリファス・レヴィの描いた「メンデスのバフォメット」すなわちサタンには両性具有、五芒星などの近代オカルトの象徴が追加されている。

サタン
魔女

魔女たちが儀礼としてサタンの尻に接吻する行為は魔女裁判における魔女の罪状の一つとされていた。
左はフランシス・ハッチンソンの版画。

用語解説

●**メンデス**→牡山羊という意味がある。紀元前5世紀の古代ギリシアの歴史家ヘロドトスはエジプトのメンデス市に関して、その住民は山羊を異常なほどに崇拝していたと記している。

No.076

魔女の入会式

Witches Initiation ritual

魔女の絶対必要条件——それはサバトにおいて魔王サタンの目の前で魔女の入会式を行い、悪魔と契約を結ぶことだった。

●魔女になるための悪魔との契約

魔女のサバトではその日初めてやってきた新人たちの入会式が行われると信じられていた。入会式の意味は古くからある悪魔との契約と同じだった。魔女は魔王サタンと契約を結び、サタンの配下となって本当の魔女になるのである。1398年、魔女はみな絶対に悪魔と契約しているはずだという理論がパリ大学で認可された。つまり、その時代ころに、魔女は悪魔と契約しているという考えが一般的になったのだ。

魔女の入会式については魔女自身によって、または悪魔学者たちによってさまざまに語られている。16世紀の悪魔学者**ウィリアム・パーキンズ**は、入会式ではサタンとの間に魔女の血で書かれた契約書が交わされるといっている。契約に際して、魔女はサタンの臀部に接吻するともいわれた。

フランチェスコ・マリア・グアッツォの『蠱物要覧』（1608年）では、魔女の入会式は次のようなものだとされている。

まず新人魔女がサタンの前に進み出て、キリスト教を否定し、悪魔への帰依を誓う。宣誓後、十字架や聖母マリア、聖人などの像を踏みにじる。サタンはその魔女に新たな名を与え、再洗礼を授ける。再洗礼は一般に汚れた水で行うといわれた。続けてサタンが魔女の顔をこする。これは洗礼の聖油を取り除く象徴的儀式である。そして魔女のそれまでの名親が否定され、新たな名親が決定される。魔女は悪魔への服従の印に衣服の一部をささげ、地面に魔法円を描き、その中で悪魔への忠誠を誓う。その後、魔女は「死の書」に名前を記入してくれるようサタンに要請し、悪魔に対して幼い子供をささげる約束と年に一度ささげものをする約束をする。サタンが魔女の体のあちこちに魔女の印をつける。最後に魔女は今後キリスト教的な儀式を行わないこと、契約の秘密を守ることを約束するのである。

魔女の入会式の意味

魔女の入会式

↓

魔王サタンと契約し、配下になる

↓

真の魔女になる

『蠱物要覧』（1608年）にある版画。
魔女の入会式の一場面。

入会式のプログラム

① キリスト教信仰を否定し、サタンへの帰依を誓う。

↓

② サタンが入会者を再洗礼する。

↓

③ 洗礼の聖油を取り除く儀式。

↓

④ 服従の印に魔女が衣服の一部をささげる。

↓

⑤ 魔法円の中で悪魔への服従を誓う。

↓

⑥ 「死の書」への名前の記載。

↓

⑦ 子供を犠牲にする約束。

↓

⑧ 今後はキリスト教の儀式をしないことを誓う。

用語解説

●ウィリアム・パーキンズ→1555～1602年。イングランドの悪魔学者で清教徒派の説教師。
●フランチェスコ・マリア・グアッツォ→17世紀初頭の托鉢修道士。

No.077

魔王の印と魔女の印

Devil's Mark & Witch's Mark

魔女狩りの時代には、誰にでもあるような身体上の傷跡、魚の目、アザ、ホクロ、イボ、色素沈着などが魔女であることの証拠となった。

●サタンと契約した証拠になる身体上の印

サタンと契約を交わした魔女にはその身体に必ず「魔王の印」と「魔女の印」があると考えられていた。

「魔女の印」はイボとかホクロのような、身体にある小さな隆起であり突起物だった。それは余分な乳首を意味した。つまり、魔女が飼育している使い魔たちがその乳首から魔女の血を吸うのである。17世紀の魔女裁判の記録には、小指ほどの大きさで長さが指の半分ほどの乳首を持った魔女、舌の先に乳首を持った魔女、陰部に二つの乳首を持っていた女性の魔女のことなどいろいろな事例が記載されている。「魔王の印」は傷跡、アザ、魚の目、刺青、色素沈着のようなものである。サタンは契約の印として、農場の家畜に焼印を押すように、爪や熱した鉄で魔女の身体に悪魔の印を残すというのが16～17世紀の魔女学の理論だった。

魔女の印も魔王の印も珍しいものではなく、誰にでもあるようなものだが、それが魔女であることの証拠とされた。だから、ひとたび魔女と疑われたら、それを否定するのは不可能だったのである。

魔王の印や魔女の印のある部位は無感覚で針を刺しても痛くない、あるいは出血しないと考えられた。恐ろしいことに魔女狩りの時代には魔女探索人がおり、各地を回って何人もの容疑者の身体に針を刺し、魔女を見つけては報酬を得ていた。報酬を得るために身体に当てると針先が引っ込むような仕掛けのある偽の道具を使う者もいた。

これらの印はしばしば外からは見えないような部位にあると考えられていた。まぶたの裏、脇の下、髪の毛や体毛の下、陰部などである。それで魔女かどうか審査する場合、身体中を念入りに調査した。だから容疑者たちは髪の毛から体毛まですべて剃り落とされることになっていたほどだ。

契約の印

魔女の印・魔王の印 → 魔女である証拠

魔女の印とは

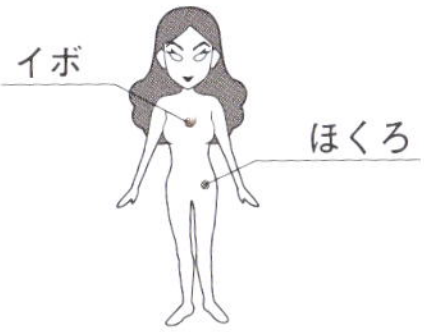
イボ
ほくろ

魔女の印 ＝ 突起物

突起物
使い魔
魔女

魔女は身体の突起物から使い魔の動物に乳を飲ませると信じられていた。

魔王の印とは

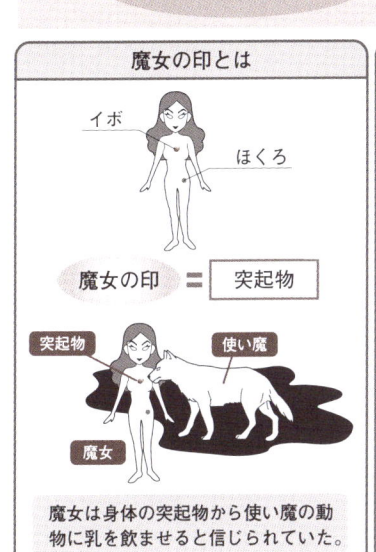

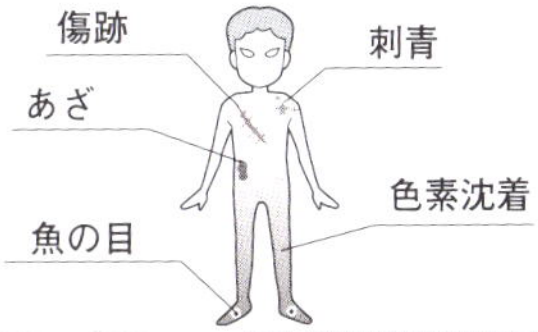
傷跡
刺青
あざ
色素沈着
魚の目

魔王の印 ＝ 傷のようなもの

魔女
チョイ
チョイ
サタン

サタンは契約の印に爪などで魔女の身体に印を残すと信じられていた。

魔王の印と魔女の印の特徴

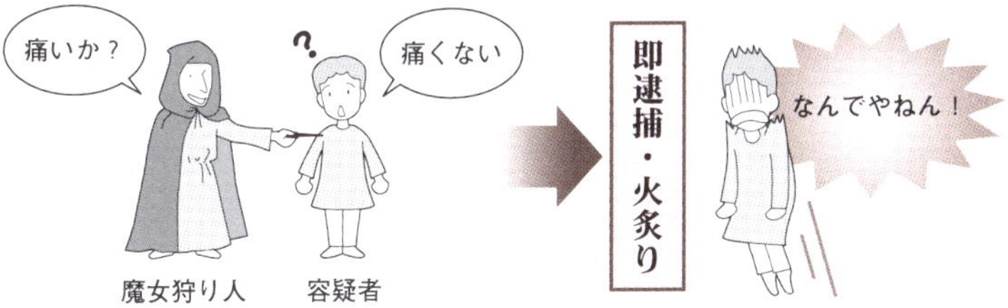
痛いか？
痛くない
魔女狩り人
容疑者
即逮捕・火炙り
なんでやねん！

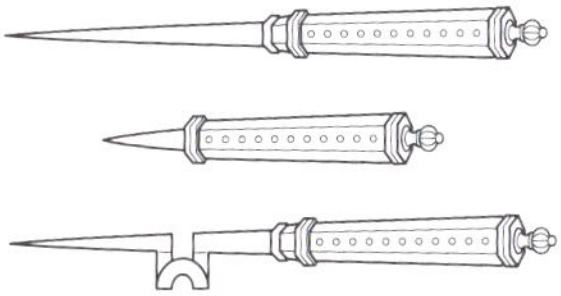

魔女発見用針

魔女の印・魔王の印は針で刺しても痛くないと信じられていた。魔女の容疑者は身体のあちこちを左図のような針で刺され検査された。だが、刺すと先端が引っ込む偽物もあり（中央のもの）、誰でも魔女にすることができた。

No.078

インクブスとスクブス

Incubus & sucubus

インクブス、スクブスという悪魔たちはそれぞれ人間の男性あるいは女性の姿をしており、人間の男女と性的関係を持つと信じられていた。

●人間の異性と性交する悪魔

15～17世紀の魔女裁判が盛んだった時代には魔女たちは必ずインクブスやスクブスと性的関係を持っていると考えられていた。また、インクブスやスクブスを操って、人間と性的関係を持たせると考えられていた。

インクブスは人間の男性の姿で、女性を誘惑して性交する悪魔たちである。スクブスは女性の姿で、男性を誘惑して性交する悪魔たちである。これらの性交は眠っている間に夢の中で行われることが多かったので、両方まとめて夢魔（メアまたはナイトメア）と呼ばれることもある。

インクブス、スクブスという悪魔が存在するという考えは非常に古くからあった。4世紀の教父アウグスティヌスさえ、インクブスやスクブスというデーモンがいることを否定するのは恥知らずだといっているほどだ。理由は簡単で、禁欲的な聖職者や修道士たちは性的な事柄に大いに悩まされたからである。そして、多くのキリスト教の教父たちが、人間の娘に欲望を抱いて天から落ちた堕天使たちがインクブスになったと考えた。

それにしても、悪魔は堕天使であり、人間のような物質的な肉体を持たないはずである。それなのになぜ、人間と性交することができるのか？しかも、インクブスの場合など人間の女性を実際に妊娠させることがあると信じられていたのである。

これについては、悪魔が現実の人間に憑依し、他の人間と性交するのだとか、何かの材料を混ぜ合わせて自分のための肉体を作り、その肉体で性交するのだと説明された。また、中世の大学者トマス・アクィナスは、インクブスが女性を妊娠させることがきるのは決して自分の精液によるのではなく、同じ悪魔がまずスクブスとなって男性から精液を奪い、次にはインクブスとなって女性と交わり、その精液を使うからだと説明している。

魔女とインクブス・スクブスの関係

魔女
インクブス
or
スクブス

魔女はインクブスまたはスクブスと性的関係がある。

魔女

魔女はインクブスまたはスクブスを操り、他人と性的関係を結ばせる。

インクブスとスクブス

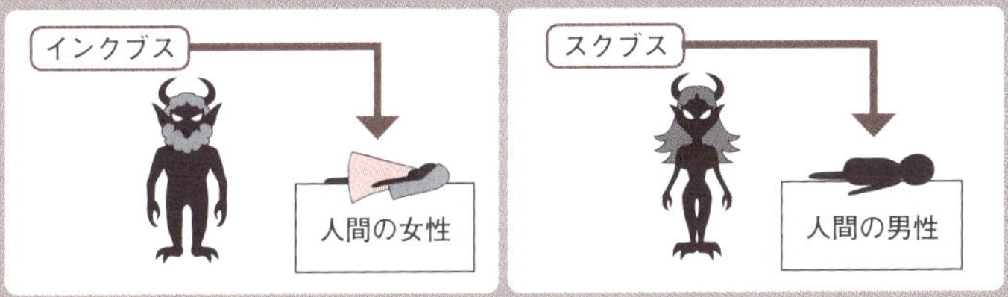
インクブス
人間の女性
スクブス
人間の男性

インクブスは男性の姿をした悪魔で人間の女性と交わる。スクブスは女性の姿の悪魔で人間の男性と交わる。

悪魔はいかにして肉体を得て女性を妊娠させるか

悪魔
インクブス
or
スクブス
人

何か材料を混ぜ、自分のための肉体を作り、人と交わる。

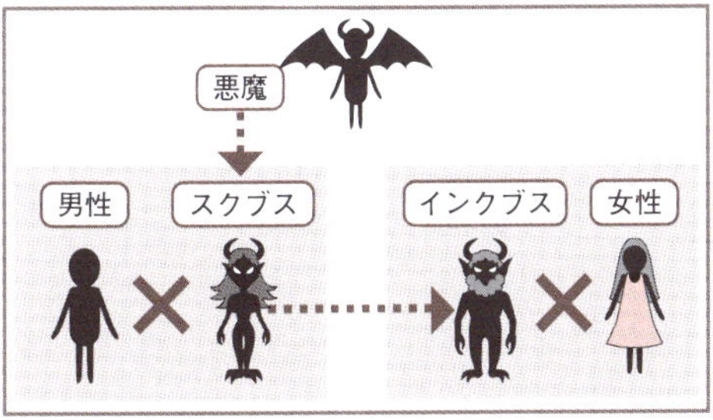
悪魔
男性
スクブス
インクブス
女性

最初にスクブスとなり男性から精液を奪う。次にインクブスとなりその精液で女性を妊娠させる。

No.079

使い魔とは何か？

Familiars

悪魔と契約した魔女たちはそれと引き換えに小さなペットのような使い魔を与えられ、自分の手先として利用することができた。

●愛玩動物のように魔女に仕えた使い魔

魔女は悪魔と契約しているが、この契約と引き換えに悪魔から階級の低い小悪魔を与えられていた。この小悪魔は「インプ」とも呼ばれ、小さな愛玩動物の姿をしていた。これが使い魔で、魔女に入れ知恵したり、魔女の命令で殺人などの悪事を働いたりするのである。

使い魔は、犬、猫、山羊、牡牛、ヒキガエル、フクロウ、ネズミなど、とにかくその辺にいる動物の姿をしていることが多かった。ただ、動物の姿をしていても、使い魔は動物の姿をした悪魔とは別なものだった。

魔女は必ず使い魔を飼っているというのが定説だったので、魔女裁判では使い魔がいるかどうかが重要な判定基準になった。もし、魔女と疑われた人が犬や猫を飼っていれば、それが使い魔だとされた。しかし、使い魔はどんな動物でもよかったので、その人が犬や猫を飼っていなかった場合は、近づいてきたハエやゴキブリまでが使い魔だと認定された。

使い魔は魔女にとって本当にペットのようなものだったようで、魔女裁判の記録には魔女が複数の使い魔に名前をつけて飼っていたという話がたくさんある。17世紀に魔女狩りの犠牲となったエリザベス・クラークの場合は、子猫のホルト、太ったスパニエル犬のジャーマラ、グレイハウンド犬のヴィネガー・トム、黒兎のサック・アンド・シュガー、鼬《いたち》のニューズを飼っていたと記録されている。

使い魔は人間の血を好んだので、魔女たちは自分の血を与えたという。そのとき、使い魔が魔女の血を吸う部位が「魔女の印」だった。人にはホクロやイボのような異常な突起物が身体のどこかにできてしまうことがある。それが「魔女の印」であり、小さな乳首の役を果たしたのだ。そして、「魔女の印」の存在が、その者が魔女であることの証拠とされたのである。

使い魔とは

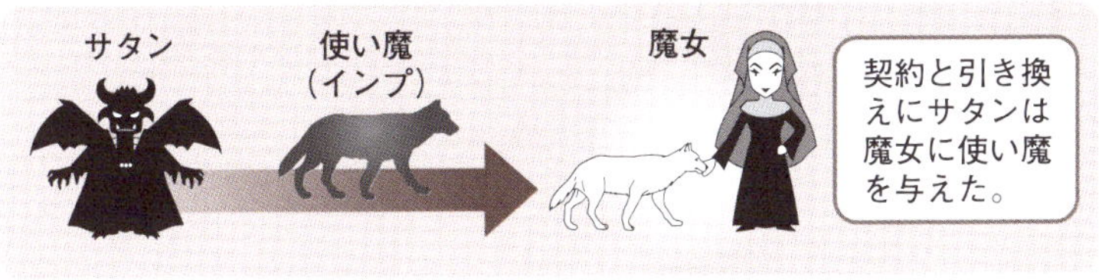
サタン
使い魔
（インプ）
魔女
契約と引き換えにサタンは魔女に使い魔を与えた。

使い魔の種類
猫
犬
蝿
牛
山羊
兎
鳥
馬
ゴキブリ
鼠
使い魔はその辺にいる動物の姿をしていた

Matthew Hopkins Witch Finder Generall
My Imps names are
Holt
1 Ilemauzar
2 Pyewackett
Jarmara
Sacke & Sugar
3 Pecke in the Crowne
4 Griezzell Greedigutt
Newes
Vinegar tom

魔女狩り人マシュー・ホプキンズが書いた『魔女の発見』（1647年）の扉にあるイラスト。彼が断罪した魔女エリザベス・クラークが飼っていた使い魔たちが描かれている。

魔女の命令で悪行を働く使い魔

魔女の命令であちこちでいろいろな悪行を働く
ギャ〜
・魔女はペットのように使い魔の世話をする。
・命令を実行したら褒美に自分の血を与える。

No.080

魔女の悪行

Maleficia

家畜の病気や死、嵐、大雨、日照り、失恋、性的不能など理由のはっきりしない災厄が起こると、それは魔女の仕業だと考えられた。

●理由のない自然災害・災厄はみな魔女のせい

魔女たちは他人の家畜や財産に損害を与えたり、人を病気にしたり死なせたりすると信じられていた。男性を不能にしたり、女性を不妊にすることもあるといわれた。頭痛になったり虱に食われたりするという些細なことも魔女の仕業だった。このような魔女の働く悪行は“マレフィキア”と呼ばれた。そして、悪行を働くことはサタンと契約していることを意味しており、その者が魔女だということの証拠とされた。

魔女の悪行には農業と密接に関係するものが多かった。暴風、嵐、強風、悪天候を起こしたり、作物を枯らしたり、隣人の家畜を病気にしたり死をもたらしたりするのである。したがって、この種の災厄があって理由がはっきりしない場合には、みながそれは魔女のせいだと考えた。そして、心当たりのある者は魔女だと思われる誰かを告発したし、魔女狩り人は疑わしい者たちを一斉検挙したのである。

ヨーロッパの魔女には伝統的な豊穣神信仰、亡霊信仰と関係する者もいたが、徐々に悪行を働く魔女の割合が増えていった。北部ヨーロッパでは中世から農業の生産性が高まっており、魔女といえばその大半を悪行を働く者が占めるようになっていった。魔女学のマニュアルとして有名な『魔女への鉄槌』もその内容の大半は魔女の悪行に費やされているのである。

魔女が悪行を働く方法はいろいろあると考えられていた。よくあるのは軟膏、薬草、人形を用いるものだった。人形のような形代《かたしろ》を用いるというのは古典的な共感魔術であって世界中にあるが、それで何人もの人が死んでしまったというような話が魔女裁判にはたくさんあるのである。いわゆる呪文や邪視が用いられることもあった。魔術道具としてあまりにも有名な「栄光の手」が利用されることもあった。

魔女の悪行の種類

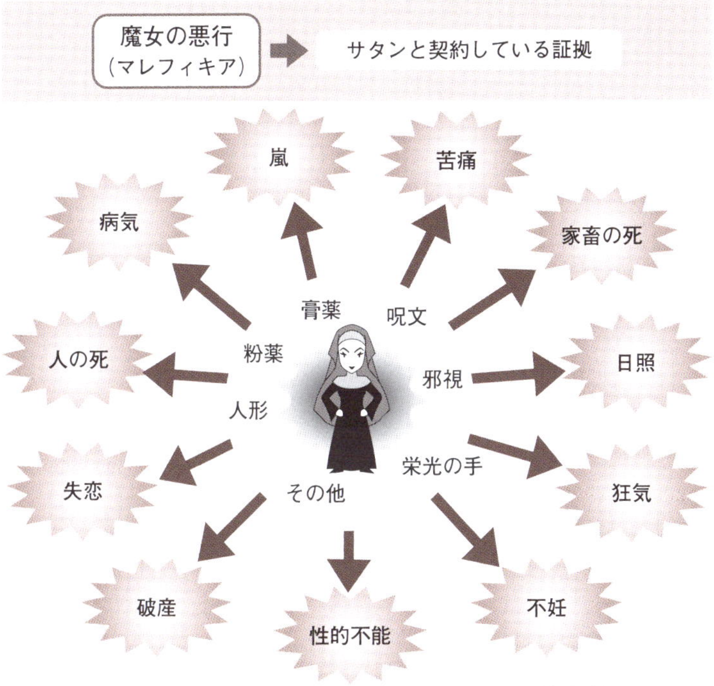

魔女は魔術的方法を用いていろいろな災厄をもたらすと考えられていた。

栄光の手

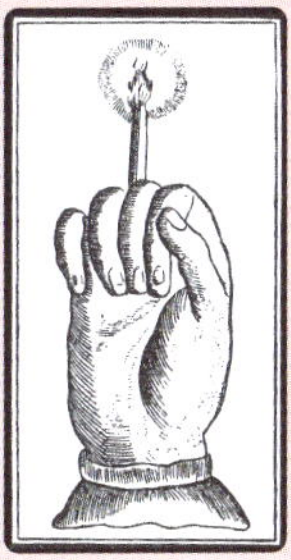

「栄光の手」はグリモワールなどで紹介されることもある魔術道具で、人を動けなくする、眠りこませる、迷わせるなどの効果があったといわれている。絞首刑になった犯罪者の手をまだ絞首台にぶら下がっている間に切り取り、埋葬布の一片で包み、よく血を絞り出し、土製の器に入れ、硝石、長唐辛子で15日間漬け込む。それから取り出し、天日で干す。十分に乾燥しなかったら、さらにクマツヅラとシダと一緒にかまどに入れて乾燥する。こうして出来上がったのが「栄光の手」で、それにロウソクを立てて燭台として使うのである。

No.081

魔女の軟膏とは？

Witches' ointment

魔女の軟膏を体に塗ると箒に乗って空を飛んだり、動物に変身して原野を疾駆することができると信じられていた。

●魔女の飛行や変身は幻覚作用のせいだった

魔女たちは身体に特別な軟膏《なんこう》を塗ることで、箒に乗って空を飛び、サバトでの乱交に参加し、また動物に変身するのだと一般に信じられていた。魔女裁判で裁かれた魔女たちの中にも、現実に自分たちはそうしたのだと信じている者が多かった。しかし、15世紀になるとほとんどの悪魔学者たちはそれは軟膏による幻覚作用のせいだと考えるようになっていた。

悪魔学者ジャン・ド・ニノーは『狼憑きと魔女』(1615年)の中で、いかに悪魔といえども神でない以上は事物の本質を変えることはできないので、人間を動物に変身させたり、その魂を肉体から引き離して再びもとに戻したりすることはできないといっている。にもかかわらず魔女たちが現実にそうしたと主張するのは、悪魔が幻覚作用を使って彼らの感覚を惑わしているからだというのである。

そのうえで、ニノーは魔女の軟膏を三つに分類している。

一つはサバトに参加するためのもので、幻想的な夢の世界を作りだす作用がある。これを塗れば身体はベッドに横たわったまま、精神だけがそこへ参加できるのである。この軟膏は子供の脂、セロリの汁、トリカブトなどでできているという。

二つ目は箒や杖にまたがって空中を飛ぶためのものである。だが、これについてニノーはあまり詳しく語らず、ベラドンナやネコの脳のような感覚をかく乱させる薬で、その間に悪魔が魔女を空中移送するのだと説明している。

三つ目は動物に変身して原野を疾駆するためのもので、ヒキガエル、蛇、ハリネズミ、狼、狐、人間の血などから採ったある種の品々に、想像力をかき乱し欺《あざむ》く薬草や根その他を混ぜたものだといっている。

魔女の軟膏の作り方

魔女の軟膏 ➡ いろいろな用途に用いられた

魔女は軟膏を使って…
サバトへ参加する
箒に乗って空を飛ぶ
動物に変身する
人を殺す

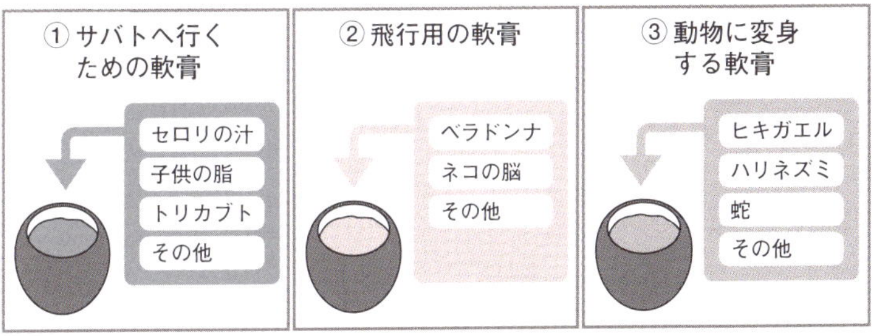
① サバトへ行くための軟膏
セロリの汁
子供の脂
トリカブト
その他
② 飛行用の軟膏
ベラドンナ
ネコの脳
その他
③ 動物に変身する軟膏
ヒキガエル
ハリネズミ
蛇
その他

ここに述べたのは17世紀の悪魔学者ジャン・ド・ニノーが考えた3種である。民間伝承では殺害用の軟膏もあったといわれている。

魔女の軟膏の効力は？

魔女の軟膏 ➡ 幻覚作用を引き起こす

幻覚
軟膏
魔女

軟膏を身体に塗った魔女は幻覚の中でサバトに参加し、それを現実と錯覚したという。

No.082

悪魔憑《つ》きと魔女

Witchcraft and possession

魔女妄想の時代には魔女がサタンに依頼し、特定の個人や集団に悪魔を送り込み、悪魔憑きを起こしたとされる事件が次々と発生した。

●魔女は悪魔をリンゴに潜ませて悪魔憑きを起こす

悪魔憑《つ》きとは、悪魔（あるいは悪霊）が人や物、場所などに憑《ひょう》依《い》する現象である。悪魔の存在を信じている世界ではそれは珍しいことではない。原因不明の病気、狂気、混乱、不幸があった場合、それはしばしば悪魔のせいだとされるのである。キリスト教の世界にも、悪魔が存在している以上は、最初から悪魔憑きが存在していた。新約聖書を見ればそれはわかる。そこで悪魔憑きとみなされているのは、肉体的・精神的に障害を持つ人である。そして、イエスや使徒たちが悪魔祓《ばら》い（エクソシズム）を行うことで悪魔は追い出され、病が癒されるのである。

新約聖書の時代は悪魔が盛んに活動していた時代であり、それだけ悪魔憑きもよく起こったが、16～17世紀の魔女妄想の時代もそれに負けず劣らず悪魔が猛威をふるった時代だった。だから、この時代にも頻繁に悪魔憑きが起こっていた。とくに女子修道院において悪魔の跳梁ははなはだしく、次々と集団憑依事件が起こった。

また、この時代にはこれまでに見られなかった悪魔憑きのパターンが追加された。普通の悪魔憑きは悪魔が自分の意思で特定の人間に取り憑くのだが、この時代にはそこに魔女が介在する事件が頻発したのだ。つまり、ある人がサタンと契約して魔女となり、自分の欲望のためにサタンに依頼し、別な人や集団に悪魔を送り込むというパターンである。

魔女はいろいろな物に悪魔を潜ませて標的に送り込むことができると信じられていた。最も一般的なのは食べ物だった。17世紀の悪魔学者アンリ・ボゲによれば最適なのはリンゴで、それによって誰にも気付かれずに標的の体内に悪魔を送り込むことができるという。それは悪魔がエデンの園にいたアダムとエバを誘惑したのとよく似た方法だからである。

魔女が起こす悪魔憑きのパターン

魔女の時代 ＝ 悪魔の時代 → 悪魔憑き事件が頻発

魔女がサタンに依頼し、目的の人々に悪魔を憑依させた。

ワイン、花束、食べ物などに悪魔を潜ませ標的に送る。最適なのはリンゴ。

贈り物から悪魔が現れ人に取り憑く。

●続発した集団憑依事件の一部

年代	事件
1526	リヨンの修道女たちが憑依される。
1550	ブラバント公国ヴェルテートの修道女たちが憑依され、猫のように木に登り、空中浮遊した。町に住む魔女の呪いだった。
1554	ローマの孤児院の80人の子供が憑依された。
1611	エクサン＝プロヴァンスの修道女たちが憑依され、ルイ・ゴーフリディ神父が魔女として処刑された。
1634	ルーダンの女子修道女たちが憑依され、ユルバン・グランディエ神父が魔女として処刑された。悪魔憑きの最も有名な事件。
1642	ルーヴィエの女子修道女たちが憑依され、ブーレ神父が魔女として処刑された。
1656	パーデルボルンの司教管区全体で大規模な悪魔憑きが発生。市長宅の女中が魔女とされた。
1670	オランダのホールンの孤児院の子供たちが憑依された。
1692	アメリカのマサチューセッツ州セイラムの少女たち多数が悪魔に憑依され、141人が魔女の容疑者として逮捕された。アメリカ唯一の集団憑依事件。

No.083

悪魔憑《つ》きの兆候

Signs of Demonic possession and obsession

悪魔憑きには悪魔が人の体の外側に張り付くオブセッションと人の体の中に入り込むポゼッションの二つのタイプがあった。

●悪魔に憑かれた人々の異常行動

悪魔が人に憑《つ》く場合、その憑き方には2種類がある。一つは悪魔が人の外側に付着するもので、英語で「オブセッション」という。もう一つは悪魔が人の内部に入り込んでしまうもので、英語で「ポゼッション」という。

キリスト教では悪魔は徳の高い人の体には入れないと考えられているので、このような人々の身に起こるのはオブセッションである。その好例は古代の隠者として有名な聖アントニウスで、異様な姿の怪物や裸の女性の出現によって悩まされたのである。

そうでない人の場合は憑依といえばポゼッションが一般的である。このような例は古くから数多くあり、新約聖書にも描かれている。そのうちの一つ、『マルコによる福音書』第5章に登場する汚れた霊に取り憑かれた人の場合、「この人《ひと》は墓場《はかば》を住《す》まいとしており、もはやだれも、鎖《くさり》を用《もち》いてさえつなぎとめておくことはできなかった。これまでにも度々《たびたび》足枷《あしかせ》や鎖《くさり》で縛《しば》られたが、鎖《くさり》は引《ひ》きちぎり足枷《あしかせ》は砕《くだ》いてしまい、だれも彼《かれ》を縛《しば》っておくことはできなかったのである。彼《かれ》は昼《ひる》も夜《よる》も墓場《はかば》や山《やま》で叫《さけ》んだり、石《いし》で自分《じぶん》を打《う》ちたたいたりしていた。」とされている。つまり、悪魔に取り憑かれた人は尋常では考えられない力を出したり、わけもなく叫んだり、自分自身を傷つけたりするのである。

とはいえ、どのような場合が本当の悪魔憑きなのか決めることは重要なので、神学者たちはその兆候を数え上げようと試みた。そして、魔女妄想の時代には、猥褻なことや冒涜《ぼうとく》的なことをいう、猥褻な露出を行う、釘や留め金・鉄・石など異常なものを口から吐き出す、聖遺物や秘蹟を恐れる、奇怪で恐ろしい外貌を示す、動物のような声や動きをする、発作の後は記憶をなくすといったことが悪魔憑きの兆候だと考えられた。

悪魔憑きの2パターン

❶オブセッション

悪魔は聖人の
身体には入れ
ませんから。

悪魔が体の外側に付着する。いろいろな妄想・幻覚に悩まされることが多い。

聖アントニウスのような聖人に起こる。

❷ポゼッション

凡人の身体に
は簡単に入れ
ます。

悪魔が身体の中に入り込んでしまう。霊に悩まされるだけでなく、普通でない行動をすることが多い。

一般的な憑依はほとんどがこちらである。

悪魔学者が指摘する悪魔憑き（ポゼッション）の兆候

魔女妄想の時代の悪魔学者たちは本当の悪魔憑きには以下のような兆候があると考えた。

- 悪魔に取り憑かれていると考える
- 不品行な生活を送る
- 絶えず病気であり、こん睡する
- 霊に悩まされる
- 猥褻なことや冒涜的なことをいう
- 猥褻な露出を行う
- 釘や留め金・鉄・石など異常なものを口から吐き出す
- 聖遺物や秘蹟を恐れる
- 奇怪で恐ろしい外貌を示す
- 動物のような声や動きをする
- 凶暴で暴力的になる
- 生きることに飽き飽きしている
- 発作の後は記憶をなくす

No.084

ルーダンの悪魔憑《つ》き事件

Loudun Possesions

悪魔との契約書まで飛び出した史上最も有名な集団憑依事件は、派手で傲慢なグランディエ神父を破滅させるための政治的陰謀だった。

●多数の悪魔を巻き込んだ政治的陰謀事件

17世紀前半、**ルーダン**の町を騒がせた悪魔憑《つ》きは、集団憑依の中でも最も有名なものだが、政治的な陰謀事件という性格を持っていた。

当時のルーダンの主任司祭ユルバン・グランディエは美貌で洗練されていたが、数多くの女性と関係を持っただけでなく、傲慢で敵が多かった。このため、彼を破滅させたいと考える政治的敵対勢力がルーダンのウルスラ会の女子修道院を舞台に、壮大な悪魔憑き現象を作り上げたのである。

悪魔憑き騒動が始まったのは1632年10月である。30歳の修道院長ジャンヌ・デ・ザンジュ他数名の尼僧に数多くの悪魔が取り憑き、不気味な叫びと痙攣で修道院は大騒ぎになったのだ。すぐにも何人もの聖職者、司教などが調査にやって来た。悪魔祓《ばら》いが行われ、デ・ザンジュの証言から彼女に取り憑いているのが悪魔アスタロトであること、悪魔はルーダンの主任司祭であるユルバン・グランディエ神父が修道院へ投げ込んだバラの花束に隠れていたことなどが暴露された。

とはいえ、ルーダンの裁判所や医師たちは賢明にもこの騒ぎは決して悪魔によるのではないと判断した。おかげで騒ぎは一度は収まり、悪魔たちも姿を消したのである。

しかし、1633年夏、騒動は再発した。今回は最大の敵対者である枢機卿リシュリューが動き、その腹心のボルドー高等法院評定官ローバルドモンがグランディエを取り調べた。修道院での悪魔憑きもさらに大規模に再発した。悪魔祓いも大規模になり、ショーのように公開で行われ、多数の見物客が押し寄せた。そして、グランディエ神父と悪魔との契約書（p.132参照）やアスモデウスの誓約書（p.24参照）までが持ち出され、1634年8月18日、グランディエは生きたまま火刑に処せられたのである。

事件の概要

ルーダンの悪魔憑き → 史上最も有名な集団憑依事件だが、政治的陰謀だった！

悪魔に憑依された尼僧
ジャンヌ・デ・ザンジュ

1634年、グランディエ神父が火刑になった当時の素描

修道院長ジャンヌ・デ・ザンジュに憑依した悪魔たち

ネフタロン
バラーム
アチャス
アリクス
チャム
イサカーロン
アスモデウス
ユリエル
ザブロン
ベヘモット
アーマン
アスタロト
レビヤタン
ジャンヌ・デ・ザンジュ

修道院長ジャンヌ・デ・ザンジュは次々と多数の悪魔たちに憑依され、多いときには7体の悪魔が憑依していたといわれている。また、数多くの他の修道女たちも次々と別な悪魔たちに取り憑かれている。

用語解説

●ルーダン→フランス中西部ポアトゥ地方の平野のただ中にあり、リシュリュー枢機卿のために作られた町。

No.085

グランディエ神父と悪魔の契約書

Written pact with the Devil

ルーダンの悪魔憑き事件では、グランディエ神父が悪魔と契約した動かぬ証拠として、なんと悪魔の署名が入った契約書までが出現していた。

●司教様の尻の下から出現した悪魔との契約書

ルーダンの悪魔憑《つ》き事件を裁いた魔女裁判では、最終的にルーダンの主任司祭ユルバン・グランディエ神父が悪魔と契約したとされ、火刑に処せられた。グランディエ神父が悪魔と契約することで、地位と名声と快楽を手に入れようとしたので、ウルスラ会の女子修道院の尼僧たちの多くが悪魔に憑依されたのも彼に責任があったということだ。

ここで興味深いのは、このような判決が下されるための決定的な物的証拠として、グランディエ神父と悪魔との間で交わされた契約書が発見されたということだ。魔女裁判では悪魔との契約は重要な論点となるが、実際に契約書が見つかった例はほかにない。

契約書が出現したのは1634年5月17日の悪魔祓《ばら》いの儀式の最中である。場所は悪魔憑きの舞台となった女子修道院の東北に位置したサント＝クロワ教会で多数の一般民衆が見物に押し寄せていた。

そのとき悪魔に憑依された女子修道院長ジャンヌ・デ・ザンジュの身体には悪魔レビヤタンが現れていた。この段階で悪魔祓いの目的は契約書の探索にあったので、悪魔祓い師はレビヤタンに契約書を持ってくるように命じた。最初レビヤタンは拒否したので、儀式の責任者だったポワチエの司教ラ・ロシュポゼはデ・ザンジュの口元に〈**聖体**〉を押しつけるように命じた。そこで悪魔祓い師がその通りにするとレビヤタンが絞りだすような声でうめいたのである

「そこを探せ…あの方の下にある…司教様だ」

これを聞いたロシュポゼが低い椅子から立ち上がると僧衣の下に紙包みが落ちていた。紙包みを広げると血で汚れた封筒があった。その中に契約書が入っていたのである。

契約書の概要

グランディエ神父
有罪の決定的証拠
→
悪魔との契約書が発見された！

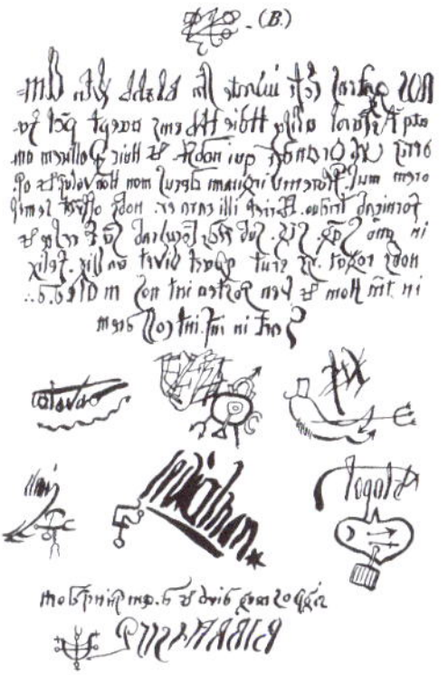

ルーダンの悪魔憑き事件の魔女裁判で発見された悪魔との契約書は二つの部分から成っていた。一つ目にはグランディエ神父が署名した忠誠の誓いがある。二つ目は神父の忠誠を悪魔たちが承諾したことを記したもので、悪魔たちの署名も入っている。そして、二つ目の契約書はラテン語で、かつ「鏡文字」で右から左へ書かれている。悪魔たちはキリスト教に反対だからである。左にあるのは二つ目の部分で、意味は以下のとおりである。

我ら、全能なるルシファー、およびその介添人たるサタン、ベルゼブブ、レヴィアタン、エリミ、アスタロート、およびその他の者は、本日、我らが郎党なるユルバン・グランディエとの同盟の契約を受領したり。我らはこの者に、女どもの愛、処女らの花、修道女らの純潔、世俗の栄誉、快楽、富を与えん。この者は三日ごとに姦淫せん。酩酊は彼のものなり。彼、年に一度、我らに自らの血で記したる捧げ物をせん。教会の秘蹟を足元に踏みにじり、その祈りは我らにこそ捧げめ。これなる契約の力によりて、彼は人に交じりて地上に二十年の間幸福に生き、終には神を呪わんために我らが許に来らん。
於地獄、悪魔議会。
【悪魔の署名】
　サタン、ベルゼブブ、ルシファー、
　エリミ、レヴィアタン、アスタロート。
悪魔の首長にして我が主、地獄の諸侯の署名と印によりて認証さる。
副署、記録者バアルベリト。

（和訳部分は『悪魔学大全』松田和也訳、青土社より）

用語解説

●**聖体**→聖別したパンのこと。カトリック教会などでは聖別したパンをキリストの体としてミサで食べる習慣がある。

No.086

悪魔祓《ばら》い

Exorcism

悪魔祓いとは人や場所に害をなす霊をそれよりももっと強力な霊、つまりイエス・キリストの霊の力を借りて追い出す行為である。

●イエスの名によって悪魔を追い出す

悪魔祓《ばら》い（エクソシズム）は悪魔が取り憑いている人や物、場所などから悪魔を追い払う行為である。新約聖書中でイエスやその弟子たちが何度も行っているいるように、キリスト教には最初から悪魔祓いがあった。

初期の悪魔祓いは非常に単純なものだった。イエスの場合であれば、悪魔に対して「出ていけ」と命じるだけでよい。イエスの権威は神と同等だからだ。イエスの弟子が行うなら、「イエスの名において、出ていけ」と命ずればいいのである。大切なことは、イエス・キリストの権威において悪魔に命じることである。『ルカによる福音書』（10章）に、イエスによって各地に派遣された72人の弟子たちが戻って来て次のようにいっている場面がある。「主《しゅ》よ、お名前《なまえ》を使《つか》うと、悪霊《あくれい》さえもわたしたちに屈服《くっぷく》します。」これは重要なことで、逆にいえば、どんな聖人でもイエスの名によらなければ悪魔を退散させることはできないのである。だから、初期の時代にはキリスト教徒であれば誰でも悪魔祓いをすることができた。

しかし、その後は悪魔祓いの儀式は形式化し、イエスの名を唱える連祷《れんとう》や祈り、司祭が秘蹟を受ける者の頭に手を置く按手《あんしゅ》、聖油による塗油などが行われるようになった。また、3世紀には悪魔祓いを行う専門の祓魔師《ふつまし》(エクソシスト）の階級も設けられた。魔女妄想がはびこった15～17世紀ころには、悪魔祓いの儀式はいかにも演劇的でショー的なものになっていた。悪魔祓いは一般のキリスト教信者に神の力は悪魔よりも偉大であることをはっきりと見せつける教育的効果があったからだ。

しかし、どんなときでも悪魔祓いの本質はイエス・キリストへの祈りである。それは、害のある霊をもっと強い霊＝イエスの霊の力を借りて、悪魔に憑かれている人や場所から追い出す行為なのである。

悪魔祓いの原理

悪魔祓いとは →
- 悪魔が取り憑いている、人、物、場所から悪魔を追い払う儀式
- キリスト教には最初からある

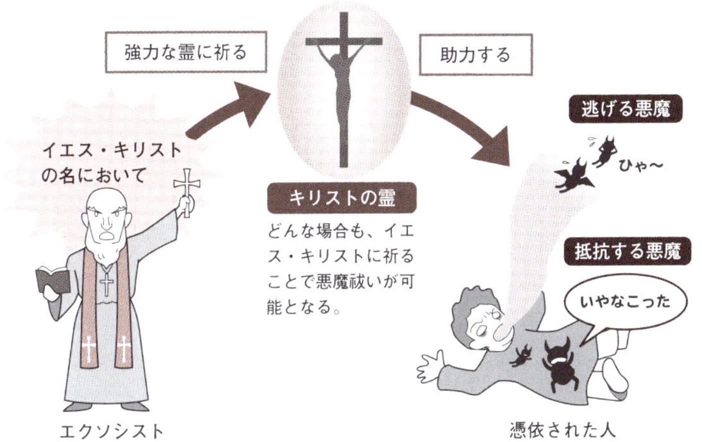
強力な霊に祈る
助力する
逃げる悪魔
ひゃ〜
イエス・キリストの名において
キリストの霊
どんな場合も、イエス・キリストに祈ることで悪魔祓いが可能となる。
抵抗する悪魔
いやなこった
エクソシスト
憑依された人

イエスの悪魔祓い

追い出された悪魔
イエス
悪魔に憑かれた人
豚

14世紀の『ホルカム聖書絵本』にある絵で、『ルカによる福音書』8節にあるイエスの悪魔祓いの様子が描かれている。その物語によれば、そのときイエスはガリラヤに近いゲラサ人の土地で汚れた霊に憑かれた人の悪魔祓いを行ったが、その人から出た悪霊たちは山にいたたくさんの豚たちの中に入り込んだ。すると、豚の群は崖を下って湖になだれ込んでおぼれ死んだという。

No.087

悪魔祓《ばら》いの儀式書

The Roman Ritual (Rituale Romanum)

魔女全盛期の1614年にカトリック教会は『ローマ典礼定式書』を発布し、その中で悪魔祓いに関する注意事項や手順を正式に定めた。

●現在も有効な『ローマ典礼定式書』の悪魔祓い

魔女妄想の全盛期といっていい1614年、ローマ・カトリック教会は『ローマ典礼定式書』を発布した。典礼とは、ミサに代表されるような教会が共同で行う儀式のことだが、この定式書によって悪魔祓《ばら》いの規則も細かく定められることになった。

この時代は悪魔の全盛期であり、悪魔を恐れるあまりに何でも悪魔のせいにして悪魔祓いが行われることがあり、さまざまな問題が起こっていた。こうした問題に対する適切な対処法と悪魔祓いにおける注意事項、望ましい手順などを示すのが『ローマ典礼定式書』の一つの目的だったのだ。

たとえば、悪魔の憑依現象に関しては、人がデーモンに憑依されていると簡単に信じてはならず、精神病と憑依とを区別できなければいけないと注意している。悪魔祓いでは悪魔が憑依された者の口を借りて話すため、エクソシストと悪魔との間に対話が成り立つ。だが、たとえ悪魔が何でも知っているからといって、つまらぬ質問をしてはいけないという警告もある。現実に、未来の事柄や聖書の謎などを質問して問題になったエクソシストが存在したからである。また、悪魔は嘘つきで、すでに憑依をやめたように振舞うこともあるのでエクソシストは十分警戒しなければいけないという。さらに、悪魔と話しながら悪魔の怖がることなどをよく観察しておき、悪魔が抵抗した場合にはその言葉を繰り返し、悪魔への懲罰をどんどん強めるべきだと主張している。そして、必要ならば儀式は数時間でもそれ以上でも続けなければならないといっている。

ところで、『ローマ典礼定式書』の悪魔祓いの項目は、現在でもほぼ1614年当時の形で有効である。しかも、カトリック教会には今なお多数の公式エクソシストが存在し、盛んに悪魔祓いを行っているのである。

悪魔祓いの注意事項

ローマ典礼定式書（1614年） → 悪魔祓いの規則を定める

- 人が悪魔に憑依されていると簡単に信じてはいけない。
- 悪魔が何でも知っているからといって、興味本位の質問をしてはいけない。
- 悪魔は嘘つきなので警戒しなければいけない。
- 悪魔の嫌がる言葉など覚えておき、悪魔の懲罰に利用すべきである。

悪魔祓いの基本

『ローマ典礼定式書』では悪魔祓いはおよそ次のような手順で行うと定めている。

悪魔祓いに臨む司祭はサープリスと紫の頸垂帯（ストラ）を身につけ、その一端を寄主（悪魔に憑依されている人）の首にかける。寄主が暴れるようなら縛り付け、参集者にも聖水をかける。

① 連祷

司祭と聖歌隊が歌い交わす形式の祈祷である。

▼

② 詩編の一部の朗誦

▼

③ 神への恩寵の嘆願

▼

④ 悪魔への勧告

悪魔が寄主から退去する日時を示すよう命じること。

▼

⑤ 福音書の一部の朗誦

▼

⑥ 第一の悪魔祓い

▼

⑦ 第二の悪魔祓い

▼

⑧ 第三の悪魔祓い

⑥⑦⑧の悪魔祓いはイエスの名において悪魔に出ていけと命じることで、悪魔がどれほど神に劣るかということを長々と悪魔に言い聞かせる内容になっている。

▼

⑨ 最後の祈り

マルティン・ルターと悪魔

魔女狩りの時代は宗教改革が起こった時代でもあった。宗教改革の目的は伝統的ローマ教会が長い歴史の間に抱え込んだ不純物を洗い流すことだった。当時の教会は巨大な権力機構となり、さまざまな矛盾を抱えていた。聖書とは関係ない慣行や教義に満ち満ちていた。そして、教会の指導に従うことが、神を信仰することだと考えられていた。こうした在り方を改め、とにかく聖書に立ち返り、一人ひとりが直接的に神を信仰することの重要性を訴えたのが宗教改革だった。この結果として、ローマ教会（カトリック）からプロテスタントが分離したが、この変革はヨーロッパの歴史にとってルネサンスと並ぶ大きな一歩だったといわれている。しかし、それにもかかわらず、魔女狩りの嵐は収まらなかった。悪魔を信じるという点に関してはプロテスタントもカトリックに劣らず熱心だったからだ。

宗教改革の中心人物だったドイツ人マルティン・ルター（1483～1546年）にしても、まったく子供のように悪魔を信じていた。

聖書の教えに帰ろうとしたルターは聖書のいたるところに悪魔がいるのを見つけたが、悪魔がいるのは聖書の中だけではなかった。彼は実生活においても悪魔の攻撃を頻繁に受けていたのである。彼は『トイフェルスビューヒャー』(悪魔本)という本の中で、そのことを細かく記述している。なかでも有名な逸話は、彼がヴァルトブルク城に滞在していたとき起こった。そこでルターは聖書をドイツ語に翻訳していたが、あるとき悪魔が出現してクルミを床にまき散らした。腹を立てた彼は悪魔めがけてインク壺を投げつけたというのだ。しかも、このときできたインクの汚れは、いまもその城の壁に残っていると伝えられているのだ。

ルターは親しい者たちと食卓を囲んでいろいろな事柄について談義する習慣があり、その膨大な語録が弟子たちによって『テーブルトーク』という本にまとめられている。ここからもルターが悪魔を恐れ、魔女を憎悪していたことが読み取れる。ルターによれば、あらゆる不幸は悪魔から来るのであり、悪魔が法律家の中に入ると不正な判決が下され、皇帝の中に入ると戦争がもたらされるのである。また、悪魔の住処は諸国にあるといって具体的地名を挙げている。そして、魔女には同情する必要はなく、みな火炙りにすべきだともいっている。

ルターがこの調子だったからルター派の人々もそうだった。1568年、フランクフルトの書籍商ジークムント・ファイヤアーベントはルター派の人々が書いた多くの悪魔本を１冊にまとめ『悪魔劇場』と題して刊行したが、そこでは悪魔に関するほとんどあらゆる問題が取り上げられているのだ。悪魔の数は2兆6658億6674万6664だという主張もこの本の中でいわれていることなのである。

第5章
グリモワールの悪魔学

No.088

グリモワールとは？

Grimoire

グリモワールとは悪魔や霊たちを一方的に使役する方法が書かれた魔術書で、伝統的な「悪魔との契約」のような危険は犯さないものである。

●欲望実現のために悪魔を服従させる

グリモワールとは悪魔や天使などのさまざまな霊を、祈りや対話や威嚇によって意のままに操り、自らの欲望をかなえる方法が書かれた魔術書のことである。そこには霊を操るのに必要な魔法円、印章、シジル（印形）、魔法杖などの製作方法、多数の呪文が記されており、見るからに怪しい雰囲気がある。それは題名もそうで、『ソロモン王の鍵』『大奥義書』『ホノリウス教皇の魔道書』など、いかにも古びた感じがし、ヨーロッパ中世の魔術師たちが密かに参照していたのではないかと思わせるものが多い。

しかし、グリモワールに関して多くの人が持っているイメージの中には大きな誤解がいくつかある。

その一つは、少なくとも現存するグリモワールは決してそんなに古い時代のものではないということだ。グリモワールが大いに流行したのは17、18世紀のヨーロッパであり、有名なグリモワールはほとんどその時代に作られたのである。この時代は魔女狩りの時代＝悪魔の時代であり、悪魔を操るグリモワールへの需要が多かった。だいたい悪魔がそんなに力を持っているなら、神に祈るより悪魔に頼った方が手っ取り早いと考える人がいたとしても少しも不思議はないのだ。もちろん、現存するグリモワールの記述の中に、古くから伝わる記述が含まれいる可能性は大いにあるだろう。だが、それはもう確認しようがないのである。

また、グリモワールは悪魔を使って欲望を実現するので、伝統的な「悪魔との契約」と同じようなものに思える。しかし、これも大きな誤解で、グリモワールでは基本的に悪魔と契約するような危険なことはしないのである。つまり、そのような危険は犯さず、まったく一方的に悪魔を使役し、自分の欲望を実現する方法を記したのがグリモワールなのだ。

グリモワールの特徴

グリモワールとは → 悪魔や霊を使役するための魔術書

その特徴は？

こんなにも！

魔法円・魔道具・呪文などが満載

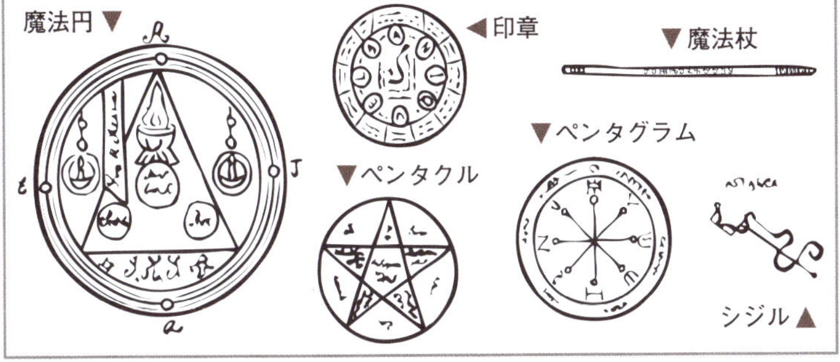
魔法円▼
◀印章
▼魔法杖
▼ペンタグラム
▼ペンタクル
シジル▲

いわくありげな怪しいタイトルがいっぱい

『ソロモン王の鍵』『ソロモン王の小さな鍵』
『ホノリウス教皇の魔道書』『大奥義書』
『モーセ第６、７書』『アルマデルの魔道書』
『アブラメリンの聖なる魔術書』

などなど
たくさん

誤解されている点は？

実はそんなに古いものではない

有名なグリモワールの多くは古代や中世ではなく17、18世紀の西欧で作られて流行した。写本のものが多いが、15世紀に活版印刷は発明されていたので、印刷物として出回ったものもある。

伝統的な「悪魔との契約」とは違う！

伝統的な「悪魔との契約」は最後には魂を奪われてしまう危険なものだ。グリモワールではそういう危険な契約は結ばないのだ。

No.089

ソロモン王と悪魔の伝説

Demons in "The Testament of Solomon"

『ソロモン王の遺言』によれば、ソロモン王は天使ミカエルから神の指輪を授かり、自由に悪魔を使役して神殿建設に成功したという。

●悪魔を使役して神殿を建てたソロモン王

有名なグリモワール『ソロモン王の鍵』などにその名が冠されているように、ソロモン王は魔術や悪魔と深い関係にあると信じられていた。

イスラエル王国第3代国王のソロモン（在位紀元前965年～紀元前925年ころ）はダビデ王の息子で、豪壮な神殿や宮殿を建築し、王国の最盛期を築いたことで有名である。旧約聖書の中で、神から知恵と見識を授けられたとされているほどの知恵者であったことでも知られている。旧約聖書中の『**知恵の書**』は『ソロモン王の知恵』とも呼ばれる。しかし、『列王記上』によれば、異国の妻を多数めとり、異教の神を祀ったという。

そこから、ソロモン王は悪魔を使役したという伝説が生まれたのだ。中世まで魔術や悪魔の知恵の宝庫とされた『ソロモン王の遺言』（1～3世紀）にこんな物語がある。ソロモン王が神殿を建てたとき、建築現場で働いていた少年に悪魔が取り憑いた。ソロモン王が神に祈ると天使ミカエルが出現した。そして、ソロモン王はそれがあれば悪魔を使役できる、五芒星型の神の刻印の入った指輪を授けられた。これを使ってソロモン王は少年に取り憑いていた悪魔を支配下に置いた。さらに、悪魔界の王ベルゼブブやアスモデウス、36**デカン**の悪魔たちを支配下に置いた。そして、これらの悪魔たちの力で困難だった神殿建築を完成に導いたというのである。

イスラム教の聖典コーラン（7世紀成立）にも、ソロモン王と悪魔の関係をほうふつとさせる物語がある。それによれば、ソロモン王は神から特別な力を授けられ、動物の声も理解し、精霊、人間、動物の軍勢を命令一下思い通りに動すことができた。そして、シェバの女王がソロモン王を訪ねてきたときには、一妖精を使役して一瞬のうちに女王の祖国（南アラビアにあったらしい）からその玉座を持ってこさせたというのである。

ソロモン王とは

ソロモン王

- 王国の最盛期を築く
- 神から智恵と見識を授けられる
- 異教の神を祀る

↓

ソロモン王は悪魔を使役したという伝説が生まれる

15世紀の物語『ベリアルの裁判』の挿画。左端がソロモン王。

『ソロモン王の遺言』にある36デカンの悪魔

1	ルアクス	13	ボベル	25	アナトレト
2	バルサファエル	14	クメアテル	26	エネヌト
3	アロトサエル	15	ロエレド	27	フェト
4	イウダル	16	アトラクス	28	ハルパクス
5	記載なし	17	イエロパエル	29	アノステル
6	スフェドナエル	18	ブルドゥメク	30	アレボリト
7	スファンドル	19	ナオト	31	ヘフェシミレト
8	ベルベル	20	マルデロ	32	イクシオン
9	クルタエル	21	アラト	33	アグコニオン
10	メタシアクス	22	記載なし	34	アウトシト
11	カタニコタエル	23	ネフサダ	35	フセノト
12	サファソラエル	24	アクトン	36	ビアナキト

用語解説

- **『知恵の書』**→カトリック、ギリシア正教で旧約聖書正典とされている。
- **デカン**→占星術で、天球上の黄道を30度ずつ12分割したものがサイン（宮）、10度ずつ36分割したものがデカンである。

No.090

『モーセ第6、7書』

The Sixth and Seventh Books of Moses

古代イスラエルの英雄モーセは神から知識を得て10の書を書いたという。旧約聖書の最初に置かれた五つの書と、隠された五つの魔術書である。

●旧約の英雄モーセの名を冠した偽書

『モーセ第6、7書』は18世紀にドイツやその周辺地域で密かに民衆の間に広まり、人気を博したグリモワールである。

旧約聖書の最初の五つの書（『創世記』『出エジプト記』『レビ記』『民数記』『申命記』）はモーセ五書と呼ばれる。モーセは古代イスラエルの英雄で、神から知識を授かりこれらの5書を書いたといわれる。また、『出エジプト記』には、モーセが数多くの不思議な現象を起こしたことが描かれている。モーセの前で紅海が二つに割れ、エジプトで奴隷状態だったイスラエルの民がそこを通って逃げたというのは中でも有名な話だ。ユダヤ教やキリスト教ではそれは魔術ではなく、奇跡だと考えている。というのはそれは精霊や悪魔によってではなく、神の力で起こされたものだからだ。しかし、一般民衆にしてみれば、奇跡も魔術も同じようなものである。

そこで、こんな伝説が生まれた。モーセが神から知識を得て書いたのはモーセ五書だけではなかった。モーセは神から十戒を授かったことでも有名だが、その数と同じ10の書を書いた。そのうち第1～5書が旧約聖書の最初に置かれているもので、第6～10書は魔術書だったというのだ。しかも、この伝説は非常に古いようで、4世紀にパピルスに書かれた魔術書に、早くもモーセの隠された第8書に関する記述が見つかっているのだ。

この事実を知っている者によって17世紀ころに『モーセ第6、7書』は書かれたらしい。続編として『モーセ第8、9、10書』も書かれている。これらの書の成立過程ははっきりしないが、ユダヤ神秘主義のカバラが俗流化したものと見られている。『モーセ第6、7書』に書かれているのは、天使、自然界の精霊、悪魔などを威圧し、服従させ、さまざまな望みをかなえる方法である。

『モーセ第6、7書』の伝説

モーセ第6、7書 → 18世紀ドイツのグリモワール / 旧約聖書の英雄モーセの作！？

モーセ

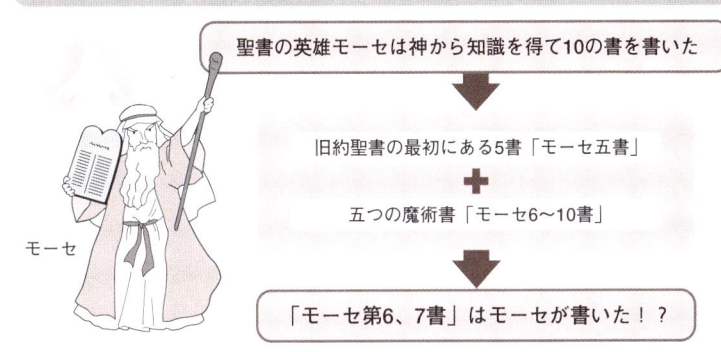

聖書の英雄モーセは神から知識を得て10の書を書いた

↓

旧約聖書の最初にある5書「モーセ五書」

＋

五つの魔術書「モーセ6～10書」

↓

「モーセ第6、7書」はモーセが書いた！？

『モーセ第6、7書』の魔法

モーセ第6、7書 → 天使・精霊・悪魔を威圧し、服従させる

たとえば、「モーセ第7書」によれば、堕天使の仲間である精霊の偉大な七王子のうち、アニクエルを服従させたいなら、下のような魔法円と印章を使えばよいのだ！

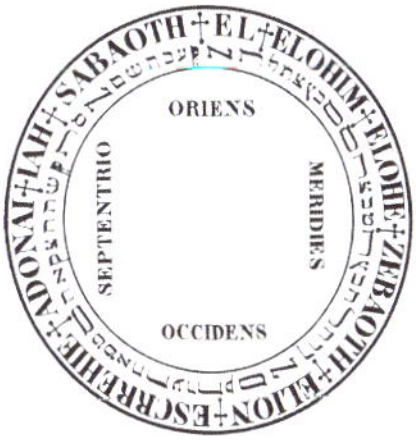

召喚の魔法円

羊皮紙に若い白鳩の血で書いた魔法円の中で、月曜の夜ならば11～3時の間に、詩編91編の祈りから始まる必要な儀式を行う。

アニクエルの印章

アニクエルは術者の望みに応じた宝と名誉を与えてくれる精霊で、エデンの園の蛇の姿で出現する。この印章は羊皮紙に蝶の血で描く。これをアニクエルに向けて必要な呪文を唱えると、悪魔を服従させられるのだ。

No.091

『ソロモン王の鍵』

The Key of Solomon the King

その後の魔道書に多大な影響を与えた『ソロモン王の鍵』は悪魔だけでなく、あらゆる霊を動かす偉大な魔術について記していた。

●悪魔だけでなくすべての霊を対象とした魔道書

『ソロモン王の鍵』(あるいは『ソロモン王の大きな鍵』)は最も重要な魔道書の一つで、ヨーロッパの各国言語に翻訳されているが、どんなに古くても14〜15世紀ころの成立だろうといわれている。本の中ではソロモン王が息子のために書き残したものとされているが、そう考えるのは現実的ではないようである。

後の時代に作られた『ソロモン王の小さな鍵』(別名『レメゲトン』)にはソロモン王の72悪魔が登場するが、この本にはそれに類した記述はない。この本の考え方では、魔術は基本的に神の力によるのであって、神に祈ることでさまざまな霊に働きかけるというものである。とにかくこの世界にはおびただしい数の霊がおり、さまざまなものを司っているのである。たとえば、当時は宇宙には第一天から第十天まであるとされたが、そのそれぞれを複数の霊が担当している。四大元素のそれぞれを担当する霊たちもいる。さらに、人間一人ひとりにも霊たちが割り当てられている。

こうした霊たちにいかに働きかけるか。魔術を行うのに必要な道具や材料、占星術的に適切な時間、さまざまなペンタクル(護符や魔よけ)のシンボル、呪文などに関する事柄が詳しく書かれているのである。

本は2巻構成になっており、第1巻は具体的な魔術の方法がテーマとなっている。つまり、「盗まれた物を見つけ出す」「姿を見えなくする」「賢者から欲しい知識を引き出す」「霊たちが所有する財宝の支配者になる」「好感や愛を得る」方法やそのために必要となる護符などについて書かれている。第2巻は、魔術を行う前の準備作業がテーマである。つまり、魔術を行うために気をつけるべきこと、身の清め方、犠牲のささげ方、道具の作り方などを説明している。

最も有名なグリモワール

ソロモン王の鍵 →

- 最重要なグリモワールのひとつ！
- ソロモン王が息子のために書いた？！
- 実は14～15世紀の成立
- 付録に多数のペンタクルを収録

『ソロモン王の鍵』の魔術の原理

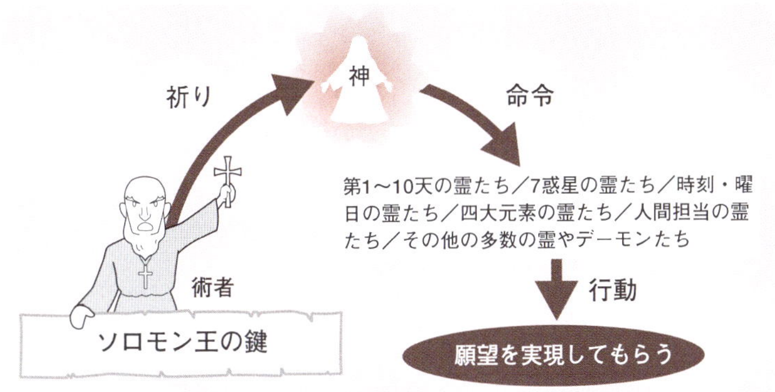
神
祈り
命令
術者
ソロモン王の鍵
第1～10天の霊たち／7惑星の霊たち／時刻・曜日の霊たち／四大元素の霊たち／人間担当の霊たち／その他の多数の霊やデーモンたち
行動
願望を実現してもらう

『ソロモン王の鍵』の魔術では神の力でさまざまな霊を動かして願望を実現する。そのために必要なペンタクルなどの多数の図版が付録にある！

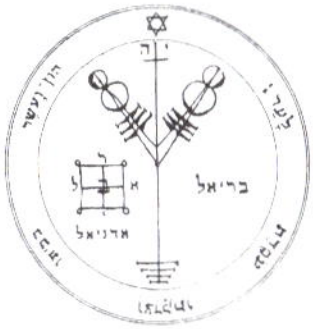

木星の第4のペンタクル

12年に一度、木星が巨蟹宮に入る日時にこのペンタクルを銀に彫り込んで用いる。それによって莫大な富と名誉が手に入る。

火星の第5のペンタクル

強力な防備の効能を持つペンタクルである。これがあればどんな敵が襲ってきても、その敵と戦って負傷することはないし、敵が振り回した武器は敵自身を傷つけてしまうのである。

No.092

『ソロモン王の小さな鍵』

The Lesser Key of Solomon the King

地獄王国の上層部に君臨する72悪魔を自由に操り、自分の望みをかなえたソロモン王の魔術の秘密がこの魔道書に隠されている。

●ソロモン王の72悪魔が記載された最重要魔道書

またの名を『レメゲトン』ともいう『ソロモン王の小さな鍵』は17世紀のフランスで成立した魔道書である。本の中ではソロモン王の作とされているが、それを真実だと考えるのは無理がありそうだ。

魔道書の中でもこの書がとりわけ有名なのは、「ゲーティア」と題された第1章で、地獄の王国で上級役職を持つ72の霊、つまり有名なソロモン王の72悪魔について、その地位や能力、召喚方法などについて説明がなされているためである（これら72悪魔については、巻末付録を参照）。

この書は全体としては、決して悪魔だけを扱ったものではなく、第2章は基本方位の霊、第3章は昼と夜の時間の天使および黄道十二宮の天使、第4章はそのほかの天の四つ高みの席にいる霊などを扱っている。

しかし、とにかく第1章のゲーティアが重要なのは確かで、この書が最初に作られたときはゲーティアしかなく、その他の部分は後になって追加されたのではないかといわれている。ヨーハン・ヴァイヤーはある資料を見て『悪魔の偽王国』(1577年)を書いたといっているので、少なくともゲーティアの基本部分はその時代には存在していたとも考えられるのだ。

ソロモン王と72悪魔の関係については次のような伝説がある。ソロモン王が悪魔を使役したというのは有名な話だが、彼は最後には72悪魔とその配下にある悪魔軍団すべてを真鍮の壺に閉じ込めて封印し、深い湖に沈めたのである。それをずっと後の時代になってバビロニア人が発見し、宝物が入っていると考えてふたを開けてしまった。もちろん、72悪魔と悪魔軍団たちは自由の身になり、もといた場所に帰ってしまった。こうして、地獄に舞い戻った悪魔たちを召喚し、自分の望みをかなえるために利用する魔術が『ソロモン王の小さな鍵』に書かれているというわけだ。

ソロモン王の72悪魔で有名

ソロモン王の小さな鍵 ＝ レメゲトン

- ソロモン王が書いたとも？
- 実は17世紀フランスで成立
- 第1章「ゲーティア」に有名な72悪魔の説明

『ソロモン王の小さな鍵』の構成

ソロモン王の小さな鍵

こんな内容だね

第1章 ゲーティア

ソロモン王の72悪魔の地位・職務・能力の詳しい説明のほか、召喚のための魔法円の作り方、各悪魔を使役するのに必要なそれぞれのシジル、呪文などが書かれている。

①

②

ちなみに、①はソロモン王が72悪魔を使役した後で閉じ込めたという真鍮の壺。②はそれを封印した真鍮のシールじゃ。

第2章 テルギア・ゲーティア

基本方位の霊および地獄の霊という善でも悪でもある霊たちを操る魔術の書。

第3章 パウリナ

昼と夜の時間の天使および黄道十二宮の天使たちなどを操る魔術の書。

第4章 アルマデル・サロモニス

様々な護符の作り方と天の四つ高みの席にいる霊などを操る魔術の書。

第5章 ノートリア

ソロモン王が実際に使っていたという祈りの言葉を集めたもの。

No.093

魔法円とは？

Magic circle

魔法円は悪魔を召喚する術者がその中に入って悪魔から身を守るためのもので、欠けたところや薄いところがないように完璧に作る必要がある。

●安全に悪魔を召喚するための防護円

魔法円は悪魔を召喚する術者がその中に入って悪魔から身を守るための円である。その内部に悪魔を出現させ、閉じ込めておくための魔法円も存在する。魔法円は基本的に二重の円で囲まれており、悪魔はその円の境界線を越えることはできないのである。

魔法円が決定的に重要となるのはグリモワールの時代だが、円には古代から特別な意味があった。病人や妊産婦のまわりに円を描いて悪霊から守るという習慣や、恐るべき植物マンドラゴラを掘りだす場合にはそのまわりに三重の円を描かなければならないという言い伝えもある。円は完全な図形なので、その内部は霊的に特別に神聖な場所となったのである。

魔法円は聖別されたナイフやペンや石などで床や地面に直接描かれることもあるし、子牛の皮に描くこともある。細い紐を魔法円の形にして用いることもある。なんにしてもそれは完璧に描かれなければいけない。ほんの少しでも欠けたところや薄いところがあれば、そこを悪魔は通り抜ける。

魔法円の中にはペンタグラム（五芒星）やヘクサグラム（六芒星）、その他さまざまな図形や模様が描かれる。ヘブライ語、ラテン語、ギリシア語などで特別な文字も書かれる。よく見られるのは、アドナイ、テトラグラマトンなどの神と関係した文字だ。アドナイは「主」、テトラグラマトンは唯一神ヤハウェ（YHWH）を表す神聖な4文字を指している。

『ソロモン王の小さな鍵』に掲載されている魔法円の場合は、術者がその中に入る魔法円のほかに、その中に悪魔が出現する魔法の三角形が付属している。また、それぞれの部分の大きさや、どんな色で描くか、どんなふうに配置するかなど細かい規定がある。したがって、グリモワールにその指示があるなら、それに従って作ればいいのである。

悪魔から身を守る円

魔法円とは →

- 術者がその中に入って悪魔を召喚する円
- 悪魔から術者を防護する働きがある
- その中に悪魔を閉じ込めるタイプもある

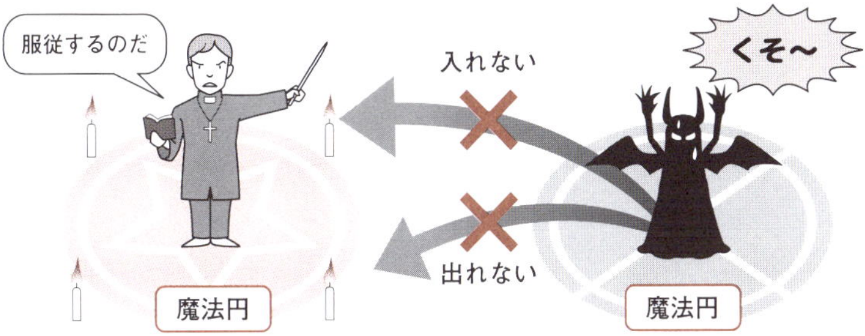
服従するのだ
入れない
くそ〜
出れない
魔法円
魔法円

『ソロモン王の小さな鍵』掲載の魔法円と魔法の三角形

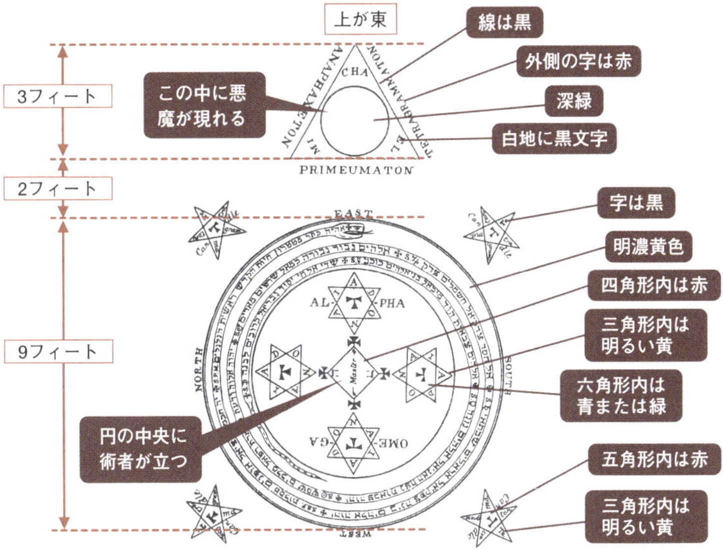
上が東
線は黒
外側の字は赤
深緑
白地に黒文字
この中に悪魔が現れる
3フィート
2フィート
9フィート
PRIMEUMATON
TETRAGRAMMATON
ANAPHAXETON
EAST
NORTH
SOUTH
WEST
AL-PHA
OME-GA
字は黒
明濃黄色
四角形内は赤
三角形内は明るい黄
六角形内は青または緑
円の中央に術者が立つ
五角形内は赤
三角形内は明るい黄

『ソロモン王の小さな鍵』（レメゲトン）に掲載されている魔法円。術者の入る円と悪魔の現れる三角形がある。図形、文字、色など規定通りに作り、上を東にして配置する。

No.094

いろいろな魔法道具

Magic items

ペンタグラム、ヘクサグラム、シジル、魔法杖から、これらを製作するナイフやペンなどの道具まで、魔法道具にはいろいろなものがある。

●悪魔を操るための魔法道具は多種多様である

グリモワールによれば、魔法円のほかにもさまざまな魔法道具がある。

よく目にするものだけでもペンタグラム（五芒星）、ヘクサグラム（六芒星）、シジル（印章・印形）、タリスマン（護符）、魔法杖などがある。

ペンタグラムは5個の頂点を持つ星形、ヘクサグラムは6個の頂点を持つ星形で、とくにソロモン王のものが有名である。『ソロモン王の小さな鍵』によれば、ソロモン王のヘクサグラムは子牛の皮で作り、衣装の裾につけておくことで、出現した悪魔を人間の姿にすることができ、かつ服従させることができるという。ペンタグラムの方は金か銀で作り、胸につけておくことで、危険を避けられるのである。

シジルは特別なシンボルや幾何学図形を組み合わせてできた図形で、特定の願望や悪魔と関係づけられており、それを子牛の皮とかある種の金属とかの適切な素材の上に書き、儀式を行うことで有効なものとなる。ソロモン王の72悪魔に一つずつ割り当てられている印章に描かれた図形といえばわかりやすいだろう。タリスマンはお守りだが、魔術用のものはもっと能動的で、たとえば女性の愛が手に入るというような力がある。

魔法杖（棒）も重要な武器となる。魔法杖は古くからハシバミの木の枝で作ると決められているが、正しく作った魔法杖を向けられると悪魔はもはやいうことを聞かざるを得なくなるのである。また、悪魔は炉から出る煙によって出現するので、炉の煙やその芳香も重要な魔法道具である。

これらの魔法道具を作るためのナイフや剣、ペンといった道具も魔法道具に含められる。こうした道具の作り方もグリモワールに書かれているが、その基本は製作道具や材料はとにかく真新しい（処女の）ものであること、そして儀式によって聖別される必要があるということだ。

魔術で用いる道具

魔法道具 → 魔法円のほかにもたくさんある
　　　　 → 製作道具や材料にも細かな規定がある

特に有名な道具

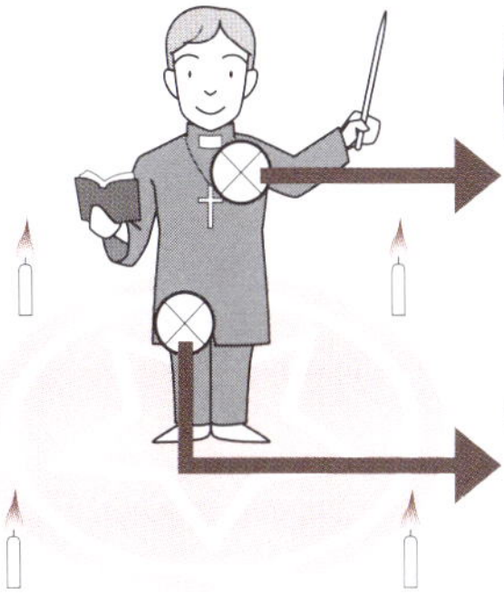

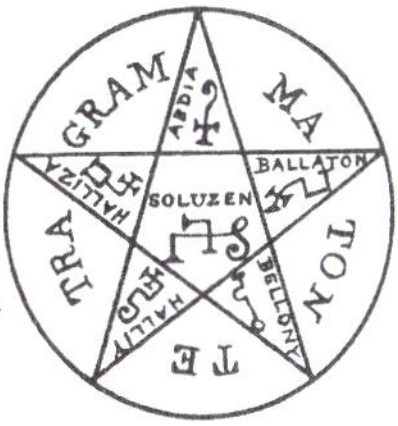
GRAM
MA
TON
TE
TRA
SOLUZEN
BALLATON
BELLONY
HALLIZA

ソロモン王のペンタグラム。金か銀で作り、胸につけることで悪魔の危険を避ける。

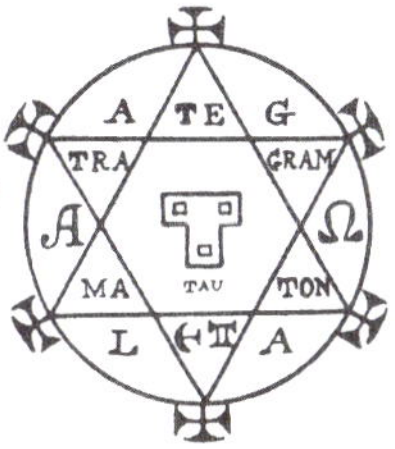
A
TE
G
TRA
GRAM
Ω
MA
TAU
TON
L
A

ソロモン王のヘクサグラム。子牛の皮で作り、裾につけることで悪魔を服従させる。

その他の魔法道具

シジル

タリスマン

炉（火桶）

魔法杖

ナイフ

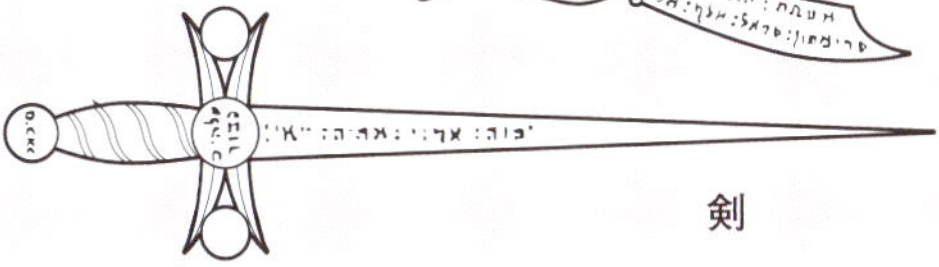

剣

魔法道具を製作するナイフや剣などの道具も、特別製なのだ。

No.095

『ホノリウス教皇の魔道書』

The Grimoire of Pope Honorius

黒い雄鶏の目玉をくり抜き、舌を切り取り、心臓を取り出すなど残酷すぎる生贄の儀式で人気を博した、悪名高い魔道書。

●魔術師と噂されたローマ教皇が書いた魔道書？

『ホノリウス教皇の魔道書』は『ソロモン王の鍵』系列の魔道書だが、その儀式はかなりどぎつく、悪魔的といえるものである。この書は基本的に闇の霊の召喚方法を紹介するものだが、その準備段階として黒い雄鶏を生贄にし、目玉、舌、心臓を取り出してパウダー状にしたものを羊皮紙の上に振り撒くなど、血まみれの残酷な行為が必要になる。そして3日間の断食をし、その後詩編の何節かを連祷形式で朗誦する。さらに、規則に従ってソロモン王の魔法円やペンタクルを使った祈りをささげる。そのうえで指定された魔法円などを使って東西南北の王や週の各曜日ごとの悪魔を呼び出すのである。この書によれば、東の王はマゴア、南の王はエギム、西の王はバイモン、北の王はアマイモンである。また各曜日の悪魔は、月曜はルシファー、火曜はフリモスト、水曜はアスタロト、木曜はシルカルデ、金曜はベカルド、土曜はグランド、日曜はスルガトだとされている。

『ホノリウス教皇の魔道書』の作者は一応は13世紀初頭のローマ教皇で、魔術師だったという伝説もあるホノリウス3世だとされている。しかし、実際には17世紀後半にローマで出版され、幅広い人気を得たもので、パリの魔術師たちの間に出回っていたという。

『ホノリウス教皇の魔道書』という題名はそれより古い『ホノリウスの誓約書』という書から採られたらしい。この書はすでに13世紀初頭には存在していたという記録がある。この書の成立年代はわからないが、ナポリ、アテネ、トレド、テーベなどの魔術の達人がその知識を結集して作り上げた書だといわれている。その内容は、煉獄に行かなくていい方法、泥棒を捕まえる方法、財宝を手に入れる方法、悪魔を召喚し命令する方法などだったという。

『ホノリウス教皇の魔道書』概要

ホノリウス教皇の魔道書

- 13世紀のローマ教皇ホノリウス3世の作と伝えられる！？
- 実際は17世紀の成立
- 血みどろの残酷な儀式で有名
- 悪魔召喚の書

L
M
M·D

『ホノリウス教皇の魔道書』の表紙の謎の絵。

『ホノリウス教皇の魔道書』が召喚する悪魔たち

こんな悪魔たちを服従させることができるよ。

各方位の王	
東	= マゴア
南	= エギム
西	= バイモン
北	= アマイモン

各方位の王を召喚するには右の魔法円を使う。

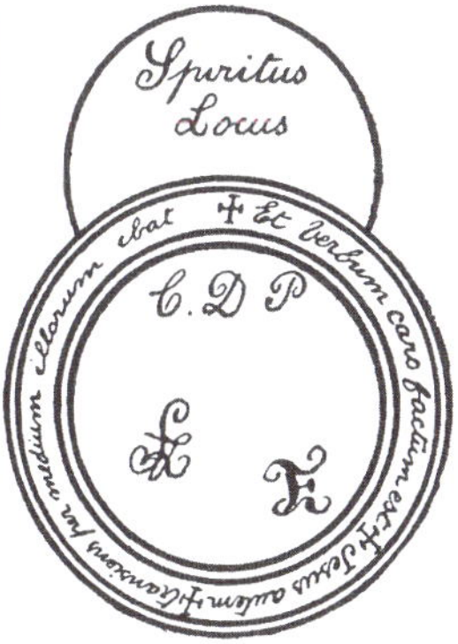
Spiritus
Locus
Et verbum caro factum est
Jesus autem
per medium illorum ibat
C.D P

各曜日の悪魔	
月曜	= ルシファー
火曜	= フリモスト
水曜	= アスタロト
木曜	= シルカルデ
金曜	= ベカルド
土曜	= グランド
日曜	= スルガト

各曜日の悪魔を召喚するにはそれぞれに専用の魔法円が必要。右はルシファー用だ。

I forbid thee Lucifer in the Name of
to enter within this Circle
PU

No.096

『アルマデルの魔道書』

The Grimoire of ARMADEL

天使学、悪魔学、古代の聖人の叡智、聖書の秘密など、高尚な知識欲を満たす目的で天使や悪魔を召喚するという風変わりな魔道書。

●天使と堕天使のシジルを集めた魔道書

『ソロモン王の小さな鍵』の第4章が「アルマデル ALMADELの術」と題されており、しばしば混同されるが別のものである。『アルマデルの魔道書』の現存する最古のものはフランス語とラテン語で書かれており、17世紀のフランスに出回っていた。それは悪魔憑《つ》き事件が流行していた時代で、民衆の間にグリモワールへの要求が高まっていたのである。アルマデルという人物については完全に不明だが、多数の書がその名と結びつけられていることから、魔術の世界で権威があったことは確からしい。

『アルマデルの魔道書』は一応は白魔術の書として有名だが、天使だけでなく悪魔も扱う。最終目標は目的に応じたタリスマン（護符）を作ることで、タリスマンに描くための多数の専用シジル（印形）が収められている。そのタリスマンに力を与えるために、専用シジルに対応する力を持つ天使や悪魔を召喚することになるのである。

しかし、この書は他のグリモワールのように、財宝を見つけるとか名誉を得るといった低俗な目的のものでないという特徴がある。

たとえば、アスモデウスとレビヤタンを召喚するのは、悪魔の悪徳がいかに恐ろしいか知るためである。悪魔ブルフォルの場合は、召喚することで悪魔の本性と質がどのようなものか、悪魔を拘束するにはどうすればいいかなどを知ることができる。悪魔ラウネは、天界を追放されてから悪魔がどう変わったか、どこに住むように定められたか、彼らが追放されたのはアダムが作られたよりもどれくらい後なのか、自由な意思はあるのかなどを教えてくれる。また、ルシファー、ベルゼブブ、アスタロトは天界における彼らの反逆がいかなるものだったかを教えてくれる。つまり、霊を召喚して得られるのは悪魔や天使に関係する高級な知識なのである。

『アルマデルの魔道書』の内容

アルマデルの魔道書 →
- 17世紀フランスで流行
- 白魔術の書として有名
- 特別に高級な知識を得るための書

『アルマデルの魔道書』には目的達成のためのタリスマンを作る方法が書かれている。その方法は…

① 目的を決める。

↓

② 目的に対応する天使・悪魔のシジルを見つける。

天使・悪魔とシジルは一対のものなので、目的が決まれば、天使・悪魔とシジルも決まる。そのためにこの書には右図のようなたくさんのシジルが掲載されている。

↓

③ 新しい羊皮紙にシジルを描く。

これでタリスマンの形ができる。

↓

④ 目的の天使・悪魔を召喚し、タリスマンに力を入れてもらう。

この書には霊の召喚に必要な儀式も書かれている。これでタリスマンは完成し、それを所有していることで目的が達成されるのである。ただ、召喚用魔法円の記述はない。それは他の魔道書などを利用して自分で作るのである。

シジルの例

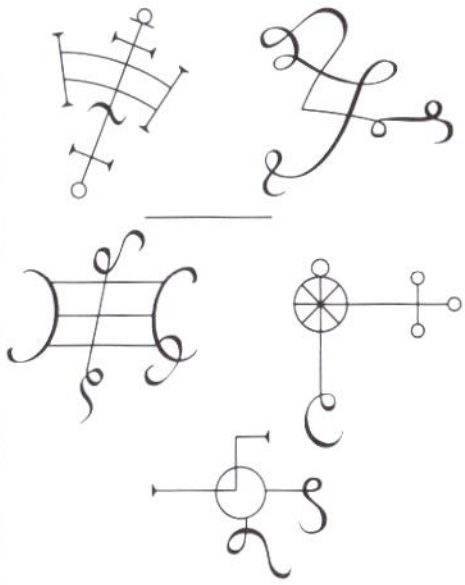

悪魔ブルフォルのシジル。悪魔の本性、拘束方法を知ることができる。

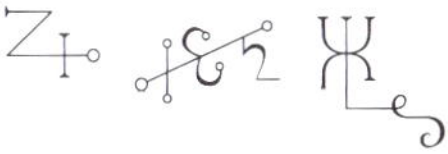

悪魔ラウネのシジル。天界追放後の悪魔の運命を知ることができる。

No.097

『アブラメリンの聖なる魔術書』

The book of the sacred magic of ABRAMELIN the mage

聖守護天使との対話を通して悪魔を使役する聖なる魔術は魔法円や悪魔の印形は使わず、方形に配列されたラテン文字だけで悪魔を操る。

●聖守護天使の加護を受けた後で悪魔を呼ぶ

『アブラメリンの聖なる魔術書』は西洋魔術中最強ともいわれる魔道書で、18世紀ころにフランスに出回っていたものである。14、15世紀のユダヤ人アブラハムが各国を旅し、ついにエジプトでアブラメリンという魔術師に出会い、この魔術を伝授された。そして、もとはヘブライ語だったものを1458年に息子ラメクのためにフランス語に翻訳したのだという。

この書の魔術の特徴は、何よりも最初にすべきこととして、聖守護天使の加護を得ることを挙げているところにある。自分の望みをかなえるために悪魔と交渉するのはその後のことなのである。というのも、この世の出来事はすべて天使の指示のもとで動く悪魔によって作られているので、聖守護天使との対話を通じて初めて悪魔を使役できる聖性が目覚めるからである。それに、「悪名高いベリアルは真実の神聖な知恵を隠し、曖昧にすることしか考えていない」ので、悪魔と直接交渉することは人間にとって非常に危険なことなのである。

この書は全体が3部構成になっており、第1書でアブラハムがアブラメリンと出会った経緯やこの魔術の基本となる哲学が語られている。第2書が最も重要で守護天使の加護を得て悪魔を使役できるようになるための半年間の準備作業（自己の聖別、魔法道具の製作など）および7日間の天使と悪魔の召喚儀式が語られている。第3書には悪魔を召喚して望みをかなえるときに必要となるさまざまな護符が掲載されている。

第3書にある護符の目的は、嵐を起こす、望みの飲食物を手に入れる、なくなった本を見つけるなどだいたいがありきたりなものである。しかし、他の魔道書にあるような魔法円や印章は登場せず、すべてが四角形の枠の中に配列されたラテン語の文字列で成り立っているという特徴がある。

『アブラメリンの聖なる魔術書』の特徴

アブラメリンの聖なる魔術書

17、18世紀に流行した魔術書

伝説によれば、ユダヤ人アブラメリンがエジプトの魔術師に伝授された魔術の書

悪魔は天使の指示で動くものだから、対話により天使の加護を得ることが大事。

それから上級君主の悪魔の一人を召喚し、その配下の悪魔の忠誠を誓わせる。

悪魔界には以下の上級君主と使役可能な316人の属官（使い魔）がいるという。

最高君主の4悪魔 ＝ ルシファー　レビヤタン　サタン　ベリアル

次席君主の8悪魔 ＝ アスタロト　マゴト　アスモデウス　ベルゼブブ　オリエンス　パイモン　アリトン　アマイモン

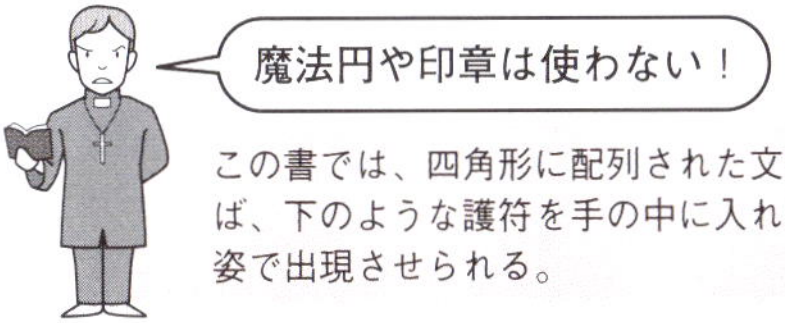

この書では、四角形に配列された文字列の護符を使用する。たとえば、下のような護符を手の中に入れて儀式を行えば、悪魔を特定の姿で出現させられる。

①蛇の姿で出現

U	R	I	E	L
R	A	M	I	E
I	M	I	M	I
E	I	M	A	R
L	E	I	R	U

②獣の姿で出現

L	U	C	I	F	E	R
U	N	A	N	I	M	E
C	A	T	O	N	I	F
I	N	O	N	O	N	I
F	I	N	O	T	A	C
E	M	I	N	A	N	U
R	E	F	I	C	U	L

③人間の姿で出現

L	E	V	I	A	T	A	N
E	R	M	O	G	A	S	A
V	M	I	R	T	E	A	T
I	O	R	A	N	T	G	A
A	G	T	N	A	R	O	I
T	A	E	T	R	I	M	V
A	S	A	G	O	M	R	E
N	A	T	A	I	V	E	L

④鳥の姿で出現

S	A	T	A	N
A	D	A	M	A
T	A	B	A	T
A	M	A	D	A
N	A	T	A	S

用語解説

●『アブラメリンの聖なる魔術書』→最も古い写本は17世紀初頭にドイツで書かれている。ここで参考にしているのは、18世紀のフランス版で、19世紀末にマグレガー・メイザースが発見して英訳したものである。

No.098

『大奥義書（グラン・グリモワール）』

Grand-Grimoire

悪魔宰相ルキフゲ・ロフォカレの召喚方法を詳しく記した『大奥義書』は悪魔と契約を結ぶ一風変わったグリモワールである。

●悪魔との契約を含む風変わりな魔道書

『大奥義書』はその内容が整っており、理解しやすく、人々に悪影響を及ぼしやすいという意味で悪名高い黒魔術の書である。『赤い竜』という別名もある。この書の記述を信じるなら、原本は1522年に作られたようだが、実際は18世紀のイタリアで作られたと見られている。

グリモワールでは基本的に悪魔と契約することはないが、この書では悪魔と契約を結ぶという特徴がある。ただし、契約といってもソロモン王の大呪文と魔法杖の威力で、無理やりに術者に有利な契約をするのであって、間違っても命を取られるような危ない契約をするのではない。その意味ではやはり他のグリモワールと変わらないといっていいだろう。また、この書には悪魔界の宰相ルキフゲ・ロフォカレを召喚して大金を手に入れる方法が具体的に記述されているというのも大きな特徴である。

以上がこの書の中心となる内容だが、だからといってこの書によって召喚できる悪魔がルキフゲだけというのではない。ルキフゲの召喚はあくまでも具体的な一例であって、目的によっては別な悪魔を召喚する必要があるのだ。これについてもこの書に説明がある。

それによると、悪魔界には無数の悪魔がいるが、上位の者には三大支配悪魔、次席上級6悪魔、18属官という席次がある。このうち実際に召喚して使役するのは次席上級6悪魔で、それぞれに担当があるのだ。たとえば、宰相ルキフゲ・ロフォカレは富と財宝を支配する、大将軍サタナキアはあらゆる女を従属させるという具合だ。そこで、あくまでも皇帝ルシファーに祈ってその許可を得たうえで、目的に応じてこれらの悪魔を使い分けるのである。そのためにどうすればいいか、その具体的な一例としてルキフゲ・ロフォカレの召喚が詳しく語られているわけだ。

『大奥義書』の内容

大奥義書

- 18世紀イタリアで作られた黒魔術書
- 悪魔と契約する珍しいグリモワール
- 宰相ルキフゲ・ロフォカレを召喚し、大金を手に入れる方法が詳述されている

『大奥義書』には大テーマが二つある。

① 宰相ルキフゲ・ロフォカレを召喚し、大金を手に入れる方法の説明

② 目的に応じて悪魔を使い分けるための、悪魔界の組織の説明

悪魔界の上級組織

三大支配悪魔

皇帝ルシファー	王子ベルゼブブ	大公アスタロト

次席上級6悪魔

宰相ルキフゲ・ロフォカレ	富と財宝を支配する。
大将軍サタナキア	あらゆる女性を従属させる。
将軍アガリアレプト	国家機密に通じている。
中将フルーレティ	夜間業務および雹を降らせる。
准将サルガタナス	人の透明化・転送・透視術・死霊術。
元帥ネビロス	悪事の遂行と博物的知識。

18属官	次席上級6悪魔のそれぞれに3名ずつ従属している。

以上の悪魔界の組織と悪魔の役割を学び、目的に応じて次席上級6悪魔のいずれかを召喚するのである。

No.099

悪魔を召喚するにはどんな準備が必要か?

Preperations for summoning a demon

『大奥義書』によれば、子山羊の皮をはいで作った紐、子供の棺から抜いた釘など、悪魔召喚には入手困難で不気味な道具が必要とされる。

●用意すべきアイテムと注意事項

『大奥義書』によれば悪魔を呼び出すためには十分な準備が必要だが、それは次のようなことだとされている。

最初にすべきことは断固たる決意を固めることである。悪魔を操縦するのは並大抵のことではないからである。続いて誰を呼び出すかを決める必要がある。というのは、下級のデーモンで十分な仕事に魔王サタンを呼び出すことはないからである。そして、悪魔を呼び出す直前の1週間は女人との関係を断つなどして身を清めなければならない。食事は1日2回とし、食事の前には主に祈りをささげなければならない。

悪魔の召喚は一人あるいは三人で行うべきで、必要ならば二人の助手を見つけておく。そして、召喚作業を行う場所として廃墟や古城のような静かでさびしい場所を見つけておく。悪魔は壊れた建物を好むからである。騒々しいと呪文が聞こえないのでだめである。また、宝石の血玉髄(ブラッドストーン)と処女が作った2本の新しい蝋燭、新品の火桶、ブランデー、樟脳《しょうのう》、石炭を用意する。さらに子山羊を殺して皮をはいで細くて長い紐を作る。これは魔法円の円に使うので、十分な長さが必要である。子供の死体を収めた棺から抜き取った4本の釘もなければいけない。

悪魔を召喚した際に、悪魔が魔法円に近づきすぎたとき、それを追い払うのに役立つので金貨や銀貨を紙に包んでおいてもよい。

決行日の前夜には一度も果実がなったことのない野生のハシバミの木で、魔法杖にするのにちょうどよい枝のあるのを見つけておく。そして早朝、太陽が地平線からのぼる瞬間に一度も使ったことのない真新しい小刀で、その一枝を切り取り、長さ19インチ半の魔法杖を作る。

ここまでの準備を整えてから召喚作業を行う場所へ行くのである。

準備の概要

とにかく十分な準備が必要である！
悪魔召喚の準備
① 断固たる決意
② どの悪魔を召喚するか決める
③ 身を清める
召喚前の
1週間は…
女性との関係
を断つ。
食事は1日2回。
食事の前には主に
祈りをささげる。
④ 必要なものをそろえる
火桶
ろうそく
山羊の皮のひも
釘
金貨や銀貨を
紙につつむ
血玉髄
樟脳
石炭
ブランデー
魔法杖
廃墟のようなさびしい
場所を見つけておく
魔法の棒は普通はハシバミの枝
で作らなければならないという
決まりがある。ハシバミは別名
「魔女の箒」と呼ばれ、その枝
はヨーロッパでは水脈・鉱脈な
どを探すときに使う占い棒とし
てもよく使われた。
すべて準備が整ったら儀式を行う場所へ行こう！

No.100

悪魔の召喚はどのように行うのか？

How to summon a demon

偉大なるルシファー皇帝に呼び掛け、主の名によって命じ、ソロモン王の大呪文を正しく唱えることで悪魔大臣ルキフゲを召喚できる。

●悪魔大臣ルキフゲ・ロフォカレを召喚する

すべての準備が整ったら、作業を行う場所に行き、いよいよ悪魔の召喚である。『大奥義書』によれば悪魔の召喚は次のように行うとされている。なお、ここで召喚するのは悪魔大臣のルキフゲ・ロフォカレだが、このデーモンはなかなか出てこないので有名である。

最初にするのは、地面の上または床の上に魔法円を描くことである。円は子山羊からはいだ皮をひも状にしたもので作り、四方を釘で留める。用意した血玉髄を取り出し、円の中に三角形を描き、二辺に蝋燭を立てる。魔法円は、上が東で、三角形は上の点から描き始める。また、魔法円の外側に、上から左回りに大きなAと小さなE、A、Jを記す。下辺にはJHS（イエス・キリストを意味する）の聖なる文字を書き、両端に十字を描く。これによって、悪魔に背後から襲われるのを防ぐのである。また、火桶に石炭を入れ、ブランデー、樟脳をかけて点火する。

そして、ハシバミの枝で作った魔法杖、呪文と要求を書きこんだ紙を持ち、三角形の内側に立つ。ここで、希望と確信を抱いて悪霊を呼び出すのである。三人で行う場合、助手は何もしゃべってはいけない。

悪魔を呼び出すにはまず主に感謝の祈りをささげ、続いて目的の悪魔を呼び出すことをルシファー皇帝に祈願する。

「偉大なるルシファー皇帝よ、主の御名によりて命ずる。悪魔大臣ルキフゲを派遣すべし」このとき、ルシファー皇帝の名とともに、ベルゼブブ王子、アスタロト大公の名を追加してもよい。これで悪魔が現れればよいが、そうでないことも多い。その場合にはソロモンの鍵の大呪文を唱える。

その呪文を唱えると悪魔はもう絶対に現れないわけにはいかない。呪文を繰り返す間に、悪魔大臣ルキフゲが現れるのである。

悪魔大臣ルキフゲ・ロフォカレの場合だよ

悪魔の召喚方法

① 魔法円を描き、備品を整える

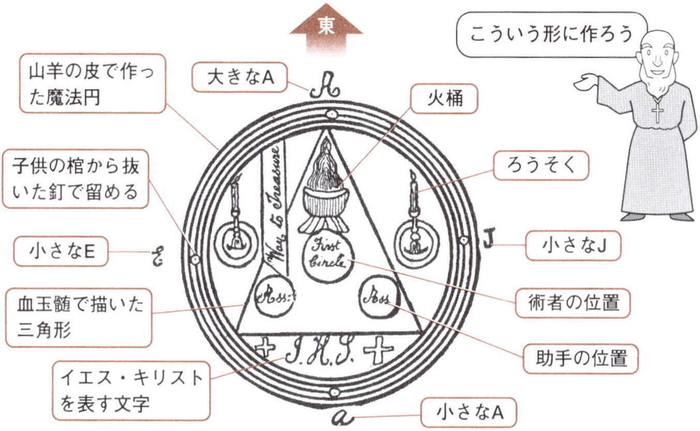
東
こういう形に作ろう
山羊の皮で作った魔法円
大きなA
火桶
子供の棺から抜いた釘で留める
ろうそく
小さなE
小さなJ
Way to Treasure
First Circle
術者の位置
血玉髄で描いた三角形
助手の位置
I.H.S.
イエス・キリストを表す文字
小さなA

② 魔法杖など必需品を持って悪魔を呼び出す

悪魔がなかなか現れない場合、以下の【ソロモン王の大呪文】を唱える。これを2度唱えれば必ず悪魔は出現するのだという。

> 霊よ！　われは偉大なる力の以下の名においてお前に命ずる。速やかに現われよ。アドナイの名において、エロイム、アリエル、ジェホヴァム、アクラ、タグラ、マトン、オアリオス、アルモアジン、アリオス、メムブロト、ヴァリオス、ピトナ、マジョドス、サルフェ、ガボツ、サラマンドレ、タボツ、ギングア、ジャンナ、エティツナムス、ザリアトナトミクスの名において。
> （以下繰り返し）

ルキフゲ・ロフォカレはこんな姿で出現する。

No.101

悪魔に安全に命令を下すにはどうすればよいか？

How to command a demon

グリモワールの指示に従えば、悪魔大臣ルキフゲを思い通りに操り、安全に、かついともたやすく大金持ちになることもできるのである。

●手っ取り早く大金を手に入れる方法

召喚作業によって悪魔が現れたらどうすればよいのだろう。『大奥義書』には悪魔大臣ルキフゲとの交渉方法が次のように記されている。なお、ここでの目的は簡単に大金を手に入れることである。

最初にすべきことはとにかく「要求に応えなければ呪文によって永久に責めさいなむ」と告げてルキフゲを威嚇しておくことである。すると要求は何かとルキフゲが聞いてくるので、ここで要求を述べるのである。

「私が望むのは、あなたができるだけ速やかに私に富をくださるという契約を結ぶことです」

しかし、ルキフゲはいかにも悪魔らしく、次のようなことをいってくる。

「20年後にお前の魂と肉体を私に引き渡すというのでなければ、そのような契約はできない」

もちろん、こんな契約は絶対に結んではいけない。そこで、ルキフゲに魔法杖を突きつけ、「命令に従わなければ、お前とお前の仲間を永遠に責めさいなむぞ」と脅し、ソロモンの鍵の大呪文を繰り返すのである。

すると、ルキフゲはしぶしぶ宝物のある場所へと案内するので、術者だけが所定のルートから魔法円を出て、後についていく。このとき、ルキフゲが突然猛犬の姿になったように見えるが、恐れることなく魔法杖を突きつけてやる。そして、その場所へ来たら宝物の上に契約書を置き、持てるだけの宝物を持って後ずさりしながら魔法の三角形まで戻るのである。

安全な魔法円の中に戻ったら、最後にルキフゲに別れのあいさつをすればよい。たったこれだけのことで大金が手に入るのである。

「偉大なルキフゲよ、私は満足です。もうあなたとはお別れです。好きな所に立ち去ってください」

悪魔に命令するとき

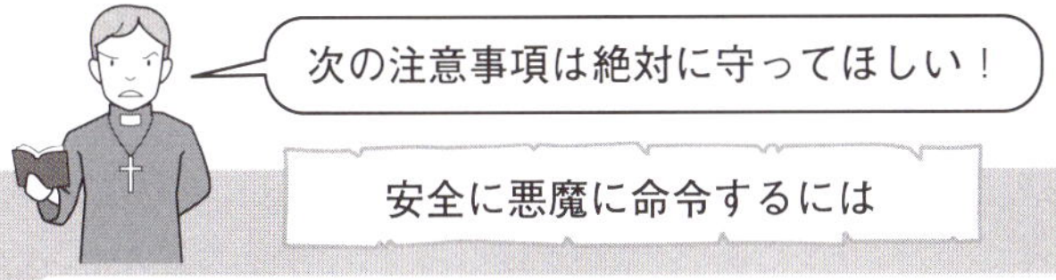
次の注意事項は絶対に守ってほしい！

安全に悪魔に命令するには

- 魂を渡す契約は絶対に結ばない。
- 悪魔が逆らったら、ソロモン王の大呪文を唱える。
- 悪魔が近づきすぎたら、金貨の入ったつぶてを遠くに投げる。悪魔はそれを取るために離れるよ。

大金を手に入れるための手順

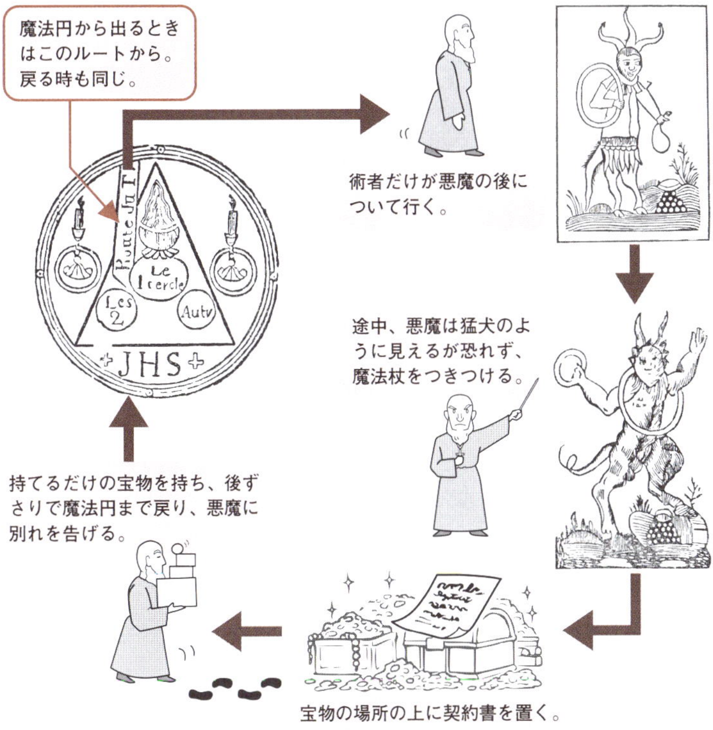
魔法円から出るときはこのルートから。戻る時も同じ。
Route du T
Le 1 cercle
Les 2
Autv
JHS
術者だけが悪魔の後について行く。
途中、悪魔は猛犬のように見えるが恐れず、魔法杖をつきつける。
宝物の場所の上に契約書を置く。
持てるだけの宝物を持ち、後ずさりで魔法円まで戻り、悪魔に別れを告げる。

ソロモン王の72悪魔

『ソロモン王の小さな鍵』(別名『レメゲトン』)の第1章「ゲーティア」に載せられている、ソロモン王が使役し、悪魔軍団とともに真鍮の壺に封印したとされている主要な72柱の悪魔は以下のとおりである。なお、この内容は『THE Goetia／The Lesser Key of Solomon the King』(translated by Samuel Liddell,Macgregor Mathers／edited with an introduction by Aleister Crowley／WEISER BOOKS)を参考に、重要な記述をまとめたものである。
※タイトルはカタカナ表記／英語表記／悪魔の位の順。イラストはコラン・ド・プランシー著『地獄の辞典』第6版の挿絵としてM・L・ブルトンが描いたものである。

■1　バエル／Bael／王

東を治める王で、66軍団の長。人を透明にする力がある。出現する姿はまちまちで、猫、ヒキガエル、人の姿になるが、一度にこれら三つの姿をとることもある。

■2　アガレス／Agares／公爵

東の権力に属し、31軍団を率いる。見た目は穏やかな年老いた白髪の男の姿で、ワニにまたがり、拳にオオタカを乗せて出現する。あらゆる言語を教え、権威を失墜させ、地震を起こす力がある。

■3　ヴァッサゴ／Vassago／王子

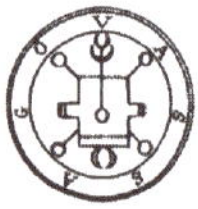

26軍団の長。アガレスと同じ本性を持ち、性質はよく、過去と未来のことを言い当て、紛失物を見つける力がある。

■4　サミジナまたはガミジン／Samigina or Gamigin／侯爵

30軍団の長。小さな馬かロバの姿で出現し、その後、術者が望めば人の姿にもなる。馬の声で話し、教養学科すべてを教え、罪人の死後について解説する。

■5　マルバス／Marbas／長官

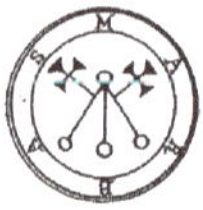

36軍団の長。出現時はライオンの姿だが、術者が望めば人間の姿になる。隠された秘密の事柄について答え、病気と治癒をもたらし、機械工学についての知恵と知識を与える。また、人間を変身させられる。

■6　ヴァレフォール／Valefor／公爵

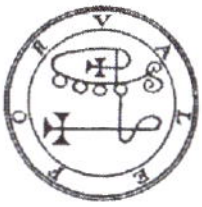

10軍団の長。ロバの頭をしたライオンの姿で、唸りながら出現する。よい使い魔になるが、盗みを犯すよう人をそそのかすことがある。

■7　アモン／Amon／侯爵

40軍団の長。蛇の尾を持つ狼のような姿で、炎を吐きながら出現する。術者が命令すればカラスの頭（犬の牙が生えていることもある）を持つ人間の姿になる。過去と未来のすべてを語り、友人間に不和をもたらしたり、仲直りさせたりする。

■8　バルバトス／Barbatos／公爵

30軍団の長。太陽が射手座にあるとき、大軍団を率いた4人の高貴な王を伴って出現する。鳥の声、その他の生き物の声を理解できるようにしてくれ、魔術で隠された財宝を暴く。過去と未来のすべてを知り、友人や権力者を懐柔してくれる。もと力天使。

■9　パイモン／Paimon／王

200軍団の長。トランペット、シンバルなどを打ち鳴らす大勢の霊の後から、栄光の冠をかぶり、ヒトコブラクダに乗り、人の姿で出現する。最初、吠えるように話すので、聞き取れるように話すよう強制する必要がある。芸術、科学など知りたいことをすべて教えてくれる。人に威厳を与え、みなが服従するようにし、よい使い魔を与えてくれる。

■10　ブエル／Buer／長官

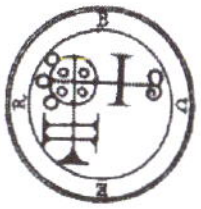

50軍団の長。太陽が射手座にあるとき、射手座と同じケンタウロスの姿で出現する。哲学、倫理学、自然学、論理学、薬草学を教えてくれる。急性熱病を癒し、使い魔を与えてくれる。

■11　グシオン／Gusion／公爵

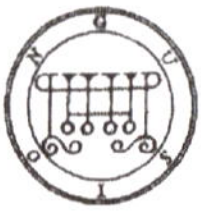

40軍団の長。犬頭人の姿で出現する。過去・現在・未来すべてを見通し、聞けば意味や解答を教えてくれる。友情を取り持ち、誰にでも栄誉と威厳を与えてくれる。

■12　シトリ／Sitri／王子

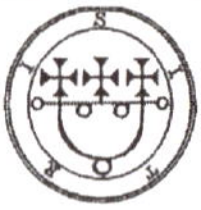

60軍団の長。豹の頭、グリフォンの翼がある姿で出現し、術者が命ずれば美しい人の姿になる。異性の愛を燃え上がらせ、人を裸にすることができる。

■13　ベレト／Beleth／王

85軍団の長。楽隊の後ろから青ざめた馬に乗って出現する。恐ろしい姿で出現するので、勇気を持って魔法杖で命じなければならない。また、術者は左手中指に銀の指輪をし、彼に敬意を払い丁寧に接しなければならない。人に愛情を起こさせる力がある。

■14　レライエまたはレライカ／Leraje or Lelaikha／侯爵

30軍団の長。緑の狩人服を着て、弓と矢筒を携えて出現する。争いを起こし、矢による傷口を化膿させる力がある。

■15　エリゴス／Eligos／公爵

60軍団の長。槍、軍旗、蛇を携え、騎士の姿で出現する。隠されたこと、未来のこと、戦争のことに詳しく、支配階級の人々に愛を起こさせる。

■16　ゼパル／Zepar／公爵

26軍団の長。兵士のように赤い鎧を着て出現する。女性に男性への愛を起こさせ、二人を結び付ける力があるが、不妊症にすることもできる。

■17　ボティス／Botis／伯爵または長官

60軍団の長。醜い毒蛇の姿で出現する。命令すれば輝く剣を手に持ち、立派な歯と2本の角のある人の姿になる。過去と未来のすべてを語り、友と敵を和解させる。

■18　バシン／Bathin／公爵

30軍団の長。蛇の尾を持つ力強い男の姿で、青ざめた馬に乗って出現する。薬草と宝石の効能を知っており、人間を他国まで瞬間移動させられる。

■19　サロス／Sallos／公爵

30軍団の長。侯爵の冠をかぶり、ワニに乗り、堂々たる兵士姿で出現する。異性への愛を起こさせる力がある。

■20　プルソン／Purson／王

22軍団の長。トランペットが鳴り響く中、手に凶暴な毒蛇を携え、熊に乗り、ライオンの顔を持った人間の姿で体裁よく出現する。秘密の財宝や過去、現在、未来のことを語り、よき使い魔を与えてくれる。人間の姿にも霊的な姿にもなれる。

■21　マラクス／Marax／伯爵または長官

30軍団の長。人間の顔を持つ大きな牡牛の姿で出現する。天文学、教養学、薬草と宝石の効能を教え、よき使い魔を与えてくれる。

■22　イポス／Ipos／伯爵または王子

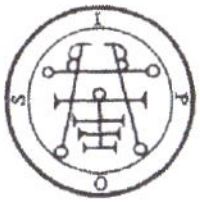

36軍団の長。ライオンの頭、ガチョウの足、野兎の尾を持った天使の姿で出現する。過去、現在、未来のことを知り、機知と大胆さを与えてくれる。

■23　アイム／Aim／公爵

26軍団の長。美しい人の身体に三つの頭を持つ姿で出現する。蛇、額に二つ星のある人、子牛の頭である。毒蛇にまたがり、手に持った松明で大火事を起こす。人を賢くし、プライベートな問題を解決する。

■24 ナベリウス／Naberius／侯爵

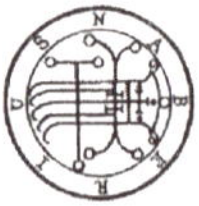

19軍団の長。黒い鶴の姿で出現し、魔法円の周りで羽ばたく。しわがれ声で話し、技芸、科学、修辞学の才を授け、失墜した威厳と栄誉を取り戻してくれる。

■25 グラシア・ラボラス／Glasya-Labolas／伯爵または長官

36軍団の長。グリフォンのような翼を持つ犬の姿で現れる。すべての技芸と科学および過去、現在、未来について教え、友からも敵からも愛されるようにし、人の姿を見えなくするが、流血と殺人の大家でもある。

■26 ブネまたはビメ／Buné or Bimé／公爵

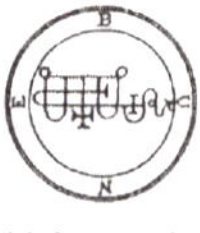

30軍団の長。三つの頭（犬、グリフォン、人間）を持つドラゴンの姿で出現し、高くきれいな声で話す。人を金持ちにし、賢く雄弁にし、要求に正しく応える。

■27 ロノヴェ／Ronové／侯爵または伯爵

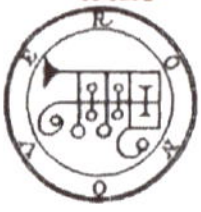

19軍団の長。怪物の姿で出現する。修辞学、言語の知識を教授し、よき従者を与え、友からも敵からも好感を持たれるようにしてくれる。

■28 ベリト／Berith／公爵

26軍団の長。赤い服、赤い馬、金の冠をかぶった兵士の姿で出現し、澄んだ穏やかな声で話す。過去、現在、未来について正しく答え、卑金属を金に変え、人に確固とした威厳を与える。

■29 アスタロト／Astaroth／公爵

40軍団の長。右手に毒蛇を持ち、ドラゴンのような地獄の獣にまたがり、天使の姿で出現するが、近づくと臭い息に害される。過去、現在、未来について正しく答え、すべての秘密を暴くことができる。教養学に通じているが、望めば天使や彼自身の堕落について教えてくれる。

■30　フォルネウス／Forneus／侯爵

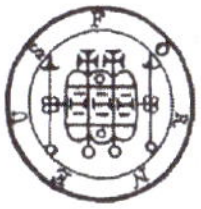

29軍団の長。巨大な海獣の姿で出現する。人を修辞学に熟達させ、言語の知識とよい評判を与える。友人から愛されるように敵からも愛されるようにしてくれる。

■31　フォラス／Foras／長官

29軍団の長。頑強な男の姿で出現する。薬草と宝石の効能、論理学、倫理学を教授する。望めば透明人間にしてくれ、長寿と雄弁をもたらす。宝物や失くしたものも見つけてくる。

■32　アスモダイ／Asmoday／王

72軍団の長。牡牛、人、牡羊の三つの頭と蛇の尾がある姿で、地獄の竜にまたがり、口から火を吐きながら、旗つきの槍を持って出現する。美徳の指輪をもたらし、算術、天文学、幾何学、工芸を完璧に教えてくれる。要求には完全に応え、人を見えなくすることができ、財宝の在りかも教えてくれる。

■33　ガアプ／Gäap／王子または長官

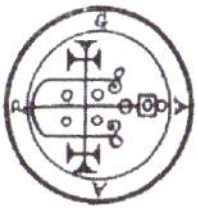

66軍団の長。太陽が南方の宮にあるとき、4人の偉大で強力な王を引き連れて人の姿で出現する。人を無感覚、無知にする力があるが、哲学、教養学を教えてくれる。愛と憎悪の感情を起こさせたり、アマイモンに属することを聖別できる。過去、現在、未来について完璧に答え、人を別な王国まで瞬間移動させることができる。

■34　フールフール／Furfur／伯爵

26軍団の長。炎の尾を持つ牡赤鹿の姿で出現する。魔法の三角形の中では天使の姿になる。男女間の恋を激しくし、稲妻、雷、突風や大嵐を起こす。秘密の神聖な事柄についても語ってくれる。

■35　マルコシアス／Marchosias／侯爵

30軍団の長。最初はグリフォンの翼、蛇の尾を持った狼の姿で口から火を吐きながら出現するが、術者の命令によって人の姿に変わる。もと主天使で、かつてソロモン王に、1200年たったらもとの地位に戻りたいと話したという。

■36　ストラスまたはストロス／Stolas or Stolos／王子

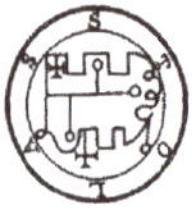

26軍団の長。強大な烏の姿で出現するが、後に人の姿になる。天文学や薬草と宝石の効能について教える。

■37　フェネクス／Phenex／侯爵

20軍団の長。フェニックスの姿で出現し、子供の声で話す。甘美な声で歌うが聞き惚れてはいけない。すると人の姿になる。科学について素晴らしい講義をする。素晴らしい詩人であり、人の望みも喜んでかなえてくれる。

■38　ハルファスまたはマルサス／Halphas or Malthus／伯爵

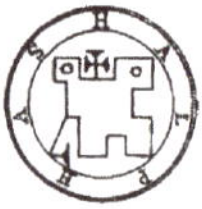

26軍団の長。野生の鳩の姿で出現し、しわがれ声で話す。塔を建て、武器弾薬を用意し、兵士を適所に配備する能力がある。

■39　マルファス／Malphas／長官

40軍団の長。まずカラスの姿で出現し、命じられると人の姿になり、しわがれ声で話す。家や高い塔を建て、敵の望み、考え、行動を知らせ、よい使い魔を与えてくれる。だが、犠牲を捧げると喜んだふりをして人をだます。

■40　ラウム／Räum／伯爵

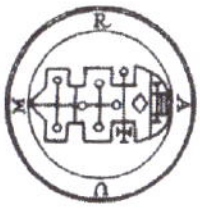

30軍団の長。まずカラスの姿で出現し、命じられると人の姿になる。王宮から財宝を盗み、命じた場所に運んでくれる。町を破壊し、人の威厳を傷つけ、過去、現在、未来のすべてを語り、友と敵の間に愛を芽生えさせる。

■41　フォカロル／Focalor／公爵

30軍団の長。グリフォンの翼がある人の姿で出現する。風と海を操って人を溺れさせ、船を転覆させる力がある。しかし、そうしないように命令すればなにも傷つけない。

■42　ヴェパル／Vepar／公爵

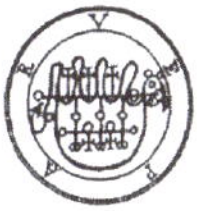

29軍団の長。マーメイドの姿で出現する。水の支配者で、武器武具弾薬を積んだ船を導いてくれる。傷を化膿させたり、ウジをわかせたりして人を3日で殺せる。

■43　サブノック／Sabnock／侯爵

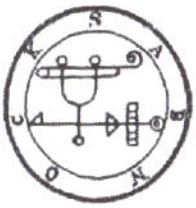

50軍団の長。ライオンの頭をした武装した兵士の姿で、青ざめた馬に乗って出現する。高い塔、城、町を作り、武装させる力がある。人の傷、腫れものを腐らせたりウジをわかせたりして何日間も苦ませることができる。

■44　シャックス／Shax／侯爵

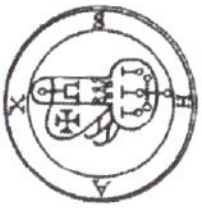

30軍団の長。野鳩の姿で出現し、しわがれた小さな声で話す。人から視覚、聴覚、理解力を奪う力がある。王の財産、馬も盗む。隠されたものを見つけ出し、ときによい使い魔を与えれてくれる。だが、魔法の三角形の外側に出ると嘘ばかりつく。

■45　ヴィネ／Viné／王または伯爵

36軍団の長。ライオンの姿で、黒い馬に乗り、手には毒蛇を持って出現する。隠されたもの、魔女、魔術師を見つけ出し、過去、現在、未来を見通す。命令されれば塔を建てたり、巨石の壁を打ち壊したり、嵐を起こし海を大荒れにすることができる。

■46　ビフロン／Bifrons／伯爵

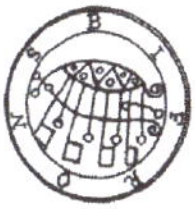

60軍団の長。怪物の姿で出現し、命令によって人の姿になる。天文学、幾何学、その他の芸術や科学、宝石や樹木の効能についての知識を授けてくれる。死体を取り換えたり、別な場所に移動したり、墓に見かけだけのろうそくをともしたりする。

■47　ウヴァルまたはヴアルまたはヴォヴァル／Uvual or Vual or Voval／公爵

37軍団の長。逞しいヒトコブラクダの姿で出現し、命令されると人の姿になり、不完全なエジプト語で話す。女性の愛を得させ、過去、現在、未来について語り、敵味方に友情をもたらす。

■48　ハーゲンティ／Häagenti／長官

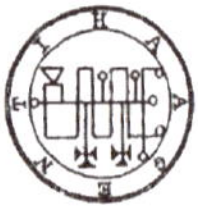

33軍団の長。グリフォンの翼を持つ牡牛の姿で出現し、命令されると人の姿になる。人を賢くし、物質の変成術を教え、卑金属を金に、水をワインに、ワインを水に変えられるようにする。

■49　クロセル／Crocell／公爵

48軍団の長。天使の姿で出現する。隠された神秘を明かし、幾何学、教養学を教授する。命じられると、何もないところに激流の騒音を起こす。また、湧き出す水を温泉に変える。

■50　フルカス／Furcas／騎士

20軍団の長。長いあごひげと灰色の頭髪を生やしたひどい老人の姿で青ざめた馬に乗って出現する。哲学、天文学、修辞学、論理学、手相、火占いを完璧に教えてくれる。

■51　バラム／Balam／王

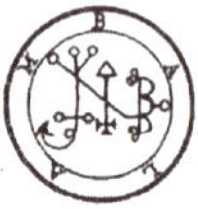

40軍団の長。牡牛、人、牡羊の三つの頭、蛇の尾、燃える目があり、拳にオオタカを乗せ、恐ろしい熊に乗って出現する。しわがれ声で、過去、現在、未来のことを正しく教えてくれる。人を透明にしたり、機知に富ませる力もある。

■52　アロセス／Alloces／公爵

36軍団の長。真っ赤なライオンの顔、燃える目をした兵士の姿で立派な馬に乗って出現し、しわがれた大声で話す。天文学、教養学を教授し、よき使い魔をもたらす。

■53　カミオまたはカイム／Camio or Caim／長官

30軍団の長。ツグミの姿で出現した後、尖った剣を持つ人の姿になる。答えるときは、燃える灰や石炭の中にいるように見える。優れた論争家であり、鳥、去勢牛、犬などの生き物の鳴き声から、水音の意味まで理解する能力を与えてくれる。未来も教えてくれる。

■54　ムールムールまたはムールマス／Murmur or Murmus／公爵または伯爵

30軍団の長。トランペットを鳴らす従者に先導されて、公爵の冠をかぶった戦士の姿でグリフォンに乗って出現する。哲学を完璧に教えること、死者の魂を無理やり出現させ、質問に答えさせることができる。

■55　オロバス／Orobas／王子

20軍団の長。馬の姿で出現した後、命令によって人の姿になる。過去、現在、未来について告げ、威厳や高位聖職者の地位を与えてくれる。また、友にも敵にも好意を持たせ、神性および世界の創造について教えてくれる。術者に誠実なので、悪霊を使ってたぶらかすことはない。

■56　グレモリイまたはガモリ／Gremory or Gamori／公爵

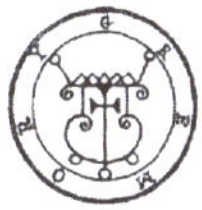

26軍団の長。腰に侯爵夫人の冠を結び、美しい女性の姿で、立派なラクダに乗って出現する。過去、現在、未来について語り、隠された財宝のありかを告げ、老若問わず女性に愛されるようにしてくれる。

■57　オセまたはヴォソ／Ose or Voso／長官

30軍団の長。豹の姿で出現し、すぐに人の姿になる。教養学を使いこなせるようにし、神聖かつ秘密の事柄を解明してくれる。人の姿を望み通りに変えることができる。

■58　アミィまたはアヴナス／Amy or Avnas／長官

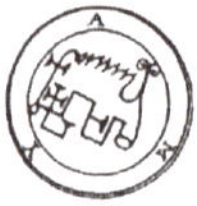

36軍団の長。燃え上がる炎として出現し、しばらくして人の姿になる。天文学、教養学に卓越した知識を授け、よき使い魔をもたらし、霊が守護する財宝について語る。

■59　オリアックスまたはオリアス／Oriax or Orias／侯爵

30軍団の長。大蛇の尾を持つライオンの姿で、逞しい馬に乗り、右手にシューシューいう2匹の大蛇を持って出現する。占星術を教え、人を変身させ、動かし難い威厳と高い地位を与える。敵からも友からも好かれるようにしてくれる。

■60　ヴァプラまたはナフラ／Vapula or Naphula／公爵

36軍団の長。グリフォンの翼を持つライオンの姿で出現する。すべての手工芸、専門技術、哲学やその他の科学についての知識を授ける。

■61　ザガン／Zagan／王または長官

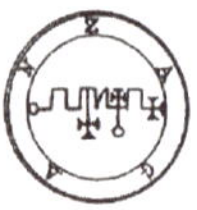

33軍団の長。グリフォンの翼を持つ牡牛の姿で出現し、しばらくして人の姿になる。人を機知に富ませ、ワインを水に、血をワインに、水をワインに変える。あらゆる金属を有力な通貨に変えることができ、愚か者を賢者にすることもできる。

■62　ヴォラクまたはヴァラクまたはヴァルまたはウァラク／Volac or Valac or Valu or Ualac／長官

38軍団の長。天使の翼を持つ子供の姿で、双頭のドラゴンに乗って出現する。隠された財宝について明かし、大蛇の居場所を教える。

■63　アンドラス／Andras／侯爵

30軍団の長。漆黒のワタリガラスの頭を持つ天使の姿で逞しい黒狼に乗り、輝く鋭い剣を振り回しながら出現する。不和をまき散らす者であり、注意しないと術者もその仲間も殺されてしまう。

■64　ハウレスまたはハウラスまたはハヴレスまたはフラウロス／Haures or Hauras or Havres or Flauros／公爵

36軍団の長。頑強で恐るべき豹の姿で出現し、命令すると爛々と燃える目をした恐ろしい顔つきの人の姿になる。過去、現在、未来のすべてに通じているが、魔法の三角形の外では嘘ばかりつく。最後には神性と世界の創造、霊たちの堕落について語ってくれる。術者を他の霊から守り、望めば敵を破壊し焼きつくす。

■65　アンドレアルフス／Andrealphus／侯爵

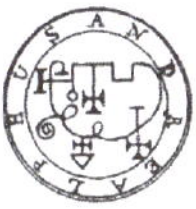

30軍団の長。騒音とともに孔雀の姿で出現した後、人の姿になる。幾何学、測量術、天文学について完璧な知識と鋭敏さを授け、人を鳥の姿にもできる。

■66　シメイェスまたはキマリス／Cimeies or Kimaris／侯爵

20軍団の長。また、アフリカの霊すべてを支配している。勇敢な戦士の姿で、黒い駿馬に乗って出現する。文法、論理学、修辞学を完璧に教授し、失われたもの、隠されたもの、財宝などを発見してくれる。

■67　アムドゥシアスまたはアムドゥキアス／Amdusias or Amdukias／公爵

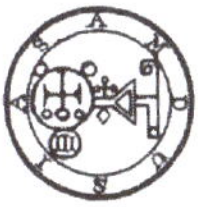

29軍団の長。ユニコーンの姿で出現し、求めに応じてすぐにではないが、トランペットや楽器の音を響かせながら人の姿になる。望んだとおりに樹木を曲げることができる。

■68　ベリアル／Belial／王

80軍団の長、ルシファーの次に創造された悪魔である。美しい二人の天使の姿で炎の戦車に乗って出現する。そして、穏やかな声で、天使たちと戦って自分が一番最初に天から追放されたと言明する。聖職や議員の地位などをもたらし、友からも敵からも好かれるようにしてくれる。また、よき使い魔をもたらす。

■69　デカラビア／Decarabia／侯爵

30軍団の長。五芒星（ペンタグラム）の形で出現し、命令すると人の姿になる。宝石や鳥の効能を教えてくれる。また、鳥の偽物を作り、本物そっくりに飛ばしたり、さえずらせたりできる。

■70　セエレまたはセアルまたはセイア／Seere or Sear or Seir／王子

26軍団の長。美しい男の姿で、翼のある馬に乗って出現する。全地球でも一瞬のうちに駆け抜け、あっという間にたくさんの物をどこからどこへでも運んでくれる。盗まれたもの、隠された財宝について教えてくれ、望めば何でも喜んでやってくれる。

■71　ダンタリオン／Dantalion／公爵

36軍団の長。たくさんの男女の顔がある人の姿で、右手に本を持って出現する。すべての男女の秘密や考えを教えてくれ、その考えを変えてしまうこともできる。どんな人間の偽物も幻影も作りだせ、それをどこにでも出現させることができる。人に愛情を興させることもできる。

■72　アンドロマリウス／Andromalius／伯爵

36軍団の長。巨大な大蛇を手に持った男の姿で出現する。盗まれたものを取り返し、盗んだ犯人も捕まえてくれる。悪事や陰謀を暴き、悪人たちを罰し、隠された宝を見つけてくれる。

注）これらの悪魔の印章を実際に作る場合には称号によって使用すべき金属が決まっている。王＝金、公爵＝銅、王子＝すず、侯爵＝銀、長官＝水銀、伯爵＝銅と銀同量の合金、騎士＝鉛である。複数の称号を持つ場合にどうすればいいかの説明はない。

索引

英数字

あ

か

さ

た

な

は

ま

や

ら・わ

参考文献・資料一覧

Grimoires—A History of Magic Books　OWEN DAVIES 著　OXDORD UNIVERSITY PRESS

The BOOK OF BLACK MAGIC　ARTHUR EDWARD WAITE 著　WEISER BOOKS

THE BOOK OF THE SACRED MAGIC OF ABRAMELIN THE MAGE　S.L.MACGREGOR MATHERS 英訳　DOWER PUBLICATIONS,INC.

THE DEAD SEA SCRIPTURES　THEODR H.GASTER 英訳・解説　ANCHOR BOOKS

THE GOETIA—THE LESSER KEY OF SOLOMON THE KING　S.L.MACGREGOR MATHERS 英訳／ALEISTER CROWLEY 編集・解説　WEISER BOOKS

THE GRIMOIRE of ARMADEL　S.L.MACGREGOR MATHERS 英訳　WEISER BOOKS

The Key of Solomon the King(Clavicula Salomonis)　S.L.MACGREGOR MATHERS 英訳　WEISER BOOKS

THE SIXTH AND SEVENTH BOOKS OF MOSES　JOSEPH H.PETERSON　英訳　IBIS PRESS

悪魔　ルーサー・リンク 著／高山宏 訳　研究社

古代悪魔学　サタンと闘争神話　ニール・フォーサイス 著／野呂有子 監訳／倉恒澄子ほか 訳　法政大学出版局

悪魔　古代から原始キリスト教まで　J.B.ラッセル 著／野村美紀子 訳　教文館

サタン　初期キリスト教の伝統　J.B.ラッセル 著／野村美紀子 訳　教文館

ルシファー　中世の悪魔　J.B.ラッセル 著／野村美紀子 訳　教文館

メフィストフェレス近代世界の悪魔　J.B.ラッセル 著／野村美紀子 訳　教文館

悪魔の系譜　J.B.ラッセル 著／大瀧啓裕 訳　青土社

悪魔の起源　エレーヌ・ペイゲルス 著／松田和也 訳　青土社

悪魔の事典　フレッド・ゲティングズ 著／大瀧啓裕 訳　青土社

悪魔の姿　絵画・彫刻で知る堕天使の物語　ローラ・ウォード、ウィル・スティーズ 著／小林純子 訳　新紀元社

悪魔の美術と物語　利倉隆 著　美術出版社

悪魔の文化史　ジョルジュ・ミノワ 著／平野隆文 訳　白水社

悪魔の歴史　ポール・ケーラス 著／船木裕 訳　青土社

悪魔の歴史12～20世紀　西洋文明に見る闇の力学　ロベール・ミュッシャンブレ 著／平野隆文 訳　大修館書店

「堕天使」がわかる　森瀬繚、坂東真紅郎、海法紀光 著　ソフトバンククリエイティブ

アンチキリスト　悪に魅せられた人類の二千年史　バーナード・マッギン 著／松田直成 訳　河出書房新社

異端カタリ派　フェルナン・ニール 著／渡邊昌美 訳　白水社

異端カタリ派と転生　原田武 著　人文書院

異端カタリ派の哲学　ルネ・ネッリ 著／柴田和雄 訳　法政大学出版局

狼憑きと魔女　ジャン・ド・ニノー 著／池上俊一 監修、富樫瓔子 訳　工作舎

河出世界文学全集　第2　ゲーテ　高橋健二、手塚富雄 訳　河出書房新社

ギリシア神話　呉茂一 著　新潮社

黒魔術　リチャード・キャベンディッシュ 著／栂正行 訳　河出書房新社

高等魔術の教理と祭儀（教理篇・祭儀篇）　エリファス・レヴィ 著／生田耕作 訳　人文書院

コーラン（上・中・下）　井筒俊彦 訳　岩波書店

死海文書のすべて　ジェームス・C.ヴァンダーカム 著／秦剛平 訳　青土社

地獄の辞典　コラン・ド・プランシー 著／床鍋剛彦 訳、吉田八岑 協力　講談社

失楽園（上・下）　ミルトン 作／平井正穂 訳　岩波書店

澁澤龍彦全集16　澁澤龍彦 著　河出書房新社

澁澤龍彦全集2　澁澤龍彦 著　河出書房新社

ジョン・ディー　エリザベス朝の魔術師　ピーター・J.フレンチ 著／高橋誠 訳　平凡社

神学大全第4冊　トマス・アクィナス 著／高田三郎、日下昭夫 訳　創文社

聖書新共同訳 旧約聖書続編つき　日本聖書協会

神曲　ダンテ 著／平川祐弘 訳　河出書房新社

図解雑学世界の天使と悪魔　藤巻一保 監修　ナツメ社

聖書外典偽典第4巻　旧約偽典Ⅱ　村岡崇光 訳　教文館

聖書外典偽典別巻　補遺Ⅰ　土岐健治ほか 訳　教文館

世界教養全集第20　魔法―その歴史と正体　K・セリグマン 著／平田寛 訳　平凡社

堕天使　真野隆也 著　新紀元社

天国と地獄の百科　ジョルダーノ・ベルティ 著／竹山博英、柱本元彦 訳　原書房

天使の世界　マルコム・ゴドウィン 著／大瀧啓裕 訳　青土社

ドイツ民衆本の世界Ⅲ　ファウスト博士　松浦純 訳　国書刊行会

ナグ・ハマディ文書（Ⅰ～Ⅳ）　荒井 献ほか 訳　岩波書店

パリの悪魔　ピエール・ガスカール 著／佐藤和生 訳　法政大学出版局

ペルシア神話　ジョン・R.ヒネルズ 著／井本英一、奥西峻介 訳　青土社

魔術の歴史　J.B.ラッセル 著／野村美紀子 訳　筑摩書房

魔術の歴史　リチャード・キャベンディッシュ 著／栂正行 訳　河出書房新社

魔術の歴史　エリファス・レヴィ 著／鈴木啓司 訳　人文書院

魔女狩りと悪魔学　上山安敏、牟田和男 編著　人文書院

魔女現象　ヒルデ・シュメルツァー 著／進藤美智 訳　白水社

魔女とキリスト教　ヨーロッパ学再考　上山安敏 著　人文書院

魔女と魔術の事典　ローズマリー・エレン・グィリー 著／荒木正純、松田英 監訳　原書房

魔女の神　マーガレット・A.マレー 著／西村稔 訳　人文書院

魔女の誕生と衰退　田中雅志 編訳・解説　三交社

魔女の法廷　平野隆文 著　岩波書店

マニ教　ミシェル・タルデュー 著／大貫隆、中野千恵美 訳　白水社

ルーダンの憑依　ミシェル・ド・セルトー 著／矢橋透 訳　みすず書房

ルーダンの悪魔　オルダス・ハクスリー 著／中山容、丸山美知代 訳　人文書院

ルネサンスの魔術思想　D.P.ウォーカー 著／田口清一 訳　平凡社

悪魔学大全　酒井潔 著　桃源社

悪魔学大全　ロッセル・ホープ・ロビンズ 著／松田和也 訳　青土社

悪魔学入門　J.チャールズ・ウォール 著／松本晴子 訳　北宋社

闇の歴史　サバトの解読　カルロ・ギンズブルグ 著／竹山博英 訳　せりか書房

F-Files No.027

図解　悪魔学

2010年7月6日　初版発行
2022年10月10日　7刷発行

著者　草野　巧（くさの　たくみ）

図版・イラスト　福地貴子
編集　株式会社新紀元社編集部
DTP　株式会社明昌堂

発行者　福本皇祐
発行所　株式会社新紀元社
〒101-0054　東京都千代田区神田錦町1-7
錦町一丁目ビル2F
TEL：03-3219-0921
FAX：03-3219-0922
http://www.shinkigensha.co.jp/
郵便振替　00110-4-27618

印刷・製本　中央精版印刷株式会社

ISBN978-4-7753-0819-6
定価はカバーに表示してあります。
Printed in Japan